※ | KRÜGER

Bilge Can Arik
mit Judith Schneiberg

shift
HAPPENS

Wie du in kleinen Schritten große
Veränderung bewirkst

❈ | KRÜGER

Erschienen bei FISCHER Krüger

© 2023 S. Fischer Verlag GmbH, Hedderichstr. 114, D-60596 Frankfurt am Main

Cover-Foto: Ayse Avdic
Satz: Katja von Ruville, Frankfurt am Main
Druck und Bindung: GGP Media GmbH, Pößneck
Printed in Germany

ISBN 978-3-8105-3094-3

*Für meine Eltern und meine
Schwestern Derya und Sezgi – ihr seid
mein sicherer Hafen in stürmischen
Zeiten, mein Licht in der Dunkelheit.
Danke, dass ihr immer an mich
geglaubt habt, auch wenn ich es selbst
nicht tat. Ich liebe euch!*

Inhalt

Teil 2   67

Der *shift* deiner Gegenwart – Raus aus der Komfortzone, rein ins Vertrauen 263

Einleitung

Das Buch, das du gerade in deinen Händen hältst, ist ein besonderes. »*SHIFT HAPPENS* – Wie du in kleinen Schritten große Veränderung bewirkst« geht weit über das hinaus, was du vielleicht sonst von einem Buch erwartest – es ist ein Schlüssel! Ein Schlüssel, der dir Zugang zu deinem persönlichen Potenzial erschließt und die Tür zu einer tiefgreifenden Transformation deines Lebens öffnen kann.

Doch bevor du die Schwelle hin zu diesem *SHIFT* übertrittst, möchte ich etwas unmissverständlich klarstellen: Solltest du davon ausgehen, dass das bloße Lesen dieses Buches dein Leben wie durch Zauberhand verändert, rate ich dir, es *jetzt* beiseitezulegen. Selbst wenn du es mit größter Sorgfalt von der ersten bis zur letzten Seite durchliest, wirst du feststellen müssen, dass die Lektüre allein nicht ausreicht.

Dieses Buch, gefüllt mit erprobtem Wissen, meinen Erfahrungen und den effektivsten Strategien, bietet dir die Chance, grundlegende Veränderungen in deinem Leben zu bewirken. Es ist jedoch »nur« ein Instrument, ein Schlüssel, der die Tür zu möglicherweise noch unbekanntem Terrain in dir öffnet. Doch durchgehen musst du selbst.

Das unscheinbare Wort »nur« ist hier entscheidend. Dieses Buch kann »nur« einen Rahmen skizzieren, »nur«

Orientierungshilfen bieten und »nur« Werkzeuge an die Hand geben. Es kann dich inspirieren, dir neue Blickwinkel eröffnen und dich ermutigen, den nächsten großen Schritt zu wagen – und dann noch einen und noch einen. Doch seine volle Wirkung entfaltet es »nur«, wenn du aktiv wirst, wenn du bereit bist, die Verantwortung für dein Leben zu übernehmen, die erforderliche Arbeit zu investieren und die Übungen und Strategien aus diesem Buch tatsächlich umzusetzen.

Die Veränderungen, nach denen du dich sehnst – sei es in deinem Berufsleben, in deinen Beziehungen oder in deiner persönlichen Entwicklung –, sind zum Greifen nah. Doch der Schlüssel zum Erfolg liegt nicht zwischen diesen Seiten, sondern in deinen Händen. Du hast die Macht, »nur« in ein Wort voller Möglichkeiten zu verwandeln. Wenn du bereit bist, das Wissen aus diesem Buch anzunehmen und die Übungen in die Praxis umzusetzen, dann kann »nur« zu »viel mehr« werden: viel mehr Selbstbewusstsein, viel mehr Zufriedenheit, viel mehr Erfolg – entsprechend deinen Vorstellungen.

Nun ist es an dir. Bist du bereit, den Schlüssel zu nutzen und aus dem »nur« in deinem Leben etwas Großes zu machen? Der *SHIFT* wartet auf dich!

Teil 1

»Achte auf deine Gedanken, denn
sie werden deine Worte. Achte auf
deine Worte, denn sie werden deine
Taten. Achte auf deine Taten, denn sie
werden deine Gewohnheiten. Achte
auf deine Gewohnheiten, denn sie
werden dein Charakter. Achte auf
deinen Charakter, denn er wird dein
Schicksal.«

– Weisheit aus dem Talmud

shift HAPPENS — Was das ist

Ein Perspektivwechsel, der dein Leben verändert

Wenn man das Wort *SHIFT* hört, denkt man womöglich an Veränderung, an die Umschalttaste auf der Computertastatur oder vielleicht sogar an einen Perspektivwechsel. Und so verschieden diese Assoziationen auch sind, machen sie einen wichtigen Aspekt des *SHIFTS* deutlich: Es steckt Bewegung in einem *SHIFT*, man muss seine Standpunkte verlassen. Dabei geht es um mentale und emotionale Standpunkte, die wir aufgeben müssen, um Wahrheiten, die wir in unserem Innersten spüren und die unsere Handlungen und damit unsere Leben prägen. In diesem Buch finden wir heraus, wie es zu diesen Standpunkten kam und was uns dazu veranlasst hat, eine bestimmte Sichtweise auf die Welt und die Menschen um uns herum zu entwickeln und auf eine gewisse Art und Weise durchs Leben zu gehen. Mit *SHIFT* meine ich nichts anderes als die Erfahrung eines tiefgreifenden Erkenntnismoments auf emotionaler und kognitiver Ebene – Herz und Hirn begreifen dabei gleichermaßen. Dieser *SHIFT* ist mehr als eine einfache Veränderung, er ist eine Transformation. Man könnte es sich wie einen Paradigmenwechsel vorstellen, nach dem die Welt nicht nur anders aussieht, sondern sich auch anders anfühlt. Es geht um eine komplette Neuordnung unserer inneren Landkarte, die das Verständnis unserer Person und unserer Beziehungen zu anderen grundlegend verändert. Ein *SHIFT* ist nicht nur eine Transformation in dem, was wir tun, sondern in dem, wer wir sind. Er fordert uns auf, unsere Überzeugungen und Wahrheiten zu hinterfragen, und ermöglicht uns, neue zu erkennen. Es ist eine Verschiebung von der Passivität zur Aktivität, von der Reaktion zur Aktion, von der Angst zur Liebe. Nehmen wir diesen *SHIFT* vor, befreien wir uns vom Ballast der Vergangenheit und laden uns mit neuer Energie und einem neuen Sinn auf. Es ist eine Reise, bei der wir die Kontrolle übernehmen, unsere Ängste konfrontieren und uns von limitierenden Überzeugungen befreien.

Der *SHIFT* ist also eine tiefgreifende, persönliche Transformation, die uns erlaubt, unser volles Potenzial zu entfalten und das Leben zu leben, das wir uns immer gewünscht haben. Das kann sehr überwältigend sein und geht so gut wie nie mit Fassung und Haltung über die Bühne, eigentlich eher mit vielen Tränen.

Um das alles zu erklären, möchte ich dir eine Geschichte erzählen – meine Geschichte. An ihr kann ich dir nicht nur sehr gut verdeutlichen, was ich mit *SHIFT* meine, sondern was damit alles im Zusammenhang steht. Diese Geschichte aus meiner Jugend hatte Auswirkungen, die weit in mein Erwachsenenleben hineinreichen. Sie spielt sogar noch heute eine Rolle, wenn auch auf eine andere Weise als früher, denn mittlerweile bin ich mit mir bezüglich meiner Erlebnisse von damals im Reinen. Aber was ich erfahren habe, dient mir immer noch als wichtiger Erfahrungsschatz, der mich auf meinen Weg zum Coach vorbereitet hat.

Anhand meiner Vorgeschichte erläutere ich dir die grundlegenden Prinzipien der *SHIFT*-Philosophie im ersten Teil. Sie hilft dir zu verstehen, was ich meine, wenn ich von Breaks oder Wendepunkten, Glaubenssätzen, Überzeugungen, Ich-Überzeugungen, Interpretationsfiltern, verdeckten Absichten und anderen vielleicht theoretisch klingenden Konzepten spreche.

SHIT happens — Meine Geschichte

> *Du siehst die Welt nie,*
> *wie sie ist, sondern wie du bist.*
> *– Mooji*

In meiner Mittelstufenzeit verband mich eine sehr tiefe Freundschaft mit drei Jungs aus meiner Klasse: Niko, Hon und Kenan. Wir hatten alle die Schule zur 7. gewechselt und waren neu in die Klasse gekommen. In den Pausen und auf dem Schulhof fanden wir bald zusammen und waren irgendwann unzertrennlich.

Unser Tag startete damit, dass wir die anderen morgens auf unserem Schulweg rausklingelten, bevor wir dann meist den ganzen Tag zusammen verbrachten. Auch an den Wochenenden hingen wir fast immer zusammen ab, und selten verging ein Tag, an dem wir uns nicht sahen. Wir vier waren die Fünf Freunde, nur dass wir vier waren. Und dass wir keine geheimnisvollen Fälle lösten, sondern stattdessen eher welche verursachten, indem wir zusammen Mist bauten – aber nur kleinen, relativ harmlosen. Wir lernten uns in einer Zeit kennen, die man die »rebellische Phase« nennt. So drehte es sich auch bei uns darum, unsere Grenzen auszuloten, nicht immer gehorsam zu sein und das Kindesalter hinter uns zu lassen. Aber sehr viel schlimmer, als dass wir zum Beispiel einmal bei McDonald's das Klo mit Unmengen von Toilettenpapier verwüsteten und uns dann aus dem Staub machten oder unsere ersten Zigaretten und diese fiesen Alkopops zusammen probierten, war es nicht.

Grundsätzlich waren wir sogar relativ brav. Wir waren gut in der Schule und zu Hause folgsam. Bei Hon war das zwangsläufig der Fall, bei uns anderen passierte das aus mehr oder weniger freien Stücken. Hon hatte einen asiatischen Hintergrund, und seine Eltern, die ihre Überzeugungen gerne auch mal mit Schlägen durchsetzten, waren sehr streng. Ich fragte mich oft, wie er das eigentlich aushielt. Unsere Freundschaft und unsere Verbundenheit haben ihn sicherlich auf eine Art gerettet. Und seine Geschichte hat uns alle noch enger zusammengeschweißt.

Es war eine sehr besondere Bindung zwischen uns, fast so etwas wie Brüderlichkeit. Nie zuvor und nie wieder danach habe ich solch eine Freundschaft in meinem Leben erlebt. Für mich waren die anderen drei der Grund, warum ich gern zur Schule ging. Wir hatten dort die beste Zeit zusammen. Ich nehme an, dass es wohl jedem von uns so ging, bis zum Ende der 8. Klasse.

Dann ist diese Sache passiert – sie veränderte für mich, und letztendlich für uns alle, alles. Heute muss ich mir richtig Mühe geben, mich genau zu erinnern, denn eigentlich wirkte es wie eine Kleinigkeit. Es sind weniger die Details der Geschichte, die mir im Gedächtnis geblieben sind, als vielmehr die damit verbundenen Gefühle.

Auslöser für den Vorfall war, dass ich über Umwege erfuhr, dass sich die anderen am Wochenende getroffen hatten, ohne mir Bescheid zu sagen. Natürlich hatte ich mitbekommen, dass die drei zusammen waren, obwohl sie mir gegenüber behaupteten, »nichts« unternommen zu haben. Ich erinnere mich noch, wie schockiert ich war, als ich das hörte. Der Gedanke, der sich damals in mir breitmachte, war, nie dazugehört zu haben.

In meiner Verletztheit nahm ich die Geschichte zum Anlass, alles in Frage zu stellen, die gesamte Zeit, die wir bis dahin zusammen verbracht hatten: Ich glaubte, zur coolsten Clique der Welt zu gehören, aber war das in Wirklichkeit alles nur Fake? Waren die Freundschaften nie echt? Wahrscheinlich machte ich mir nur vor, ein wichtiger Teil der Clique zu sein, aber insgeheim mochten sie mich gar nicht? Womöglich war es schon immer so, und sie hatten nur so getan? Diese Fragen erschienen mir nur logisch und hatten etwas zutiefst Grundsätzliches. Ich kam mir so dumm vor! Je länger ich darüber nachdachte, desto mehr fühlte ich mich als Außenseiter und irgendwie anders als meine Freunde. Dieses »Anderssein« war mir irgendwie sehr vertraut, das spürte ich. Also musste es wohl so sein. Anders zu sein wurde zum Leitthema meines Lebens.

Nachdem ich die ganze Nacht gegrübelt, mich meinem Schmerz hingegeben hatte und zu dem Schluss gekommen war, dass unsere Freundschaft nie echt und nie aufrichtig gewesen war, zog ich mich komplett zurück. Ich mauerte innerlich und äußerlich, in der Überzeugung, im Recht zu sein und die richtigen Schlüsse aus dem Verhalten meiner angeblich »besten« Freunde gezogen zu haben. Ich ignorierte sie am nächsten Tag in der Schule vollkommen und würdigte sie keines Blickes. Ihre anfängliche Verwirrung war offensichtlich. Sie hatten keine Ahnung, was der Grund für meinen plötzlichen Stimmungsumschwung war. Doch ich sorgte dafür, dass sie über unsere Mitschüler erfuhren, was ich ihnen anzukreiden hatte, streute meine Version der Geschichte und sprach abfällig gegenüber den anderen von ihnen. Für mich war klar: Sie waren die Schuldigen. Ich wollte die drei spüren lassen, dass sie sich etwas Unverzeihliches geleistet hatten und jetzt »echt mal was von ihnen kommen müsse«.

Nach etwa einer Woche kam auch etwas. Die drei hatten einen Entschuldigungsbrief an mich geschrieben. Niko gab ihn mir nach der letzten Unterrichtsstunde. Ich erinnere mich noch, dass ich mir nicht anmerken lassen wollte, wie sehr ich mich darüber freute. Ich nahm den Brief mit nach Hause und öffnete ihn erst dort, im Privaten, wo niemand meine Reaktion mitbekam. Niko, Kenan und Hon entschuldigten sich darin für ihr Verhalten, das wohl gar keine tieferen Beweggründe gehabt hatte, verstanden sogar, dass ich mich gekränkt fühlte, und wünschten sich, dass wir wieder Freunde sein könnten, so wie bisher. Als ich den Brief las, fühlte ich mich geschmeichelt, aber auch überlegen. Jetzt waren sie angekrochen gekommen, hatten eingestanden, dass es ein Fehler war, und baten mich, das Geschehene zu vergessen. Sie gaben sich ganz klar als die Schuldigen zu erkennen. Es so zu deuten fühlte sich überlegen an, nach Macht – und die Welle wollte ich noch ein wenig reiten. Die ersten heftigen Gefühle waren zwar schon abgeklungen, und ich war längst nicht mehr so aufgewühlt wie noch in der Woche zuvor. Aber ich wollte sie noch ein wenig zappeln lassen, um ihnen deutlich zu machen, dass ihr Verhalten wirklich absolut nicht in Ordnung gewesen war. In meiner moralischen Überlegenheit ließ ich mich am nächsten Tag also gerade mal zu einem Hallo und Tschüs herab. Das war zwar eine kleine Annäherung, aber nicht viel. Die drei hatten wahrscheinlich gehofft, dass ich nach dem Lesen des Briefes ihre Entschuldigung akzeptieren würde. Und weil das nicht der Fall war, fühlten sie sich wiederum von mir komplett vor den Kopf gestoßen. Meine Reaktion auf ihre Entschuldigung führte dazu, dass *sie* sich jetzt als Opfer fühlten. Das wiederum löste bei ihnen den totalen Rückzug aus. Aus ihrer Sicht hatten sie wahrscheinlich alles ihnen Mögliche versucht, um den Konflikt auszuräumen, aber ich blieb trotzdem stur und mauerte noch immer. Damit ging es erst richtig los: »Hurt people hurt people«, wie eine Redewendung sagt. Am Tag darauf, als ich auf sie zukam und sie ansprach, weil ich langsam wieder Normalität einziehen lassen wollte, grüßten sie mich nicht, noch redeten sie mit mir. Davon war ich nun wiederum völlig irritiert – schließlich waren sie es doch, die den Mist gebaut hatten, es stand ihnen doch gar nicht zu, sich so zu verhalten …

Man kann sich vorstellen, was für eine von außen absurde Dynamik wir vier hier losgetreten hatten. Ich zog daraus jedenfalls die Konsequenz, ihnen dann genauso wenig entgegenzukommen und sie erst recht links liegen zu lassen. Und damit hatten wir uns festbetoniert in einer Haltung gegenseitiger Schuldzuweisungen, Ignoranz und immer größer werdender Feindseligkeit.

Nachdem ich meinen Platz in der Clique frei gemacht hatte, rückten zwei Jungs nach, mit denen wir vorher gar nicht so viel und gar nicht so gern zu tun hatten. Sie waren zwar gut in Sport, aber sonst nicht so wirklich die hellsten Kerzen auf der Torte. Sie gehörten zu den Menschen, die ihre Unzulänglichkeiten gerne hinter Gehässigkeiten verstecken. Darin waren sie also geübt, und aus der Sicherheit der Gruppe heraus konnten sie sich erst mal dem Alltagsgeschäft widmen, mich zu mobben – stellvertretend für Kenan, Niko und Hon. Sie äfften mich nach, wenn ich mich im Unterricht meldete, hänselten mich für das, was ich sagte. Wurde in Kunst ein Bild von mir aufgehängt, stellten sie sich davor, tuschelten und spotteten offensichtlich. Anfangs blieben ihre Verhaltensweisen noch vergleichsweise harmlos, machten aber natürlich etwas mit mir, weil sie mich zutiefst verunsicherten. Als meine drei »alten Freunde« begannen, nicht länger nur hämisch zu grinsen oder zu nicken, wenn die »Neuen« mich verarschten, und zuguckten, wenn sie lästerten, sondern auch selbst in Aktion traten, bekam die Situation schnell eine andere Dimension für mich. Sie stellten sich mir in den Weg, Sachen von mir verschwanden, und sie ließen keine Gelegenheit aus, mich vor den anderen lächerlich zu machen. Einmal hatten sie vor dem Unterricht alle auf meinen Stuhl gespuckt, bevor ich mich hinsetzte, und als ich aufstand, um an die Tafel zu gehen, war mein Hintern nass und voller Schleim. Es war eine unfassbar demütigende Erfahrung.

Weil sie als Gruppe die Macht der Stärkeren besaßen, gegen die sich wahrscheinlich niemand stellen wollte, zogen sie die ganze Klasse nach und nach auf ihre Seite – zumindest war keiner für mich und niemand mehr an meiner Seite. Der Unterricht war noch erträglich, weil wir alle mit Aufgaben beschäftigt waren und Lehrpersonal die Aufsicht hatte. Aber sobald es klingelte, durchfuhr es mich wie ein Blitz. Pausen bedeuteten, den anderen ausgeliefert zu sein. Auf den Schulhof wollte ich nicht, dort waren zu wenige Aufsichtspersonen. Doch in den Gängen durfte ich nicht bleiben, wir mussten in den Pausen rausgehen. Wann immer ich versuchte, im Gebäude zu bleiben, wurde ich rausgeschmissen. Meine Rettung war zunächst die Cafeteria, in der viele Menschen unterwegs waren, unter die ich mich mischen konnte. Das Problem war, dass man etwas konsumieren musste, um sich dort aufhalten zu dürfen, und dazu war natürlich Geld nötig, von dem ich nicht genug hatte. Deswegen musste ich mir bald einen anderen Zufluchtsort suchen. Ich fing an, meine Toilettengänge enorm auszudehnen, und irgendwann entdeckte ich die verschlossene Kabine des Schulklos als idealen Schutzort. Dort hatte ich meine Ruhe, konnte zumindest seelisch »durchatmen«, auch wenn gerade jemand nebenan die Luft verpestete. Ich verbrachte jede Pause dort. Das war die Lösung für meine Situation, und ich zog das fast ein ganzes Schuljahr durch. Mit der Zeit wusste ich genau, welche Kabinen am wenigsten aufgesucht wurden, wann die Frequenzen der Klobesuche am höchsten waren, wer sich wann, wie lange dort aufhielt. Ich saß in der hintersten Kabine auf dem Sims des verschlossenen Sicherheitsfensters, bekam so wenigstens ein wenig Tageslicht ab und las zum hundertsten Mal die immer gleichen blöden Klosprüche, die an die Türe und Wände gekritzelt waren. Es war mein Weg, meine Pausen zu überstehen und alles zwischen 8 und 15 Uhr irgendwie zu ertragen. Wirklich schlimm war, dass es danach in meinem Kopf weiterging: Der Gedanke, dass es am nächsten Tag wieder so sein und kein Ende nehmen würde, machte mich fertig. Und es ging ja auch tatsächlich immer so weiter. Dieses Kopfkarussell, aus dem ich keinen Ausstieg fand, war noch weniger auszuhalten als die Situation in der Schule selbst.

Eigentlich habe ich relativ früh angefangen, über mein Problem zu sprechen, erst mit meiner großen Schwester und dann mit meiner Mutter. Beide meinten, ich müsste mit meiner Klassenlehrerin reden, und das tat ich dann auch. Die Lehrerin nahm sich des Themas auch ernsthaft an und versuchte wirklich viel. Ich habe, wenn ich mich richtig erinnere, eine Zeitlang jeden Tag mit ihr telefoniert. Sie wollte genau wissen, was vorfällt, und darüber sollte ich eine Liste führen, die sehr schnell sehr lang wurde. Schon ziemlich bald moderierte sie ein Gespräch zwischen mir und den anderen dreien, um zwischen uns zu vermitteln. Bei dieser Gelegenheit packte ich alles aus und versuchte dabei, so objektiv wie möglich zu sein. Irgendwann brach ich beim Erzählen dann doch in Tränen aus. Meine Betroffenheit ließ die anderen aber völlig kalt, und schon direkt nach dem Gespräch hörte ich auf dem Weg zum Sport, wie sie nachäfften, dass ich geweint hatte. Vorher war ich halbwegs optimistisch gewesen, dass das Gespräch etwas bringen würde, aber spätestens da wusste ich, dass es nicht so war. Meine Lehrerin versuchte auch, das Thema Mobbing öffentlich in der Klasse zu besprechen. In Rollenspielen sollten wir versuchen herauszufinden, wie sich das für die Opfer anfühlt. Aber auch das brachte nichts, im Gegenteil, für mich wurde alles immer schlimmer. Es kam zu einem Punkt, an dem ich sogar in der Gegenwart von Lehrern schikaniert wurde. Zum Beispiel im Basketballunterricht: Ich bekam einen Ball gegen den Kopf. Das erste Mal war es angeblich ein Versehen, das zweite Mal wurde es immer noch als unabsichtlich abgetan, auch von meinem Lehrer, da es schließlich im Spiel passiert war. Auch beim dritten, vierten und sogar fünften Mal, während ich auf der Bank saß und darauf wartete, wieder spielen zu dürfen. Mein Sportlehrer hielt trotzdem an seiner »Unfall«-Theorie fest. Und obwohl die Bälle immer ausgerechnet von einem der Jungs kamen, mit denen ich Schwierigkeiten hatte, waren sich alle außer mir einig, dass es ohne Absicht und nur im Eifer des Gefechts passiert war. Solche Situationen führten dazu, dass ich mich irgendwann wirklich dumm fühlte und nichts mehr sagte, um mich nicht noch mehr dem Spott preiszugeben. Sowieso sprach ich irgendwann nicht mehr viel darüber. Die Lehrerin konnte mir offensichtlich nicht helfen ...

Auch meine Mutter hatte alles versucht, was in ihrer Macht stand. Dass sie mir so wenig helfen konnte, belastete sie unglaublich, und ich konnte ihr Leiden irgendwann nicht mehr aushalten. Also erzählte ich fast nichts mehr und machte meinen Kummer mit mir aus. Auch meine große Schwester Derya, die sich voll involviert hatte, hielt ich irgendwann raus, weil ihre Anteilnahme automatisch auch wieder die meiner Mutter ins Spiel brachte.

Natürlich, man kann viel wegstecken und eine Menge aushalten. Aber irgendwann ist ein Limit erreicht, danach funktioniert man nur noch. Die Vorfälle mit den dreien hatten mich zutiefst verunsichert und in meinem Selbstwert extrem verstört. Ich habe nur noch auf den Boden geguckt, nicht mehr nach oben: wenn ich irgendwo unterwegs war, im Unterricht, wenn ich angesprochen wurde … Eigentlich wollte ich mich unsichtbar machen, weil ich genau wusste, dass jede mögliche Angriffsfläche nur dazu führen würde, dass ich kritisiert und gedemütigt würde. Ich bin also ganz still geworden, habe bald gar nichts mehr gesagt, bis mein Mund am Ende des Schultages ausgetrocknet und meine Lippen spröde waren. Zudem schwänzte ich immer mehr den Unterricht, weil ich die konstante Demütigung nicht mehr ertragen konnte. Darunter litten natürlich auch meine schulischen Leistungen.

Das Einzige, was ich an den Wochentagen noch genießen konnte, war – so traurig es klingt –, dass ich mir den Wecker morgens immer auf 5.30 Uhr stellte, obwohl ich erst um 7 Uhr für die Schule aufstehen musste. Nach dem ersten Klingeln snoozte ich ihn für eineinhalb Stunden im 20-Minuten-Takt. Im Halbschlaf bereitete ich mich mental auf den bevorstehenden Tag vor und rüstete mich: »Okay, ich hab' noch eineinhalb Stunden«, … eine Stunde … eine halbe Stunde … für mich und ohne Druck. Diese Zeit war das, was ich noch unter Kontrolle hatte, und daraus habe ich meine Energie für den Tag geschöpft. Diese 90 Minuten waren der einzige Spielraum, den ich für mich sah, wo ich Herr der Lage war – im wahrsten Sinne des Wortes, morgens im Bett liegend.

Ein Schlüsselmoment für mich war, als ich mir eines Abends am Ende eines langen, miesen Tages, wie sie nach fast einem Jahr mittlerweile zur Normalität geworden waren, ein Bad eingelassen hatte. Als ich in der Wanne lag und ins Wasser abtauchte, überkam mich die Frage wie eine Flut: Wann hört das auf? Was muss ich denn noch alles auf mich nehmen und ertragen? Diese Gedanken zuzulassen war ein so tiefer Schmerz, als hätte man jemanden verloren, den man furchtbar liebt. Ein Schmerz, den man meint, fast nicht aushalten zu können. Ich wusste nicht, wie ich mit ihm umgehen sollte. Wahrscheinlich hing er mit dem Gefühl zusammen, mein Leben, ein lebenswertes zumindest, verloren zu haben. Es gab keine Aussicht darauf, dass sich mein Alltag in absehbarer Zeit wieder normalisieren würde, dass der Schmerz vorbeigehen und ich wieder Freude an meinem Leben haben könnte. Von Lebensfreude war nichts mehr übrig in mir. Ich lachte gar nicht mehr, ich fand nichts mehr witzig, ich überlebte einfach nur noch. Als ich mir dessen bewusst wurde, begann ich, so haltlos und so unfassbar zu weinen, wie ich noch nie in meinem Leben vorher geweint hatte. Es kam aus der Tiefe und brachte mich so zum Schluchzen, dass ich beim Einatmen irgendwie Spucke in die Luftröhre bekam. Ich musste stark husten und schnappte nach Luft. Es war, als hätte mir jemand einen Stock zwischen die Speichen geworfen. Diese Hustenattacke riss mich komplett aus meiner Emotion. Ich kam wieder zu mir und war dadurch in der Lage, einen Gedanken zu fassen: So durfte es nicht mehr weitergehen. Ich musste etwas unternehmen. Ich hatte keine Lust mehr, zu leiden und schlechte Gefühle zu haben. Mir wurde klar, dass ich etwas ändern musste.

Meinen Entschluss setzte ich schnell um. Es war kurz vor den Sommerferien. Also suchte ich mir eine andere, für mich gut erreichbare Schule. Ich fuhr hin, schaute sie mir an und erzählte der Sekretärin sehr offen, was ich gerade erlebte. Die Schule zu wechseln schien mir die einzig sinnvolle Lösung für mein

Problem. Und die Direktion der neuen Schule sagte mir einen Platz für das kommende Schuljahr zu. An meiner alten Schule erzählte ich niemandem davon, ich wollte nach den Sommerferien einfach abtauchen.

Mit dem Schulwechsel änderte sich meine Situation zunächst, worüber ich natürlich sehr erleichtert war. Ich weiß noch, dass mir meine neuen Mitschüler in den ersten Wochen recht offen und positiv gegenüber eingestellt waren. Ich fühlte mich auch mit dem Unterrichtsstoff sicher und war viel weiter als die anderen, so dass meine Noten am Anfang noch sehr gut waren. Danach ging es aber auch hier ziemlich schnell bergab. Ich erinnere mich, dass meine neuen Mitschüler mir gegenüber eigentlich interessiert waren. Ich wollte nach meiner Mobbingerfahrung allerdings auf keinen Fall irgendeine Angriffsfläche bieten und verhielt mich entsprechend zurückhaltend. Damit zog ich bald wieder Ablehnung und blöde Sprüche auf mich. »Solange es nicht das vorige Ausmaß annimmt, kann ich damit leben«, dachte ich mir. Schließlich war ich ja auch komisch, ich war halt einfach anders, davon war ich überzeugt. Irgendwie war die Konsequenz daraus auch okay für mich, ich kannte das schließlich mittlerweile nur zu gut.

Also machte ich meine Andersartigkeit einfach zu meinem Ding. Ich zog mich zum Beispiel anders an als die anderen. Wegen meines rosa Käppis kassierte ich mehr als einmal die Frage: »Ey, bist du schwul, oder was?!« Ich habe sie einfach trotzdem getragen, ich fand sie nämlich supercool. Abgelehnt und nicht toll gefunden zu werden war ich sowieso gewohnt, und deswegen gab ich mir wenig Mühe, anderen zu gefallen. Zur Not hätte es auch hier eine Toilette gegeben, auf der ich sicher gewesen wäre. Mittlerweile hatte ich auch genug Taschengeld, um es länger in der Cafeteria auszuhalten. Stattdessen bot sich eine neue Strategie an: Ich investierte mein Geld in Zigaretten. Damit gehörte ich dann irgendwie lose zu einer Gruppe Raucher, die sich in der Pause in der Ecke auf dem Schulhof traf. Dabei blieb es. Eine wirklich verbindliche Freundschaft baute ich hier in den verbleibenden vier Jahren bis zum Abi nicht mehr auf. Ich war mit jedem ein bisschen auf Distanz und konnte gut damit leben, nicht wirklich gemocht zu werden. Für mich war das okay, auch deswegen weil ich seit dem Schulwechsel eine Art Parallelleben führte – anders kann man es nicht sagen.

Ich hatte mit vierzehn zu tanzen angefangen und war in meiner Tanzschule bald ein Star. Meine Schwester Derya hatte mich dazu ermutigt, mir ein Hobby zu suchen, etwas, woran ich Freude hätte und wo ich mich beweisen könnte. Und das konnte ich beim Tanzen. Ich fand darin ein Ventil und einen Ausgleich gegenüber meiner harten Schulrealität. Unter den gegebenen Umständen hatte ich alle Zeit der Welt zu trainieren. Keine Freunde und Verabredungen, die mich ablenkten. Nach der Schule ging ich zum Training und wenn nicht dort, dann trainierte ich zu Hause in meinem Zimmer. Als Neuanfänger und einziger Junge wurde ich erst mal komisch beäugt, und die Mädchen, die als Tänzerinnen schon sehr viel weiter waren als ich, ließen keine Situation aus, um zu lästern, wenn ich Fehler machte. Das war ja grundsätzlich nichts Neues für mich, und ich war Mobbing so sehr gewöhnt, dass es mich von gar nichts abhielt. Im Gegenteil: Bald gab ich ihnen keinen Anlass mehr dafür, weil ich schon nach kurzer Zeit keine Fehler mehr machte und sehr schnell sehr gut wurde. Irgendwann galt ich als der Beste, und die Bewunderung blieb nicht aus. Alles, was ich im Schulkontext an Bestätigung nicht bekam, holte ich mir beim Tanzen ab. Enge Freundschaften schloss ich auch in dieser Tanzwelt über all die Jahre nicht. Die Narben aus meiner Schulzeit waren mir geblieben, und der Schmerz saß tief. Es war mir einfach zu gefährlich geworden, mich auf andere Menschen einzulassen. Aber immerhin war das Tanzen ein für mich sicherer Raum, wo die anderen mich bewunderten und feierten, statt mich abzuwerten. In der Schule wusste niemand etwas davon, und ich hielt die beiden Welten fein säuberlich voneinander getrennt, um nicht zu riskieren, dass das Image des Sonderlings aus der Schule das des Startänzers auch nur irgendwie ankratzte.

Letzten Endes rettete mich das Tanzen und half mir, wieder Selbstbewusstsein aufzubauen. Es prägte viele Jahre meines Lebens. Sogar so weit, dass ich nach der Schule eine Ausbildung zum professionellen Tänzer machte und lange Zeit in diesem Beruf als Backgroundtänzer in diversen Shows und unter anderem für internationale Stars arbeitete.

Aber genauso prägten mich die Erfahrungen, die ich in meiner Schullaufbahn gemacht hatte, wenn auch auf einer anderen Ebene. Sie hatten in mir Fragen geweckt, die mich umtrieben und auf die ich keine Antworten fand: Warum passiert mir das, gemobbt und ausgegrenzt zu werden? Und warum passierte mir das zum wiederholten Male? Warum machen einige Menschen solche Erfahrungen und andere nicht? Ich las unzählige Bücher zu diesen Themen und versuchte verzweifelt, das herauszufinden. Antworten fand ich in der Lektüre nicht, möglicherweise, weil ich die Frage falsch gestellt hatte. Ich nahm an, dass es Schicksal sein musste, dass ich immer wieder die Erfahrung von Ablehnung machte. Ich erinnerte mich wieder an meine Schulzeit: Nicht jeder konnte vom Schicksal so gesegnet sein wie mein Klassenkamerad Lenny. Er sah gut aus, kam aus einem wohlhabenden Elternhaus, war gut in der Schule, freundlich zu jedem und sehr beliebt, so dass er sich vor Freunden förmlich nicht retten konnte. Er schien sein Glück in die Wiege gelegt bekommen zu haben. Und dann gab es Thilo. Er war sperrig, pickelig, schlecht in Sport und nicht wirklich der sympathische Typ – eigentlich das perfekte Mobbingopfer. Aber bis auf ein paar Sticheleien und die Tatsache, nicht gerade der King der Klasse zu sein, hatte er mit einem besten Freund an seiner Seite, mit dem er fast immer zusammen war, eigentlich eine ganz passable Oberstufenzeit.

Stattdessen trafen Ausgrenzung und blöde Sprüche mich. Dabei sah ich eigentlich wirklich gut aus, war sportlich und schlau – fand ich zumindest. Das ließ ich zwar nicht mehr allzu sehr in meine Schulleistungen einfließen, aber wenn man mit mir zu tun hatte, ließ ich durchaus erkennen, dass ich nicht auf den Kopf gefallen war. Mit mir meinte es das Leben wohl einfach nicht so gut. Einen anderen Schluss konnte ich aus meiner Geschichte nicht ziehen, wenn er auch unbefriedigend war.

Selbst eine Verhaltenstherapie, die ich zeitgleich mit meinem Schulwechsel begonnen hatte, war für mich nicht wirklich hilfreich. Meine Therapeutin war sehr mitfühlend, und natürlich bekam ich von ihr Empathie und Bestätigung, die ich gerne annahm. Nach einem Jahr jedoch brach ich die Behandlung ab, weil ich merkte, dass sie mich nicht wirklich weiterbrachte. Ihre Tipps und Tricks, um herausfordernden Situationen zu begegnen, halfen mir nicht weiter. Und meine Frage, die mich umtrieb und während meiner gesamten Schulzeit verfolgte, »Warum immer ich?«, blieb auch dort unbeantwortet.

Ich wollte unbedingt eine befriedigende Antwort auf die Frage finden, warum sich Dinge bei mir wiederholten und ich mich in einer Lebenssituation befand, mit der ich nicht glücklich war. Mir war klargeworden, dass ich es mit etwas für mich Neuem versuchen musste. Mein Leidensdruck war immens hoch.

Mit zweiundzwanzig saß ich schließlich in meinem ersten Coaching-Seminar. Ich war auf die Suche nach Workshops zur persönlichen Weiterentwicklung gegangen und stieß auf die Seite einer Coaching-Akademie, die mich ansprach. Ihre Website leitete mit dem Satz ein: »Alles, was wir sind, ist ein Resultat dessen, was wir gedacht haben.« Ich verstand intuitiv, auch wenn ich dieses Zitat noch nicht entschlüsseln konnte, dass das etwas mit mir zu tun hatte, und es weckte in mir das Verlangen, meine Gedanken zu erforschen. Also buchte ich das Seminar, auch wenn es teuer war.

Das Seminar hielt, was es versprach. Es brachte mich dazu, mir endlich die richtige Frage zu stellen, nämlich nicht die, wieso mir das alles passierte, sondern, was *ich* mit meinem Leben zu tun hatte. Und auf diese Frage gab es nur eine Antwort: alles! Das musste ich im Verlauf des Seminars einsehen.

Direkt zu Beginn des Seminars konfrontierte der Coach die Teilnehmer mit der Aussage: »Es sind nicht Ereignisse, die uns beeinflussen und unter denen wir leiden, sondern unsere Schlussfolgerungen aus diesen Ereignissen.« In diesem Moment wollte ich das Seminar am liebsten sofort wieder verlassen. Wie konnte er so etwas sagen? Es war doch Fakt, dass das Mobbing, vor allem in dem Ausmaß, wie ich es erlebte, etwas mit mir gemacht und wirklich böse Spuren hinterlassen hatte. »Meine Schlussfolgerungen« hatten damit gar nichts zu tun! Welche Schlussfolgerungen überhaupt? Und sollte das heißen, dass ich selbst für mein Schicksal verantwortlich war? Innerlich tobte ich, aber ich blieb sitzen – zum Glück! Im weiteren Verlauf folgte nämlich noch eine wichtige Aussage, auf die ich mich, wenn auch nur zögerlich, einließ: »Wovon du überzeugt bist, damit erschaffst du deine Realität.« Die Aussage zielte darauf ab, zur Abwechslung mal auf mich zu gucken. Ich neigte eher dazu, mit dem Finger auf andere zu zeigen und nach einem Verantwortlichen für meine Misere zu suchen, um bloß nicht selbst verantwortlich beziehungsweise »schuld« zu sein. Letztlich bedeutete diese Idee aber doch, dass ich Schöpfer meines Lebens war, und ich fing an, das als große Chance zu begreifen. Ich öffnete mich immer mehr der Aufforderung, die Verantwortung für mein Leben zu erkennen.

Und daraus ergaben sich für mich ganz neue Fragestellungen: Welche Überzeugungen hatte ich denn eigentlich, die dazu führten, dass ich mich immer wieder in Situationen befand, in denen ich mich ausgegrenzt fühlte? Was führte am Ende dazu, dass ich als Sonderling im Abseits stand? Welche Schlussfolgerungen hatte ich aus meinen Erfahrungen gezogen, wenn es doch meine Gedanken waren, die meine Realität erschufen? Diese Fragen führten mich schließlich dazu zu begreifen, dass ich unbewusste Überzeugungen hatte, von denen ich zuließ, dass sie mein Leben bestimmten.

Ich war mir meiner Angst vor Menschen und meiner Haltung, besser niemanden an mich ranzulassen, bewusst. Schließlich hatte ich ja auch Erfahrungen gemacht, die das begründeten und bestätigten. Dass ich mich aber genau aus dieser Logik heraus und mit Überzeugung – »Menschen sind gefährlich! Traue ihnen nicht!« – selbst immer wieder in Mobbing-Situationen manövriert hatte, begriff ich jetzt erst. Ich hatte aus der Enttäuschung mit meiner Clique meine Schlüsse gezogen und mir aus Angst vor dem Schmerz geschworen: Ich werde nie wieder jemanden so nah an mich heranlassen und es nie wieder zulassen, dass mich jemand so verletzen kann! Aus dieser Haltung heraus habe ich mich auf der neuen Schule natürlich entsprechend verhalten und damit andere vor den Kopf gestoßen. Die anderen konnten das irgendwann nicht mehr als anfängliche Schüchternheit abtun und fingen an, mich komisch zu finden und mich wirklich abzulehnen. Die Ausgrenzung, die ich in meiner zweiten Schule erlebte, war damit vorprogrammiert – und zwar von mir selbst. Das zu verstehen war ein wirklicher Augenöffner.

Eine Erkenntnis kommt selten allein: Als Schöpfer meiner Realität war ich möglicherweise auch verantwortlich für das Erlebnis meiner ersten Mobbingerfahrung. Ich ließ mich auf den Gedanken ein – mehr und mehr – und landete schließlich bei der Auffassung, anders zu sein. Als ich genauer in mich hineinhorchte, erwies sie sich als sehr viel älter als angenommen und der Bruch mit meinem Freundeskreis. Mir wurde klar, dass dieser Teil meiner Vergangenheit den Verlauf der Geschichte mitbeeinflusst hatte.

Anderssein hatte sich für mich nie danach angefühlt, etwas Besseres zu sein, im Gegenteil: Weil ich anders war, war ich nicht gut genug und begab mich ins Abseits und damit in die Einsamkeit. Gleichzeitig setzte ich mich unter Druck, besonders sein zu müssen, besser als der Durchschnitt, weil Anderssein auf der anderen Seite wenigstens nicht bedeuten durfte, gewöhnlich zu sein. Gefährlich war es allemal, denn Menschen mochten andere nicht, die nicht so waren wie sie. Ihre Gemeinheiten könnten jederzeit über mich hereinbrechen, so wie ich es mit meinen Mitschülern erfahren hatte. Ich musste auf alle Fälle einen Sicherheitsabstand wahren.

Zu der unbewussten Überzeugung über mich selbst, nämlich anders zu sein, war ich schon im Kleinkindalter gelangt. Das fand ich im Verlauf des Seminars heraus. Der Gedanke »Ich bin anders« zog sich wie ein roter Faden durch mein Leben. Mittlerweile konnte ich unzählige Erfahrungen daran heften, die mir immer wieder als Bestätigung gedient hatten.

Ich muss ungefähr vier gewesen sein, als ich das Gefühl hatte, meinen Status als über alles geliebter kleiner Bruder bei meiner großen Schwester Derya an meine nur eineinhalb Jahre ältere Schwester Sezgi abtreten zu müssen. Meine große Schwester war schon im Teenageralter und hatte sehr viel Erziehungsverantwortung für uns zwei kleinen Geschwister übertragen bekommen, weil unsere Eltern viel arbeiteten. Ich war Deryas süßer, kleiner Liebling von Baby an und Sezgi eher immer ein wenig außen vor. Ich genoss die volle Zuneigung von Derya. Und die Liebe einer wichtigen Bezugsperson zu teilen ist in diesem Alter bekanntlich nichts, was man gerne und freiwillig tut. Als Derya irgendwann nach all den Jahren relativ ungeteilter Aufmerksamkeit für mich anfing, Sezgi mir vorzuziehen – so empfand ich es zumindest –, war das ein harter emotionaler Schlag für mich. Ich beobachtete, wie Sezgi immer zuerst geknuddelt wurde, wie sie Deryas Hand halten durfte beim Spazierengehen und wie sie sie mit Spängchen und Kleidchen zurechtmachte. Ich fühlte mich zurückgesetzt und nur noch an zweiter Stelle. Die Erklärung, die ich als kleiner ungefähr vierjähriger Junge dafür fand, war, dass ich nun mal kein Mädchen war. Sezgi war mit ihren sechs Jahren aus dem neutralen Kleinkindalter rausgewachsen und hatte sich zu einem Bilderbuchschwesterchen entwickelt, was Derya sichtlich genoss. Ich war anders als die beiden, ich war ein Junge und deswegen außen vor. Nicht dazuzugehören war die Konsequenz daraus, anders zu sein. Vor dieser Ablehnung musste ich mich schützen. Ich entschied, dass es wohl besser war, niemanden zu nah an mich heranzulassen, um nicht willkürlich fallengelassen zu werden. So hatte ich die verminderte Zuwendung meiner Schwester nämlich erlebt. »Ich bin anders« und eng damit verknüpft »Menschen sind gefährlich« waren Überzeugungen, die ich tief in mir verankerte. Von da an begleiteten sie mich.

Zu diesen Einsichten kam ich vor ungefähr zehn Jahren in dem Coaching-Seminar. Meine Mobbinggeschichte, wie ich sie erlebt und wahrgenommen hatte, war also nur der Wurmfortsatz dieser tiefen und sehr alten Überzeugung über mich selbst. Das bedeutete aber auch, dass der Verlauf der Geschichte etwas mit meiner Haltung zu mir und meiner Umwelt zu tun hatte und ich mitverantwortlich dafür war, welche Wendung die Geschehnisse genommen hatten. Da ich das Bewusstsein hatte, anders zu sein und deswegen nicht dazuzugehören, stand die Interpretation des Verhaltens meiner Freunde von vornherein fest – da hatte es keinen Spielraum gegeben. Für mich war damals sofort klar, dass ich NIE dazugehört hatte, und deswegen konnte ich die Entschuldigung von Nico, Hon und Eric auch nicht einfach annehmen. Schließlich ging es für mich gleich um etwas Grundsätzliches. Das Verhalten der ganzen Klasse daraufhin verstärkte nicht nur meine Überzeugung, anders zu sein, sondern bestätigte darüber hinaus mein Menschenbild.

Als ich dann in die neue Schule kam, war diese negative Haltung in meinem Herzen und Hirn bereits tief verankert. Die Chance für einen Neuanfang hatte es also nie wirklich gegeben, – ich hatte mich schließlich mitgenommen. Ich befand mich wie in einer Fahrrinne, in die man rutscht und die mit jedem Mal, das sie befahren wird, tiefer wird. Meine »Fahrrinne« war, aufgrund meiner Auffassung Distanz und Zurückgezogenheit herzustellen, um Ausgrenzung und Ablehnung zu umgehen. Dieses Verhalten führte aber letztlich dazu, dass ich genau diese Ablehnung bei anderen auslöste, weil sie mich schräg und unnahbar fanden.

Die Distanz zu anderen zog sich durch mein Leben. In allen meinen Freundschaften und Beziehungen blieb ich innerlich immer in sicherer Deckung. Gleichzeitig investierte ich extrem viel Energie, um der Auffassung, anders zu sein, den Anstrich von etwas Besonderem zu geben. Wenn ich etwas tat, dann mit vollem Einsatz und immer mit dem Ziel, nur das Beste abzuliefern. Nähe und Augenhöhe zuzulassen barg für mich die Gefahr, entlarvt zu werden. Vielleicht war ich gar nicht besonders? Vielleicht war ich sogar weniger als gewöhnlich? Im Privaten manövrierte mich das in eine ungewollte Einsamkeit, im beruflichen Bereich bedeutete es einen enormen Kraftakt, denn für mich war Scheitern keine Option. Das wäre in meinem Mindset vernichtend gewesen. Ich begriff durch meine Selbstreflexion im Rahmen des Seminars: Ich selbst trug die Verantwortung für das, wie alles gelaufen war. Auch für meine Einsamkeit.

All diese Einsichten waren überwältigend für mich. Und das war mein *SHIFT*-Moment! Ich verstand, dass alles mit allem zusammenhing. Der rote Faden, hatte ich ihn einmal zu fassen bekommen, war mit meinen sämtlichen Verhaltensmustern dicht verwoben, die ich seit Jahren an den Tag legte. Ich begriff, dass die Geschichte, die ich mir so viele Jahre selbst erzählt hatte, nur eine Interpretation war. Ich erkannte meine Rolle in den Geschehnissen und auch, dass ich für meine Opferrolle, in die ich mich zurückgezogen hatte, verantwortlich war. Es bedeutete vor allem aber, dass ich meine Geschichte nun anders erzählen und damit auch anders fortsetzen konnte. Ich konnte endlich diese alten Überzeugungen loslassen und neue, horizonterweiternde gewinnen.

Was für eine großartige, lebensverändernde Einsicht!

Natürlich brauchte ich noch Zeit und für manche Entwicklungen einige Jahre, um diese Erkenntnisse umzusetzen. Die neu gesetzte Spur musste ich erst einmal befahren und erfahren, dass sie sicher und – das Beste daran – zielführend ist. Endlich konnte ich bestimmen, welchen Weg ich einschlagen und welche Ziele ich erreichen wollte. Letztlich führte mich diese Spur irgendwann dazu, selbst Coach zu werden, um anderen Menschen solche lebensverändernden Entscheidungen zu ermöglichen.

shift HAPPENS —
Worum es geht

Wieso du nicht kriegst, was du willst

Kennst du das: Du nimmst dir etwas vor, und trotz aller Versuche und Bemühungen kriegst du es irgendwie nicht hin und scheiterst? Das Ergebnis, das du dir gewünscht hast, bleibt aus. Oder andersherum: Du schaffst es gemäß deinem Vorhaben, etwas zu verändern, Dinge kommen in Bewegung, und du erzielst zunächst positive Ergebnisse. Die Zuversicht ist groß, doch nach kurzer Zeit schleichen sich alte Muster wieder ein, und du findest dich am exakt gleichen Punkt wieder wie zuvor. Es bleibt, wie es ist, und der Erfolg bleibt mal wieder aus. Angesichts der bis dahin erreichten Fortschritte fühlt sich das alles noch deprimierender an. Wie konnte es nur so weit kommen, wo du doch so viel angepackt und verändert hast?

Ich habe es genau so erlebt, als ich damals die Schule wechselte, um dem Mobbing meiner Mitschüler zu entgehen. Es war ein extrem entscheidender Moment für mich, als ich damals in der Badewanne, nach fast einem Jahr, endlich den Entschluss fasste, die Initiative zu ergreifen und etwas zu unternehmen, statt den Konflikt einfach auf der Schultoilette auszusitzen.

Eigentlich habe ich von diesem Augenblick an scheinbar alles richtig gemacht. Meine Entscheidung, ganz allein auf eigene Faust eine neue Schule zu suchen und einen Platz anzufragen, war ein wirklich souveräner Schritt für einen Fünfzehnjährigen. Ich habe damals wie heute von Erwachsenen Bewunderung und Anerkennung dafür kassiert. Erst mal lief es ja auch gut für mich, bis ich dann doch wieder zum Außenseiter wurde und das natürlich auch zu spüren bekam. Und selbst im Tanzstudio, wo ich eine komplett andere Rolle hatte und ich beliebt war, knüpfte ich keine tiefen Freundschaften. Ich blieb ein Einzelgänger.

Im Grunde versuchte ich, es als mein Schicksal zu akzeptieren, dass ich mich wohl mehr oder weniger allein durchs Leben tanzen müsste. Dennoch blieb für mich weiterhin die Frage bestehen: Warum passierte mir so etwas und anderen nicht? Warum wiederholten sich bestimmte Erfahrungen in meinem Leben? Warum passierte es mir immer wieder, dass man mich ausgrenzte? Ich war mir meiner Angst vor Menschen zwar bewusst, aber fühlte mich in einem Dilemma, weil sie durch ihr Verhalten meine Angst immer wieder bestätigten.

Der Eisberg — Die unbewussten Kräfte, die dein Leben lenken

Wenn du dich fragst, warum du nicht kriegst, was du willst, und nicht die Ergebnisse erreichst, die du anstrebst, obwohl du doch alles dafür tust, und Erfüllung und Zufriedenheit in deinem Leben letztlich doch ausbleiben, kann dir das folgende Eisberg-modell helfen, Antworten zu finden.

Stell dir vor, dein Leben ist wie dieser Eisberg. 1/9 liegt über der Wasseroberfläche und ist sichtbar bzw. messbar. 8/9 sind unter-

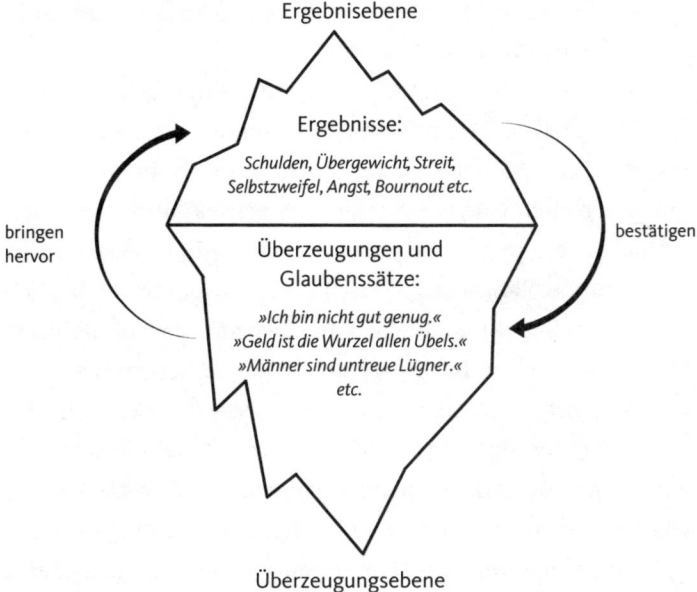

Ergebnisebene

Ergebnisse:

Schulden, Übergewicht, Streit,
Selbstzweifel, Angst, Bournout etc.

bringen
hervor

bestätigen

Überzeugungen und
Glaubenssätze:

»Ich bin nicht gut genug.«
»Geld ist die Wurzel allen Übels.«
»Männer sind untreue Lügner.«
etc.

Überzeugungsebene

halb der Oberfläche und nicht sichtbar und gar nicht in deinem Bewusstsein.

Oberhalb der Wasseroberfläche

Der sichtbare Teil, die Spitze des Eisbergs, ist das, was du in den Blick nimmst, wenn du überprüfst, wo du in deinem Leben stehst, oder wenn du bemerkst, dass Dinge nicht so laufen, wie du es dir wünschst. Es sind quasi die Ergebnisse in deinem Leben, die über der Wasseroberfläche schwimmen. Deshalb nenne ich die Spitze des Eisbergs die Ergebnis- bzw. Erscheinungsebene: Dort zeigt sich, ob du in einer Partnerschaft bist oder nicht, ob du Kinder hast oder nicht, wie es um deine Freundschaften steht oder was du verdienst, wo du wohnst, dein körperlicher Zustand usw. Aber auch, wie du dich fühlst, welche Gedanken du hast und welches Verhalten du an den Tag legst. Die Ergebnisse sind natürlich individuell verschieden.

Am Beispiel meiner Geschichte wird das deutlicher: In meinem Leben zeigte sich auf meiner Ergebnisebene, dass ich eine Erfahrung mit Mobbing in der Schule gemacht hatte, die der Grund für mich war, die Schule zu wechseln. Auf der neuen Schule erlebte ich erneut Schikane. Die Dinge wiederholten sich. Freunde blieben aus ... auch in einem Kontext, in dem ich eine ganz andere Rolle spielte, nämlich beim Tanzen. Natürlich zeigten sich noch andere Dinge auf der Ergebnisebene: zum Beispiel mein Erfolg als Tänzer, meine schulischen Leistungen oder meine Familiensituation etc. Aber um sie soll es an dieser Stelle nicht gehen. Denn mein Thema war vor allem die Frage, warum ich immer wieder Mobbing und Ausgrenzung erlebte.

Wir alle haben diverse Themen, die uns umtreiben. Aber eins beschäftigt dich jetzt gerade mental und emotional am meisten. Und das schauen wir uns gemeinsam genauer an.

Unterhalb der Wasseroberfläche

Es ist naheliegend, dass, wenn deine »Eisbergspitze« zu viele Ecken und Kanten hat und du ihre Form nicht magst, du anfängst zu modellieren. Du packst den Eishacker aus oder setzt vielleicht ganz behutsam die Feile an. Schließlich lässt sich die Form des Eisberges auf diese Weise verändern, das steht außer Frage. Wenn dir also etwas nicht gefällt und du mit etwas unzufrieden bist – sei es dein Gewicht, deine finanzielle Situation, Ängste oder Stress im Job, dann versuchst du durch Veränderungen auf der Ergebnisebene eine Lösung zu finden, die das Problem dauerhaft aufhebt und be-hebt. Du gehst davon aus, dass die Eisschicht, wenn du sie abträgst, auch weg ist.

Das ist schließlich ein Naturgesetz. Dabei übersiehst du aber, dass wir es mit einem Eisberg zu tun haben. Hier gilt ein anderes Gesetz als zum Beispiel bei einem Felsen auf festem Grund. Denn schließlich schwimmt ein Eisberg, und der Auftrieb bleibt immer der gleiche. Er wird, egal wie groß er ist, immer das gleiche Verhältnis von Verdrängung haben. Das heißt, von seiner Masse bleiben immer 8/9 unter Wasser verborgen und 1/9 drängen nach oben. Was du also oben abgetragen hast, schiebt sich von unten über die Wasseroberfläche wieder hoch. Zu guter Letzt hast du die gleiche Masse auf der Ergebnisebene wie zuvor, und möglicherweise ist sie in Form und Wirkung noch weniger das, was du wolltest.

Ich zum Beispiel habe mein Mobbingproblem irgendwann auf radikale Weise auf der Ergebnisebene angepackt, indem ich die Schule gewechselt habe. Man könnte sogar sagen, dass ich die komplette Spitze des Eisbergs abgetragen habe in der Hoffnung, dass sich alles verändern würde; neue Leute, neue Begegnungen, neue Chancen ... Irgendwie total naheliegend, fand ich. Und wie ist es mir ergangen? Mir ist auf der neuen Schule das Gleiche in Grün passiert.

Dass unter der Wasseroberfläche eine riesige wuchtige Masse schwimmt, die du nicht siehst und die nachschiebt, wenn du auf der Ergebnisebene etwas veränderst, ist die Antwort auf die Frage, warum du nicht kriegst, was du willst, und warum du dein Ziel nicht erreichst. Das Eisbergmodell macht deutlich, dass wir auf Tiefgang gehen müssen, um zu erkennen, warum die Ergebnisse ausbleiben, die wir uns wünschen.

Die Überzeugungsebene

Unter der Wasseroberfläche befindet sich der weitaus größere und mächtigere Teil des Eisbergs. Er steht für unser Unbewusstes, mit unseren Einstellungen und Überzeugungen. Diese Überzeugungen – synonym werde ich sie auch Glaubenssätze nennen – sind nicht einfach Meinungen, die man sich zu etwas gebildet hat und die sich, je nach Umstand, auch wieder ändern können. Vielmehr sind sie unsere persönlichen Wahrheiten, an denen wir festhalten, komme, was wolle. Sie sind unsere Glaubenssätze, die wir stillschweigend formuliert haben und unseren Handlungen und Interpretationen unbewusst zugrunde liegen, die die Ergebnisse in unserem Leben hervorbringen. Meistens haben wir es mit einem ganzen Geflecht oder System zu tun, wenn wir von Glaubenssätzen sprechen, selten tritt einer allein auf. Und sie sind machtvoll!

Wir führen die Ergebnisse in unserem Leben gerne auf Glück oder harte Arbeit oder eben den Zufall zurück. Dabei sind sie die Folge unserer oft unbewussten Überzeugungen oder Glaubenssätze und der daraus resultierenden Handlungsmotive, den inneren Antreibern, die unsere Handlungen leiten und formen. Wenn du also etwas in deinem Leben verändern willst und auf der Ergebnisebene anfängst, etwas zu verschieben oder abzutragen, werden deine Überzeugungen immer wieder dafür sorgen, dass gleiche oder ähnliche Ergebnisse »nachgeschoben« werden, die sie bestätigen. Auf der anderen Seite sind nichtbestätigende Ergebnisse nicht möglich, selbst wenn du sie auf der willentlichen Ebene anstrebst. D.h., es sind deine tief sitzenden Überzeugungen oder Glaubenssätze, nicht dein bewusster Wille, die die Ergebnisse in deinem Leben hervorbringen. Oft bekommst du nicht, was du eigentlich willst, weil du es auf der Ebene deiner Überzeugungen unbewusst blockierst und damit selbst verhinderst. Versuche, Veränderungen nur auf der sichtbaren Ergebnisebene vorzunehmen, sind meist nicht von Dauer und bringen keine nachhaltigen Verbesserungen. Früher oder später stehst du am gleichen Punkt wie zuvor.

So war es auch bei mir. Ich wechselte auf die neue Schule, in der Hoffnung, andere Erfahrungen zu machen. Dass mir dort dann wieder Ähnliches passierte, hatte den Grund, dass ich mich mitnahm, mit all meinen Überzeugungen und Glaubenssätzen. Ich hatte aufgrund meiner Mobbingerlebnisse Angst vor anderen. Mit meiner Überzeugung, dass Menschen gefährlich seien, verhinderte ich, dass sich andere mir näherten, indem ich mich zurückzog, nichts von mir und meiner Persönlichkeit preisgab und mich nicht aus der Rolle des stillen Einzelgängers locken ließ. Ich traute in Wirklichkeit niemandem, weil ich jedem alles zutraute. Auch beim Tanzen, wo ich beliebt war, schloss ich, wie schon erwähnt, keine innigen Freundschaften, weil mir aufgrund dieser Überzeugungen die Fallhöhe wohl einfach zu groß war. Lieber genoss ich in der Tanzschule die Anerkennung, die ich in der Schule nicht bekam, und war nicht bereit, sie zu riskieren, indem ich Nähe zuließ und mich wirklich zeigte. Schließlich war ich davon überzeugt, anders zu sein als die anderen, und das konnte mir nun mal gefährlich werden. Meine Überzeugung, dass Menschen gefährlich seien und ich ihnen nicht trauen könnte, war eng an meine noch viel ältere sogenannte Ich-Überzeugung »Ich bin anders« geknüpft. Diese Ich-Überzeugungen sind sehr tief sitzende Überzeugungen und entstehen meist in der frühen Kindheit. Für mich war das, als meine große Schwester, von deren Liebe ich mich als kleiner Junge abhängig fühlte, mich damals einfach fallenließ, weil ich nicht war wie sie, nämlich kein Mädchen. Dieses »Anderssein« war damals zumindest meine Erklärung dafür, was passierte.

Es handelte sich um unbewusste Prozesse – wie das so ist mit unseren Glaubenssätzen –, die aber sichtbare Ergebnisse nach sich zogen: Ich wurde zu einem Einzelgänger. Selbst in meiner neuen Schule zeigten meine Überzeugungen ihre Wirkung.

Ich beobachtete andere sehr viel – und sah, dass ihnen gelang, was bei mir nicht möglich schien, nämlich eine enge Bindung aufzubauen. Dann nahm ich aber auch wieder diejenigen wahr, die sich auf einen anderen Menschen eingelassen hatten, wo es doch irgendwann zum Bruch kam. Dann war ich heilfroh, dass mir so etwas nicht mehr passieren konnte. Es blieb alles innerhalb meiner Logik.

Will man aus seiner eigenen Logik ausbrechen, um Veränderung zu schaffen, muss man seinen Glaubenssätzen auf die Spur kommen. Ist man sich dieser Zusammenhänge erst mal bewusst, lässt sich am eigenen Verhalten und an den entsprechenden Ergebnissen ablesen, dass bisher unbemerkt im Untergrund, unterhalb der Wasseroberfläche, etwas wirkt. Man kann von der Ergebnisebene Rückschlüsse auf die Überzeugungsebene ziehen und herausfinden, mit welchen Überzeugungen oder Glaubenssätzen man seine gewünschten Ergebnisse und Ziele bisher unbewusst verhindert hat.

Wenn du es schaffst, deine innersten Überzeugungen zu benennen, wirst du feststellen, dass du ganz allein diese Interpretationen und die damit verbundenen Formulierungen gewählt hast. Es waren nicht deine Erfahrungen, die dir diese Sichtweise aufgezwungen haben, sondern du hast dich dafür entschieden. Das wird deutlich, wenn du dir überlegst, welche Schlüsse aus der Situation noch möglich gewesen wären – meistens sind es unzählig viele.

Dass beispielsweise meine Schwester Derya begann, Sezgi mehr Aufmerksamkeit zukommen zu lassen, musste nicht zwangsläufig bedeuten, dass sie mich fallenließ und sie mir ihre Liebe entzog. Das war sicherlich auch nicht der Fall, aber ich interpretierte es so. Genauso wenig war es logisch, dass meine Freunde mich nie gemocht hatten, nur weil sie mich einmal nicht integriert hatten. Und schon gar nicht, weil sie mich immer schon komisch und anders fanden. Hätte ich das nicht von vornherein so interpretiert, hätte ich ihre Entschuldigung auch annehmen können. Stattdessen machte ich mich zum Opfer. Und in dieser Rolle bot ich mich als Mobbingopfer förmlich an.

Auf den Punkt gebracht heißt das: Es sind *deine* Überzeugungen, die du aus *deinen* Erfahrungen gezogen hast, die *deine* Ergebnisse hervorbringen. Es sind nicht deine Erfahrungen, die für die Ergebnisse verantwortlich sind. Das bedeutet nicht weniger, als dass du eine Wahl hast, sobald du dir über deine Glaubenssätze klargeworden bist: Sind es nämlich *deine* Überzeugungen als Folge *deiner* Interpretationen, die deine Ergebnisse hervorbringen, kannst du sie ändern, indem du andere Sichtweisen zulässt. Neue Überzeugungen, die du aus alternativen Sichtweisen gewinnst, können dein Leben in einer völlig anderen, positiven Weise beeinflussen. Mit dieser Arbeit unterhalb der Wasseroberfläche schaffst du Veränderung aus der Tiefe deines Lebens heraus, die anhält.

Das ist die Antwort auf die Frage, wie du kriegst, was du willst, und wie du dein gesetztes Ziel erreichst.

Was für eine großartige Selbstermächtigung!

Wieso du genau das kriegst, was du beabsichtigst

Du weißt jetzt, dass die Ergebnisse in deinem Leben sehr wohl etwas mit dir und deinen Überzeugungen zu tun haben müssen, – mit deinem Unbewussten, das sich wie die Spitze eines Eisbergs immer wieder nach oben schiebt und verhindert, dass du das bekommst, was du dir auf einer *bewussten* Ebene wünschst. Um aber zu verstehen, woran es liegt, dass du immer wieder mit ähnlichen Phänomenen, mit derselben Art Mensch und den immer wieder gleichen Problemen zu tun hast, möchte ich dir erklären, warum Überzeugungen oder Glaubenssätze so machtvoll sind. Die Tatsache, dass du komplett neue Voraussetzungen geschaffen hast, indem du andere Entscheidungen getroffen, neue Pfade eingeschlagen oder sogar dein soziales Umfeld verändert hast, müsste doch zumindest andere Ergebnisse hervorbringen als zuvor. Wenn du auf der sichtbaren, realen Ebene etwas änderst, sollte sich doch grundsätzlich etwas ändern. Das wäre nur logisch. Wie kann es sein, dass du trotzdem immer wieder die gleichen Erfahrungen machst und sich Dinge in deinem Leben wiederholen?

In meiner Geschichte entfaltete meine Überzeugung »Menschen sind gefährlich« besonders in meiner Tanzwelt ihre machtvolle Wirkung. Auf welche Weise Glaubenssätze wirken und wie sehr sie einen immer wieder in die Wiederholung zwingen, kann ich heute daran sehr gut ablesen und dir deutlich machen. Als meine Tänzerkollegen mir ihre Freundschaft anboten, indem sie mich einluden, mit ihnen mehr Zeit außerhalb des Tanzstudios zu verbringen, und zu gemeinsamen Ausflügen und Aktivitäten, ging ich nicht darauf ein. Mein Glaubenssatz über Menschen wirkte wie eine unsichtbare Barriere, die mich davon abhielt, dieses Angebot zur Freundschaft anzunehmen und eine tiefere Bindung zu meinen Kollegen einzugehen. Ich misstraute ihnen. Menschen waren für meinen Verstand nämlich immer gefährlich, auch wenn sie sich mir gegenüber offen verhielten und ihre nette Seite zeigten. Also vermied ich Nähe und hielt sie auf Distanz, um mich davor zu schützen, dass die anderen eventuell willkürlich ihre gemeine Seite zeigten und ihre Macht ausspielten. Die anderen fragten mich immer und immer wieder, ob ich nach dem Training nicht noch auf ein Getränk mitkommen wollte oder zu der einen oder anderen Party. Aber ich hielt mich raus und hatte immer Ausreden parat, warum ich nicht konnte. Es war immer für irgendeine Arbeit zu lernen, oder ich war zu müde. Sie mussten denken, ich sei ein extrem ausgeschlafener Spitzenschüler! Nach der steilen Karriere, die ich beim Tanzen hingelegt hatte, war das wahrscheinlich gar nicht so abwegig ... Irgendwann fragten sie mich dann nicht mehr, denn es war selbstverständlich, dass Can sowieso nicht kann. Selbst während der Trainingszeit, wo, sobald das Wetter es hergab, alle ihre Pausen gerne auf der Terrasse verbrachten, um Kaffee zu trinken, Sonne zu tanken und eine zu rauchen, hielt ich mich fern. Ich blieb entweder in der Umkleide oder der Küche und machte irgendetwas an meinem Handy. Sofern ich mal bei dem Grüppchen stand, verhielt ich mich eher still. Nach Jahren des gemeinsamen Trainings war für alle klar, ich bin eher der Einzelgänger, der sich nicht integriert und niemanden an sich heranlässt. Meine Tanzkollegen akzeptierten mich, aber ich gehörte auch hier nicht wirklich dazu. Damit wiederholte sich ein altbekanntes Muster. Mein Glaubenssatz war stärker als das natürliche menschliche Bedürfnis nach Kontakt und Zugehörigkeit zu einer Gemeinschaft. Allein zu sein war der Preis, den ich bereit zu zahlen war, um mich vor denen zu schützen, die sich mir gegenüber eigentlich freundlich und zugewandt gezeigt hatten. Ich verhielt mich auf eine Weise, die aus der Distanz betrachtet dem gesunden Menschenverstand zu widersprechen schien. In Wirklichkeit ließ ich mich dabei aber von der Logik meiner Überzeugungen leiten.

Das gefärbte Glas — Der Interpretationsfilter deines Verstandes

Diese Macht der Glaubenssätze und wie viel sie mit der Funktion unseres Verstandes zu tun haben, illustriert das Modell eines gefärbten Trinkglases.

Du musst dir die Wirkung einer Überzeugung wie ein gefärbtes Glas vorstellen, das den Rahmen für dein Leben vorgibt. Dieser Rahmen ist immer maßgebend für das, was reinpasst. Er bestimmt den Inhalt, die Menge, die Form und in diesem Fall auch die Farbe des Inhalts. Macht man es zu voll, kann das Glas den Inhalt nicht fassen, und es läuft über. Es hat außerdem die Eigenschaft, dass alles, was man hineinsteckt, seine Farbe annimmt. Ist es blau getönt, wird selbst ein Schluck Milch diese Farbe annehmen.

Unsere Glaubenssätze funktionieren wie dieser farbige Filter, den der Verstand über alles drüberlegt und durch den hindurch er alles bewertet – wie ein Instagramfilter, der, einmal über ein Bild gelegt, das Original bzw. die Wirklichkeit komplett verändert und verzerrt. Von da an lässt dieser Filter keine andere Interpretation des Wahrgenommenen mehr zu.

Bist du z.B. davon überzeugt, »das Leben ist schwer«, dann ist das der Rahmen deines Lebens. Weil Überzeugungen Ergebnisse hervorbringen, wirst du nur Erfahrungen machen, die dir genau das bestätigen: nämlich, dass dieses Leben schwer ist. Das liegt daran, dass du selektierst, was du wahrnimmst. Alles, was du erlebst, wird so eine Bestätigung dieser Überzeugung. Was diese Überzeugung nicht bestätigt, wirst du entweder gar nicht oder nur im Rahmen deiner Interpretation, passend zu deiner Überzeugung, wahrnehmen. Deine Überzeugung wird alles, was du erlebst, entsprechend einfärben. Selbst wenn du die Erfahrung von Spaß und Leichtigkeit machst, ändert sie nichts an deinem über Jahre bestätigten Urteil und deiner Grundeinstellung dem Leben gegenüber. Im Rahmen von »das Leben ist schwer« ist ein leichtes und glückliches Leben gar nicht dauerhaft möglich!

Meine Wahrnehmung war durch die Überzeugung geprägt, dass alle Menschen gefährlich sind. Dieser Glaubenssatz färbte meine Sicht auf die Welt und beeinflusste, wie ich das Verhalten anderer interpretierte. Unabhängig davon, was meine Tanzkolleginnen und -kollegen taten, es hätte meine tief verwurzelte Überzeugung nicht verändert. Selbst wenn sie sich auf den Kopf gestellt hätten – mein Verstand hat alles so zurechtgelegt, dass ihr Verhalten in jedem Fall in meinen Überzeugungsrahmen passte. Dass sie mich am Anfang in der Tanzschule auch gemobbt hatten und ich mir meinen Status hart erarbeiten musste, passte für mich natürlich super ins Bild. Dass sie sich dann nett verhielten, genauso ... Ich habe ihre Freundlichkeit als unaufrichtig gedeutet und ihnen negative Absichten unterstellt. Wie man es drehte und wendete, mehr als diese Interpretation gab das Fassungsvermögen »meines Glases« nicht her. Mein Verstand ordnete alles entsprechend ein und veränderte meine Realität. Was nicht passte, wurde passend gemacht, und was vorher »weiß« war, wurde »blau«. Auf diese Weise wurden meine Erfahrungen immer entsprechend meinen Überzeugungen geformt.

Ein Alltagsbeispiel kann diesen Gedanken vielleicht noch besser verdeutlichen. Nennen wir die Person, um die es geht, Elena. Elena hat aufgrund von früheren Erfahrungen die Überzeugung entwickelt, dass Männer untreue Lügner sind. Die Ehe ihrer Eltern war aufgrund der Untreue ihres Vaters in die Brüche gegangen, und sie beobachtete all den Schmerz und Kummer ihrer Mutter. Die gab Elena auf den Lebensweg mit, dass man Männern nicht trauen könne. Dieses Bild bestätigte sich in Elenas Leben immer wieder: Ihre beste Freundin wurde von ihrem Partner betrogen, sie wurde auf Social Media von verheirateten Männern angeschrieben, und Männer, die in Beziehungen waren, flirteten mit anderen Frauen etc. Die Überzeugung »Männer sind untreue Lügner« war für sie so selbstverständlich wie die Tatsache, dass sich die Erde um die Sonne dreht.

Nachdem sie sich jahrelang nur auf Affären eingelassen hatte, lernte sie Patrick kennen.

Er ist Leiter der Mittelstufe eines Gymnasiums und ein echter Idealist. Für Elena ist Patrick ganz anders als all die Männer, mit denen sie bisher zu tun hatte. Sie ist maximal begeistert, und nach einer kurzen Kennenlernphase kommen sie zusammen. Am Anfang ist alles gut, und Patrick ist Elenas strahlender Held. Bis sich irgendwann Patricks Ex-Freundin bei ihm meldet. Sie waren sich zufällig auf einer Party wiederbegegnet und sie textet ihm, wie sehr sie sich über das Wiedersehen gefreut hat. Patrick erzählt Elena davon – ohne irgendwelche Hintergedanken. Und obwohl Patrick sich korrekt verhält und auf die SMS der Ex gar nicht weiter eingeht, löst das in Elena alte Ängste aus. Sie holt ihre alte Überzeugung heraus, dass Männer untreue Lügner sind. Sie fängt an, Patrick zu misstrauen. Sie guckt in sein Handy, fragt ihn, wo er zwischen 18 und 20 Uhr war, und stellt jede seiner Aussagen in Frage. Irgendwann streiten sie sich fast jeden Tag. Als Patrick in dieser Phase anfängt, immer öfter länger in der Schule zu bleiben und später als sonst nach Hause zu kommen, werden im Rahmen ihres Glaubenssatzes »Männer sind untreue Lügner« bestimmte Gedanken immer lauter. »Er trifft sicher seine Lehrerkollegin, mit der er so ungewöhnlich viel Kontakt auf Whatsapp hat. Außerdem ist sie ja auch sein Typ.« Patricks Verhalten passt ideal in Elenas Überzeugungsrahmen, und sie konfrontiert ihn mit ihrer Eifersucht. Er erklärt, dass er Lehrer- und Zeugniskonferenzen hat, weil das Schuljahr zu Ende geht. Aber Elena lässt sich davon nicht beruhigen, für sie wirkt das wie eine Ausrede. Schließlich, so denkt sie, bieten ihm die Konferenzen die Gelegenheit, die eine Kollegin umso mehr und intensiver zu sehen. Zwei Wochen später kommt Patrick mit einem riesigen Blumenstrauß nach Hause. Im ersten Moment freut sich Elena, bis auch das durch den Filter ihrer negativen Überzeugung über Männer gejagt wird und sich schnell Misstrauen einstellt. »Ist er fremdgegangen und versucht gerade, mit dem Strauß sein schlechtes Gewissen reinzuwaschen?« Wieder passt Patricks Verhalten ideal zu Elenas Überzeugungssystem, das so wiederum bestätigt wird. Es wäre egal, wie er sich verhält, Elenas Verstand würde Patricks Verhalten immer so drehen, dass es zu ihrer Überzeugung passt, weil sie das Verhalten ihres Partners immer durch die Brille ihres Glaubenssatzes bewertet.

Patricks Verhalten kann das Glas, also die Überzeugung, nicht verändern. Die Konsequenz daraus ist, dass Elena sich trennt, weil sie Angst hat, denselben Schmerz wie ihre Mutter zu erleben. Nach neun Monaten ist die große Liebe vorbei. »Besser jetzt trennen, bevor ich emotional zu sehr involviert bin«, denkt sich Elena. Für sie fühlt es sich noch dazu besser an, wenn sie es ist, die sich trennt, und nicht andersherum. So versucht sie, dem Schmerz des Verlassenwerdens zu entgehen.

Mit ihrer Trennung verlässt Elena zwar ihren Partner, aber nicht ihr gedankliches System. Das Glas ist immer maßgebend gewesen. In der Verliebtheitsphase war es weniger wirkmächtig, aber spätestens dann, als es auch nur die geringsten Anzeichen – und waren sie auch noch so abwegig – für eine Untreue gab, setzte seine Wirkung wieder ein, so dass es Elenas Überzeugung bestätigte. Sie wird zwangsläufig immer wieder dieselben Erfahrungen in Beziehungen machen, solange sie ihr Glas, die Überzeugung »Männer sind untreue Lügner«, nicht erkennt und auflöst. Wenn sie andere Erfahrungen in einer Partnerschaft machen will, *muss* sie ihren Glaubenssatz verändern.

Natürlich kann es sein, dass dein Männer- bzw. Frauenbild nichts mit dem Beispiel zu tun hat. Aber gerade in Bezug auf das andere Geschlecht und/oder Partnerschaft haben wir ziemlich starke und oft hinderliche Überzeugungen. Da lohnt es sich in jedem Fall, genauer hinzuschauen.

Überzeugungen haben wir grundsätzlich nicht nur über das Leben, Partnerschaft, Geld, andere Menschen etc., sondern auch über uns selbst. Diese Ich-Überzeugung hat tiefgreifendste Konsequenzen. Du denkst nicht nur nach dieser Überzeugung, fühlst und handelst ihr nicht nur entsprechend, sondern du *bist* dann diese Überzeugung. Du hast dich so stark mit deiner Ich-Überzeugung identifiziert, dass du sie als untrennbaren Teil deiner Identität wahrnimmst. Du lebst dann nicht nur nach dieser Überzeugung, sondern du fühlst dich in deinem Kern durch sie definiert. *Meine* Ich-Überzeugung war, anders zu sein, und das war meine Identität. Dieser »Ich bin …-Satz« hatte weitreichende Konsequenzen für mein Sozialleben. Meine Überzeugung, dass Menschen gefährlich sind, hing eng mit meiner

Ich-Überzeugung zusammen und führte dazu, dass ich zum schrägen Einzelgänger wurde.

Die Absicht unseres Verstandes

Wichtig zu verstehen ist, dass die Wahl, die wir aufgrund unserer Überzeugungen treffen, ziemlich alternativlos ist. Wir sind so überzeugt von unseren inneren Wahrheiten, dass man eigentlich gar nicht von einer Wahl sprechen kann. Das gefärbte Glas, durch das wir blicken, lässt nur eine bestimmte Wahrnehmung zu. Und das, was wir innerhalb dieser Wahrnehmung erfassen, bringt immer nur bestimmte Erlebnisse als Ergebnisse hervor. So bekommen wir genau das, was wir unbewusst beabsichtigten, nämlich recht zu behalten darin, wovon wir überzeugt sind.

Warum funktioniert unser Verstand auf diese Weise? Was hat er davon bzw. was haben wir davon? So zu denken schadet uns doch nur.

Um diese Frage zu beantworten, müssen wir verstehen, dass unser Verstand mit dieser Funktionsweise versucht, unser Überleben zu sichern. Glaubenssätze und Überzeugung bilden sich in unserem Unbewussten aufgrund von meist sehr frühen Erfahrungen. Als Babys und in jungen Jahren waren wir von anderen Menschen noch vollkommen abhängig, und unser Umfeld musste unser Überleben sichern. An dieser entscheidenden Stelle im Leben machten wir vielleicht eine Erfahrung, die uns tief erschütterte, weil wir uns schutzlos ausgeliefert fühlten. Wir haben einen, wie ich es nenne, »Break« erlebt. Unser Urvertrauen wurde erschüttert, weil unsere Erwartung, wie wir Dinge bisher erlebt und verstanden hatten, nicht erfüllt wurden.

Von da an siehst du diese Sache nicht mehr wie zuvor. Dein Verstand hat seine Schlüsse daraus gezogen und eine Überzeugung gebildet, um sich die Situation erklärbar zu machen. Über Jahre füttert er die Richtigkeit dieser Schlussfolgerung mit Beweisen, bis sie irgendwann tief eingeprägt zu einer inneren, unumstößlichen Wahrheit wird. Daran hält dein Verstand nun fest, komme, was wolle. Das Bild der Fahrrinne verdeutlicht das sehr gut: Ist die Spur einmal gesetzt, rutscht man ganz leicht immer wieder hinein, und die Rinne wird dadurch immer weiter vertieft. Dann ist es schwer, wieder hinauszukommen.

Erfahrungen von Breaks sind der Grund, warum wir anfangen, uns unsere eigene Version der Geschichte zu erzählen, aus der wiederum eine ganz eigene Realität entspringt, die sich dann bis in die Gegenwart und die Zukunft fortschreibt.

Die Wahrnehmung des Liebesentzugs durch meine älteste Schwester war zum Beispiel so ein Break, aus dem ich die Überzeugung »Ich bin anders« entwickelte, die von da an wie ein Filter über meinem Leben lag. Dass mich der »Ausschluss« meiner Freunde aus einer Wochenendverabredung so verletzte und es von da an trotz ihrer Entschuldigung kein Zurück mehr für mich gab, hatte damit zu tun, dass ich ihn sofort aufgrund dieser existenziellen Überzeugung einordnete. Mein frühes Kindheitserlebnis ließ nur eine bestimmte Interpretation und eine Version der Geschichte zu: Wieder wurde ich fallengelassen, wieder habe ich nie dazugehört. Wieder war ich nie Teil der Gemeinschaft gewesen, wie ich dachte, sondern der Außenseiter. Egal, was in meinem Leben passierte, es bewies mir immer nur die Richtigkeit meiner frühen Ich-Überzeugung. Mein Verstand drehte alles passend zu meiner Überzeugung und ließ nur eine Version der Geschichte zu.

Ins Unrecht gesetzt zu werden ist für unseren Verstand eine Bedrohung der eigenen Existenz. Für ihn sind unsere Überzeugungen Schutzmechanismen, die er gebildet hat, um uns in einer oft unberechenbaren Welt zu navigieren. Wenn diese Überzeugungen in Frage gestellt werden, interpretiert der Verstand dies als eine Bedrohung unserer Existenzsicherheit. Es fühlt sich an, als ob das Fundament, auf dem wir stehen, instabil würde. Das gilt es zu vermeiden. Deswegen halten wir ganz grundsätzlich so gerne an Altbekanntem und Bewährtem fest – es hat für unser Überleben funktioniert. Unserem Verstand ist es egal, ob wir dabei glücklich sind. Und weil jede Veränderung für ihn ein Sprung ins Ungewisse und damit gefährlich ist, sperren wir uns oft so dagegen, andere Standpunkte einzunehmen und alte, über Jahre befolgte Glaubenssätze loszulassen.

Wir können also anerkennen, dass unser Verstand mit all seinen Glaubenssätzen die Funktion hat, uns zu schützen. Das ist wichtig, denn immerhin haben wir bis heute überlebt, und das ist gar nicht so selbstverständlich. Er hat seinen Zweck also so weit erfüllt. Auf der anderen Seite kann der Verstand uns aber auch bei einem erfolgreichen und erfüllten Leben massiv im Weg stehen. Auch das haben wir erkannt. Positive Veränderung ist dann nicht möglich. Die Unwilligkeit, die sich in dem Satz »Das geht nicht!« in Bezug auf Veränderung ausdrückt, macht das deutlich. Aus der Perspektive dieser Überzeugung bist du dann erfolgreich, wenn du scheiterst. Misserfolgen sind damit Tür und Tor geöffnet.

Um andere Erfahrungen im Leben zu machen und andere Ergebnisse zu erzielen, brauchst du die Bereitschaft, etwas verändern zu wollen und das Glas zu sprengen, das deine Überzeugungen symbolisiert. Du musst den Rahmen ein für alle Mal auflösen, der für nicht zufriedenstellende Ergebnisse sorgt und vorgibt, welche Erfahrungen du machst und letztlich auch wer du bist. Du musst deine alten Glaubenssätze über Bord werfen, mit denen du bisher versucht hast, Glück und Erfüllung zu erreichen. Sie funktionieren offensichtlich nicht für das, was du eigentlich willst, und sie haben sich nicht bewährt.

Gefallen dir zum Beispiel deine Erfahrungen mit Menschen nicht, solltest du nicht anfangen, die Menschen verändern zu wollen. Denn deine Meinung über sie wird immer mächtiger sein als ihr Verhalten. Die Menschen haben gar keine Chance, deine Einstellung zu ändern. *Du* musst deine Meinung über sie ändern – wie meine Geschichte zeigt. Ich musste meinen alten Glaubenssatz, dass Menschen gefährlich sind, auflösen und über Bord werfen, um andere Erfahrungen mit ihnen zu machen, und das ist mir gelungen. Nur so kann ich heute meinen Beruf als Coach, meine Arbeit mit Menschen ausführen, weil ich auch das »Gute« in ihnen sehen kann.

Bisher haben deine Glaubenssätze das hervorgebracht, was du unbewusst beabsichtigst, und nicht das, was du bewusst willst. Indem du sie auflöst, kannst du dir ein Leben erschaffen, wo Unbewusstes und Bewusstes in Übereinstimmung sind. Es kann endlich darum gehen, wer du wirklich sein möchtest und welche Ziele du erreichen willst.

Wie du da hinkommst, wo du hinwillst

Am Steuer deines Lebens — Erkenne deine Verantwortung

Du kennst sicherlich das Bild, dass wir auf unserer turbulenten Lebensreise am Steuer eines Wagens sitzen und lenken. Es verdeutlicht, dass wir die Richtung in unserem Leben vorgeben und bestimmen, wo die Reise hingeht.

Viele tun aber so, als seien sie bisher immer nur Beifahrer gewesen oder als hätte man sie damals, bevor die Fahrt losging, in den Kofferraum gepackt. Es gibt immer andere Menschen oder wirklich widrige Umstände, die schuld daran sind, dass die Dinge anders kommen. Sie selbst tragen dafür nach ihrer Auslegung keine Verantwortung.

Ich weiß noch genau, wie angegriffen ich mich damals fühlte, als der Coach mir um die Ohren schlug, dass meine Überzeugungen meine Ergebnisse hervorbrächten und ich nicht das Opfer meiner Erfahrungen und Erlebnisse sei. Seine Aussage forderte mich heraus, mich mit mir selbst zu konfrontieren, und dagegen leistete mein Verstand erst mal enormen Widerstand, denn ich wollte nicht verantwortlich sein, sondern lieber Opfer bleiben.

»Verantwortlich zu sein« war für mich damals gleichbedeutend mit »schuld sein«. Aber in Wirklichkeit ist es nicht das Gleiche, es sind sogar grundverschiedene Dinge. Viele verwechseln das und scheuen sich deswegen, Verantwortung zu übernehmen. Aber wenn ich hier von Verantwortung rede, rede ich nicht von Schuld. Diesen Begriff können wir getrost ausklammern. Bei »Schuld« geht es um ein moralisches »Richtig und Falsch« oder »Gut und Böse« und um Schuldigkeit. Das meine ich hier nicht. Schuld ist ein von Menschen erdachtes Konzept, das bei uns die Angst vor Strafe, Ablehnung und Entwertung hervorruft. Um dies zu vermeiden, suchen wir lieber die Schuld bei jemand anderem.

Fühlen wir uns als Opfer, stehlen wir uns aus der Verantwortung in Bezug auf unser Handeln und die Ergebnisse in unserem Leben. Das tun wir ohne das Bewusstsein, dass wir eigentlich immer verantwortlich sind. Wir sind auch verantwortlich für unsere Nicht-Verantwortung.

Wenn du den Standpunkt der Verantwortung nicht einnimmst, gibst du die Macht über dein Leben ab. Für die einen ist es, als würden sie bei voller Fahrt einfach die Hände vom Lenkrad nehmen und trotzdem auf dem Gaspedal bleiben. – Der Crash ist vorprogrammiert. Für die anderen ist es so, als würden sie mit angezogener Handbremse Vollgas geben. – Es ist unheimlich anstrengend voranzukommen, und man ist von vornherein ausgebremst.

Welchem der beiden Lebensgefühle du auch zustimmst, du wirst immer nach Gründen im Außen suchen, wie es nur passieren konnte, dass dein Leben gegen die Wand gefahren ist, oder warum du nicht dahin kommst, wo du hinwillst. Dann ist das Einzige, was dir bleibt, zu leiden, zu jammern und auf Veränderung von außen zu hoffen. Handlungsfähig wirst du aus dieser passiven Opferhaltung heraus nicht sein können.

Stellst du dich hingegen auf den Standpunkt der Verantwortung, gibt dir das die Macht über dein Leben zurück. In dem Wort Verantwortung ist nämlich das Wort »Antwort« enthalten – also wie du auf bestimmte Ereignisse und Ergebnisse in deinem Leben »antwortest«. Das heißt, es geht darum, welche Bedeutung du den Dingen gibst und wie du auf sie reagierst. Diese Wahl hast du immer!

Der Begründer der Logotherapie, Victor Frankl, der seine ganze Familie im Holocaust verloren und selbst nur knapp überlebt hat, sagt: »Die letzte der menschlichen Freiheiten besteht in der Wahl der Einstellung zu den Dingen.« Für ihn ist der Mensch grundsätzlich entscheidungs- und willensfrei, auch in der größten und härtesten Bedrängnis seiner Existenz. Das heißt, man hat nicht immer Einfluss darauf, was einem im Leben widerfährt, aber man kann immer entscheiden, welche Bedeutung man den Ereignissen gibt, wie man darauf »antwortet« und wie man sich gegenüber den Herausforderungen verhält. Wir haben die Wahl zu entscheiden, wie wir fühlen, was wir denken und wie wir handeln. Es liegt an uns, was wir aus unserem Leben machen.

Sosehr ich mich früher davon herausgefordert fühlte, meine Verantwortung in allem zu erkennen, so sehr liebe ich diese Haltung mittlerweile. Es hat eine Weile gedauert, bis ich verstanden habe, dass ich nicht schuld bin und mich nicht schlecht fühlen muss, wenn eine Entscheidung oder eine Handlung nicht zu den gewünschten Ergebnissen führen. Aber ich kann entscheiden, wie ich mich jetzt verhalte und darauf antworte, also reagiere. Denn es geht darum herauszufinden, was ich bei mir ändern kann, um dahin zu kommen, wo ich hinmöchte.

Ich musste auch erst mal lernen, mit der unbequemen Konsequenz zu leben, dass ich kein Mitleid mehr von anderen bekam, weil ich nicht mehr nach dem Prinzip der Schuld lebte und keine Opferhaltung mehr einnahm. Als eigenverantwortlicher Mensch muss man sich eingestehen, dass man etwas mit der Misere zu tun hat, und kann den anderen und den Umständen nicht mehr die Schuld dafür geben. Ich machte sogar eher die Erfahrung, dass sich in meinem Freundes- und Bekanntenkreis Menschen von mir abwandten, weil dieser Standpunkt ihnen völlig fremd war. Letztlich mussten sie mich mit meiner Lebenseinstellung ablehnen. Das nicht zu tun hätte für sie bedeutet, sich selbst abzulehnen oder zu verändern und ihren geliebten Opferstandpunkt aufgeben zu müssen.

Alle Herausforderungen, denen ich mich aufgrund meiner neuen Haltung stellen musste, waren es wert, und der Preis war am Ende gering. Indem ich den Verantwortungsstandpunkt wirklich voll und ganz lebe, habe ich mir ein zukunftsorientiertes Leben geschaffen, in dem ich hundertprozentig handlungsfähig bin. Es ist das Leben, wie ich es leben möchte.

Und um diese Entscheidung geht es letztlich auch für dich: Welches Leben ist es, das du führen möchtest, und in welche Richtung willst du es lenken?

Du bist mit deinen unbewussten Überzeugungen der Gestalter oder die Gestalterin deines Lebens, und damit trägst du die Verantwortung. Denn es sind *deine* Überzeugungen. Und das ist eine großartige Nachricht!

Diese Position einzunehmen bedeutet den *SHIFT* zu erleben, um den es hier geht. Es ist ein radikaler Perspektivwechsel zu akzeptieren, dass du am Steuer sitzt und nicht Beifahrer bist, verdammt dazu, passiv zu bleiben und nur abwarten zu können, wo dich die Fahrt hintreibt. Du nimmst das Steuer in die Hand, löst die Handbremse und hörst auf, deine dysfunktionalen Überzeugungen als Navigationssystem für deine Lebensreise zu nutzen. Du bestimmst fortan die Richtung und das Tempo deiner Fahrt!

shift HAPPENS —
Nur durch dich

Eigentlich müsstest du jetzt verstanden haben:

Du hast etwas mit deinem Leben zu tun.

Und das ist auch gut so. Denn es bedeutet, dass du etwas verändern kannst und du handlungsfähig bist. Sonst bleibt dir nur die Wahl, passiv ein Spielball der Umstände und Opfer von anderen zu sein.

Du bist auch verantwortlich für deine Nicht-Verantwortung und für dein Opferdasein.

Denn wenn du deine eigene Verantwortung abwählst, hast du eine Wahl getroffen. Du bist verantwortlich für das, was du tust, und genauso für das, was du nicht tust.

Du bist verantwortlich für deine Gefühle, deine Gedanken und dein Verhalten. Für das, was in deiner Vergangenheit passiert ist, für das, was gerade ist, und auch für das, was in Zukunft noch geschehen wird.

DU bist verantwortlich für alles – Damit bist DU 100% handlungsfähig.

Wenn du diesen Standpunkt einnimmst, gewinnst du eine neue Perspektive auf dein Leben und bist bereit für deinen persönlichen *SHIFT*.

Teil 2

Ein großartiges Zitat von Albert
Einstein führt uns in den zweiten
Teil dieses Buches, wo es darum
gehen wird, aktiv zu werden und die
Position der Verantwortung für unser
Leben einzunehmen.

*»Die Definition von Wahnsinn ist,
immer wieder das Gleiche zu tun und
andere Ergebnisse zu erwarten.«*

Eine Veränderung ist also nötig,
und deswegen will ich dir zeigen,
wie du Dinge anders machen kannst,
wie du in kleinen Schritten große
Veränderung bewirkst.

Gebrauchsanweisung und Erläuterungen für den Praxisteil

Herzlichen Glückwunsch! Du hast die »Theorie« erfolgreich gemeistert und dir ein fundiertes Wissen erarbeitet, das dein Verständnis für dich selbst und deine inneren Prozesse vertieft hat. Auf dieser Basis kannst du dich im folgenden Teil mit deinen großen Lebensthemen und gegenwärtigen Problemen auseinandersetzen.

Einige der folgenden Themen und Übungen können möglicherweise emotional herausfordernd für dich sein. Es ist völlig normal und gesund, dass starke Gefühle aufkommen, wenn man an tiefgehenden Themen arbeitet. Solltest du dich jedoch zu irgendeinem Zeitpunkt überwältigt fühlen und Schwierigkeiten haben, damit umzugehen, zögere nicht, professionelle Hilfe in Anspruch zu nehmen.

Wir arbeiten uns schrittweise von der Vergangenheit über die Gegenwart bis in die Zukunft vor. Jeder Bereich hat seinen eigenen Fokus, und es ist wichtig, dass du die Reihenfolge, die hier vorgegeben ist, einhältst. Denn erst wenn du die Vergangenheit bearbeitet hast, die die Eisbergschicht unter der Wasseroberfläche bildet, kannst du dich ganz der Gegenwart widmen. Hast du dich mit diesen beiden Ebenen befasst, kannst du bestimmen, wohin du möchtest und deinen Weg auf die Zukunft ausrichten. Schritt für Schritt wirst du so deinen persönlichen *SHIFT* verwirklichen.

Die Übungen dienen dazu, dich durch diesen Prozess zu führen, ohne dich dabei einzuschränken. Jeder Mensch ist einzigartig, und was für eine Person funktioniert, funktioniert vielleicht für eine andere nicht. Wähle die Übungen einfach danach aus, wie sie deinen Bedürfnissen und Umständen entsprechen, oder passe sie an. Deine persönliche Erfahrung und Intuition sind hier ebenso wichtig wie die angebotenen Tools und Techniken. Während dieses Prozesses ist es wichtig, sich Zeit für Pausen zu nehmen. Die Reise, die vor dir liegt, ist kein Wettlauf. Es ist in Ordnung und oft sogar notwendig innezuhalten, um deine Gedanken zu ordnen und Energie zu tanken. Dein Wohlbefinden steht immer an erster Stelle.

Die Übungen bieten dir die Möglichkeit, dich auf ein spezifisches Problem, belastende Gefühle oder ein aktuelles Hindernis zu konzentrieren. Sobald du ein Thema mit Hilfe der einzelnen Arbeitsschritte bearbeitet und gelöst hast, kannst du dich dem nächsten Problem widmen. Du bestimmst das Tempo, je nachdem, was gerade für dich ansteht.

Halte für die folgenden Übungen und Reflexionsaufgaben immer ein Notizbuch und einen Stift oder eine Notizapp bereit, falls dir das lieber ist. Sie dienen nicht nur zur Durchführung der Übungen, sondern auch dazu, deine Erkenntnisse zu notieren. Außerdem kannst du so überprüfen, wie sich deine Glaubenssätze und Verhaltensmuster im Laufe der Zeit positiv verändern. Anhand deiner Notizen kannst du nachvollziehen, wie sich dein Lebensgefühl ändert und welche Erfolge du durch die Arbeit mit diesem Buch erzielt hast.

Am Ende werden dir deine Notizen ein wahrer Schatz sein – mindestens so kostbar und persönlich wie ein Tagebuch.

EFT-Tapping: Wirkung und Anwendung

In diesem Teil des Buches möchte ich mit dir an vielen Stellen mit der Emotional Freedom Technique (EFT), auch Tapping genannt, arbeiten. Es ist eine junge Technik aus dem Feld der sogenannten Energetischen Psychologie, die in der heutigen Form von Gary Craig in den USA entwickelt wurde und verspricht, spezielle Bereiche des Gehirns durch Klopfen (Tapping) zu beeinflussen. Ihr Potenzial besteht darin, emotionale Blockaden zu lösen, Stress abzubauen und dein Selbstwertgefühl zu stärken und so dein Wohlbefinden auf tiefgreifende Weise zu verbessern.

Beim EFT-Tapping werden Akupunkturpunkte in einer festgelegten Reihenfolge durch Klopfen stimuliert. Dabei sprichst du sogenannte Affirmationen aus, das sind konstruktive Aussagen über dich selbst, die in der Gegenwartsform formuliert sind. Sie dienen dazu, deine Glaubenssätze und deine Selbstwahrnehmung auf eine positive Weise zu verändern. In diesem Prozess kommt es zu einer sogenannten neurologischen Verstörung und Neuverdrahtung des Gehirns, indem alte negative Muster geschwächt und neue gewünschte neuronale Verbindungen gebildet und gestärkt werden.

Die Wirksamkeit der Technik beruht auf dem Wissen, dass Gefühle zu einem großen Teil aus Körperwahrnehmungen bestehen und der Körper deswegen in einen nachhaltigen Lernprozess einbezogen werden sollte, um Veränderungen zu erzielen. Durch das gezielte Klopfen der Akupunkturpunkte und das Aussprechen von Affirmationen können neuronale Verbindungen umgestaltet und somit Stressmuster unterbrochen werden.

Nachgewiesenermaßen hat EFT insbesondere einen positiven Einfluss auf den limbischen Teil deines Gehirns, das sogenannte Gefühlshirn, das für die Wahrnehmung von Schmerz, Stress und das Empfinden von Angst verantwortlich ist. Gleichzeitig wird dein Gehirn angeregt, durch sogenannte neuro-linguistische Stimulation, also den Einsatz von Sprache, neue Überzeugungen mit positiven körperlichen Erfahrungen zu verknüpfen. Das geschieht, indem du positive Affirmationen aussprichst, während du die Klopfpunkte stimulierst, um dein Gehirn neu zu »verdrahten« und positive, stärkende Überzeugungen zu fördern. Deswegen findest du bei allen Übungen, die nicht mit einer ausführlichen EFT-Tapping-Session enden, am Ende eine kurze Affirmation, die laut ausgesprochen werden sollte, um ihre volle Wirkung zu entfalten. Dabei wird ein Punkt am Brustbein beklopft, um die Aussage körperlich und mental in dir zu »verankern«.

Ein weiterer wichtiger Schritt beim EFT ist, dass du deine Gefühle – seien sie noch so negativ – annimmst, um sie zu verändern. Dabei konfrontierst du dich während des Klopfvorgangs bewusst mit negativen Emotionen oder Stressoren. Durch das Aussprechen von Affirmationen, in denen du diese Gefühle akzeptierst, können sie neutralisiert werden. Dieser Vorgang der sogenannten emotionalen Auflösung ist wichtig, um sich selbst emotional zu stärken.

Durch EFT-Tapping können Prozesse in Gang gesetzt werden, auf die du rein kognitiv – allein durch die Kraft deiner Gedanken – keinen Zugriff hast. Es ist ein wirksames Werkzeug zur Selbsthilfe, das du einsetzen kannst, um Glaubenssätze und Verhaltensmuster zu »verstören«, umzugestalten und negative Gefühle aufzulösen. Dein Lern- und Heilungsprozess wird durch diese mental-physische Wirkung verstärkt.

Ich habe wirklich beeindruckende Erfahrungen mit EFT-Tapping gemacht, sowohl bei mir selbst als auch bei meinen

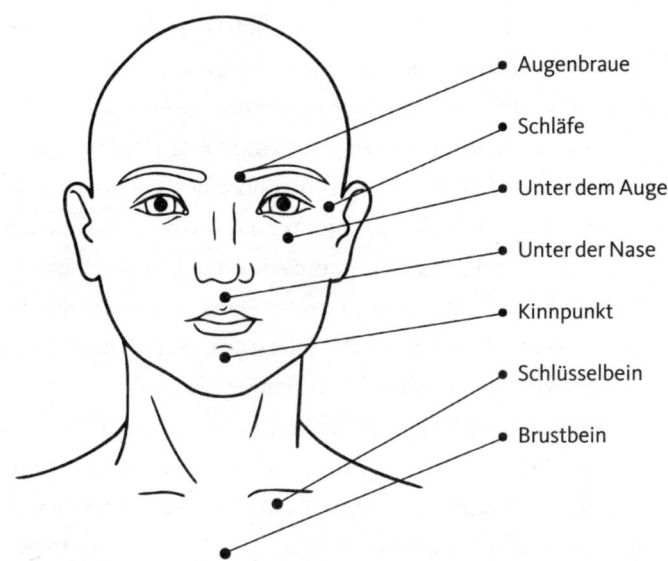

Augenbraue

Schläfe

Unter dem Auge

Unter der Nase

Kinnpunkt

Schlüsselbein

Brustbein

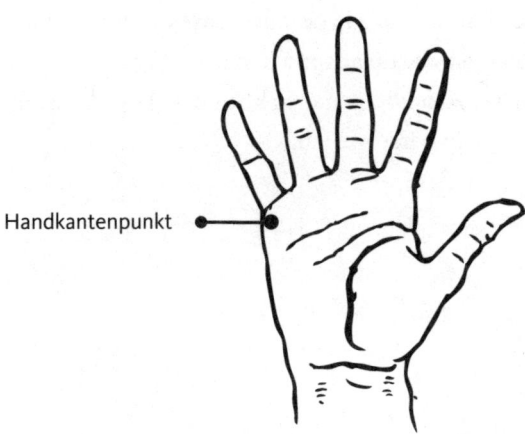

Handkantenpunkt

Klientinnen und Klienten. Deshalb betrachte ich Tapping als eine wichtige Ergänzung und Unterstützung zur kognitiven Beschäftigung mit unseren Glaubenssätzen, Verstrickungen und Verhaltensmustern. Auch wenn die Methode mittlerweile gut erforscht ist und vermehrt in professionellen therapeutischen Behandlungen zur Anwendung kommt, hat sie ihre Grenzen. Eine eventuell notwendige Therapie, zumindest aber eine Auseinandersetzung auf der kognitiven Ebene, kann sie nicht ersetzen. Die Übungen und Selbsthilfestrategien in diesem Buch bieten deswegen immer beides zusammen an.

Das Beste an EFT ist, dass es leicht zu erlernen ist und du es selbst durchführen kannst. Auf dem hier abgebildeten Schaubild sind alle Klopfpunkte der EFT eingezeichnet. Du musst den Klopfpunkt nicht haargenau treffen, da sich der Impuls sowieso ausbreitet. Jeder Klopfpunkt sollte in der Regel, während du die Affirmation aussprichst, sieben- bis zehnmal leicht beklopft werden. Aber auch wenn du ein paarmal mehr oder weniger klopfst, ist das kein Problem. Im Grunde genommen kannst du wenig falsch machen. Das Wichtigste ist, dass du dich auf die Emotion konzentrierst, die du ansprechen möchtest.

Ich bin mir sicher, dass du genauso beeindruckt von den Ergebnissen der EFT sein wirst wie ich.

BEWIRKE EINEN *shift* IN DEINER VERGANGENHEIT

Das Bild von der Lebensreise, bei der man in einem Wagen sitzt und steuert, illustriert die Idee, dass wir die Verantwortung für unser Leben tragen. Gleichzeitig zeigt es wunderbar bildhaft, warum es so wichtig ist, sich mit seiner Vergangenheit auseinanderzusetzen und Frieden mit ihr zu schließen: Wenn du deine Vergangenheit ignorierst, ist es, als würdest du auf der Autobahn vorwärtsfahren, aber deinen Blick ständig in den Rückspiegel heften und immer wieder über die Schulter nach hinten blicken, anstatt dich auf den vor dir liegenden Weg zu konzentrieren. Es ist recht naheliegend, was du davon zu erwarten hättest: Auf diese Weise würdest du weder unbeschadet ans Ziel gelangen, noch tatsächlich dort ankommen, wo du hinwolltest. Stattdessen würdest du von einem Crash zum nächsten trudeln.

Aber was ist es genau, das uns immer irgendwie dazu zwingt, unseren Blick nach hinten zu richten? Es sind unsere Glaubenssätze, Überzeugungen und Vorwürfe, die uns an die Vergangenheit binden. Dort – hinter uns – ist dieser mental-emotionale Ballast entstanden, der seine Macht bis heute erhält. Gehst du nicht in die Auseinandersetzung mit deinen Glaubenssätzen und Überzeugungen und marschierst stattdessen einfach immer weiter auf deinem Lebensweg, wird dieser Ballast dich weiterhin in Beschlag nehmen und du wirst weiterhin mit deiner Vergangenheit verstrickt bleiben. So machst du deine Vergangenheit zur Basis deiner Gegenwart und deiner Zukunft. Denn dieser Ballast hindert dich daran wahrzunehmen, was um dich herum passiert, lenkt dich von deiner Gegenwart ab, und schließlich bleiben das Hier und Jetzt auf der Strecke. Du bist nicht in der Lage, deinen Blick in deine Zukunft zu richten und zu erkennen, in welche Richtung es gehen soll. Stattdessen steuert deine Vergangenheit dich und dominiert dein Leben.

Deswegen ist es so wichtig, Frieden mit der Vergangenheit zu schließen, das heißt, die Bereitschaft zu haben, das Geschehene anzunehmen und zuzustimmen. Es bedeutet nicht, dass du es gutheißt, sondern dass du sagst: »Wie es war, so war es.« Es bedeutet, dass du aufhörst, Widerstand zu leisten und zu versuchen, die Vergangenheit zu reparieren oder ungeschehen machen zu wollen. Dieser Widerstand führt zu nichts, noch verändert er das, was passiert ist. Was geschehen ist, ist geschehen. Die Vergangenheit ändern zu wollen erfordert bloß einen enormen Kraftaufwand von dir, der ins Leere läuft und darin mündet, dass du ein angestrengtes und oft freudloses Leben lebst, in dem du dich machtlos fühlst.

Aber auch wenn es nicht möglich ist, die Vergangenheit zu reparieren, so ist es dennoch möglich, im Hier und Jetzt Heilung zu erfahren. Das bedeutet nicht, dass man das Unheilbare reparieren könnte, sondern den emotionalen Schmerz und die mentale Belastung, die durch vergangene Ereignisse verursacht wurden, loslassen kann. Dass du lernst, Vergangenes als Teil deiner Lebensgeschichte zu akzeptieren, ohne dass es deine Gegenwart oder Zukunft negativ beeinflusst. Indem du loslässt und aufgibst, was dich mit deiner Vergangenheit verstrickt, ermächtigst du dich dazu, das Steuer wieder selbst in die Hand zu nehmen. Du kannst dich nach vorne ausrichten und bist in der Lage, dein Leben endlich vorwärts statt rückwärts zu leben – in die Zukunft statt in die Vergangenheit.

Dafür werden wir uns auf den folgenden Seiten gemeinsam deinen Verletzungen, emotionalen Erschütterungen und Breaks zuwenden, die du in deinem Leben erfahren hast. Indem wir das tun, finden wir heraus, welche Glaubenssätze und Überzeugungen du daraufhin entwickelt hast. Durch diese Übungen kannst du die Verstrickungen lösen, die dich an die Vergangenheit binden. Mit ihnen bist du ausgerüstet, um auf Tauchgang zu gehen und unter der Wasseroberfläche den verborgenen Teil deines »Eisbergs« zu erkunden. Nur so kannst du ihn an der Stelle bearbeiten, wo wirklich dauerhafte Veränderung möglich ist.

Ich wünsche mir für dich, dass du dich mit deiner Vergangenheit versöhnst, damit du frei von deinem mental-emotionalen Ballast endlich den Blick nach vorne richten kannst. Dass du eine ganz neue und ungetrübte Sicht auf deine gegenwärtige Situation gewinnst, um die Möglichkeiten erkennen zu können, die dir offenstehen. So wirst du die Reise deines Lebens in vollen Zügen genießen und es gezielt in die Richtung steuern können, in die du möchtest.

GLAUBENSSÄTZE — Erforsche deine mentale Landkarte

Du musst dir deine tiefsten Überzeugungen und Glaubenssätze, die du in deiner Vergangenheit gebildet hast, wie eine mentale Landkarte vorstellen, die dein Verstand in deinem Unbewussten angelegt hat. Jeder Weg, den du einschlägst, jeder Berg, den du bezwingst, und jede Brücke, die du überquerst, wird nach dieser Karte navigiert.

Mit den folgenden Übungen erkundest du deine mentale Landkarte und checkst die Koordinaten, nach denen sie sich richtet. Welche Wege führen dich immer wieder in Sackgassen? Warum nimmst du immer wieder Straßen, die steinig sind und dich eigentlich unnötig viel Kraft kosten? Welche einschränkenden Glaubenssätze lenken von deinem wahren Potenzial ab und verhindern, dass du dich weiterentwickelst und da hinkommst, wo du gerne sein möchtest? Hast du das herausgefunden, kannst du durch die noch folgenden Übungen diese selbstsabotierenden Überzeugungen auflösen. Der nächste Schritt besteht dann darin, bewusst neue Koordinaten zu setzen, um deine innere Karte zu aktualisieren. Du kannst zwar deine Vergangenheit nicht umschreiben, aber die Schlüsse, die du aus ihr gezogen hast.

Bereite dich auf eine spannende Reise zu neuen Denkmustern und zu positiven Veränderungen in deinem Leben vor! Du hast die Macht, deine Glaubenssätze zu verändern und einen ganz neuen Weg einzuschlagen. Sei bereit, dich selbst zu ungeahnten Möglichkeiten zu führen! Let the *SHIFT* happen!

Glaubenssätze identifizieren

<u>Übung Nr. 1</u> – Die Erforschung deiner Lebenslinie

In dieser ersten Übung lade ich dich ein, gemeinsam mit mir vor deinem inneren Auge eine Reise durch dein Leben zu unternehmen, beginnend mit der Gegenwart und zurück bis zu deinen frühesten Erinnerungen. Wie im Leben eines jeden Menschen hat es auch in deinem Leben Ereignisse gegeben, die einschneidend waren und zu Breaks geführt haben. Besonders in deiner Kindheit, als du mit deinen Bedürfnissen stark von anderen Menschen abhängig warst, wirst du erlebt haben, dass deine Erwartungen nicht immer erfüllt oder enttäuscht wurden. Solche Erfahrungen sind emotional stark prägend und hinterlassen tiefe Narben. Vielleicht hast du dich wütend oder traurig gefühlt, enttäuscht oder minderwertig, oder du warst ängstlich. Es geht dabei nicht nur um die ganz großen emotionalen Ereignisse wie den Verlust eines geliebten Menschen, Trennungen, Unfall, Umzug, Mobbing oder eine berufliche Veränderung. Ohne Zweifel sind diese Ereignisse prägend, doch genauso wichtig sind die kleinen, banal erscheinenden Geschehnisse und die unbedachten Handlungen anderer, auch sie führen zu Breaks und haben damit eine große Bedeutung für unser Leben.

Mein persönlicher Break, dass meine Schwester nicht mehr vorranging mit mir kuschelte und mir den Vorzug gab, mag für Außenstehende unbedeutend erscheinen. In meinem Inneren löste es damals jedoch derart starke Gefühle aus, an die ich mich heute noch erinnere, obwohl ich noch sehr klein war. Du kennst solche Momente in deinem Leben mit Sicherheit. Vielleicht bist du mit einer Zwei in Mathe nach Hause gekommen und warst unglaublich stolz, weil du so viel dafür gelernt hattest. Mathe war nie dein Glanzfach. Selbstverständlich hast du erwartet, dass auch deine Eltern stolz sein würden. Stattdessen hat dein Vater nach einem kurzen Lob und wenigen Blicken auf die Aufgaben deine Rechtschreibfehler in der Textaufgabe bemängelt. Möglicherweise ist in dir in diesem Moment der Gedanke aufgekommen, nicht gut genug zu sein, und das damit verbundene Gefühl kannst du heute noch abrufen. Solch ähnliche oder ganz andere Erlebnisse, von anderen unbemerkt und unbedacht ausgelöst, hast du wahrscheinlich auch gehabt. Sie führen zu den vorher erwähnten Breaks in deinem Leben. Diese Brüche sind offene Stellen und erzeugen ein Gefühl von Unvollständigkeit –, als wäre etwas nicht abgeschlossen oder nicht ganz rund. Das fühlt sich nicht nur unangenehm an, es wirkt sich auch tiefgreifend auf unser gegenwärtiges Leben aus.

Solche Breaks können uns in unserem Streben nach Erfolg sabotieren, da sie unsere Gedanken und Gefühle immer wieder auf unsere Verletzungen der Vergangenheit zurücklenken. Sie verursachen ein inneres Leiden, das unsere mentale und emotionale Kraft abzieht. Dann können wir nicht mehr unsere volle Energie auf das Hier und Jetzt richten. Daher ist es wichtig, diese Breaks zu erkennen, zu bearbeiten und schließlich zu heilen, um unser emotionales Gleichgewicht wiederherzustellen, damit wir unseren gegenwärtigen Zielen und Wünschen unsere volle Aufmerksamkeit schenken können. Folgende Übung hilft dir, diese tief sitzenden Gefühle in dir zu suchen, um festzustellen, wo deine Breaks liegen. Wenn wir der Spur deiner Breaks folgen, können wir anhand deiner *Lebenslinie* deine innere Landkarte erstellen und die Entwicklung deiner Glaubenssätze im Verlauf der Zeit betrachten. So erhältst du ein klareres Verständnis deiner persönlichen Geschichte und kannst die Wurzeln deiner vorherrschenden Überzeugungen und Verhaltensmuster besser erkennen.

Du benötigst für diese Übung ein großes Blatt Papier, dein Notiz-buch oder deine Notizapp, einen schwarzen und einen farbigen Stift. Außerdem Fotos aus deiner Vergangenheit, vor allem aus deiner Kindheit und/oder Tagebücher aus dieser Zeit.

Schritt 1: **Zeichen deine Lebenslinie auf**

Lege das Papier quer vor dich und zeichne ein Koordinatensystem mit einer horizontalen Linie (x-Achse) und einer vertikalen Linie (y-Achse) auf. Die horizontale Linie ist eine Zeitleiste und stellt deine Lebenslinie dar. Sie symbolisiert den Verlauf deines Lebens von deiner Geburt bis zum jetzigen Zeitpunkt. Auf der vertikalen Linie nimmst du eine emotionale Bewertung vor und trägst die Intensität ein, mit der die Ereignisse auf dich wirkten.

Trage auf der x-Achse deine Lebensjahre in möglichst gleich gro-ßen Abständen ein. Nimm ein Lineal zur Hilfe oder teile das Blatt immer wieder in Hälften ein, bis die Abstände so detailliert wie möglich sind und du trotzdem noch genug Platz hast, um lesbare Einträge zu machen.

Zeichne dann auf der y-Achse eine Skala von 1 bis 10 in mög-lichst gleich großen Abständen ein, wobei 1 für kein oder kaum Un-behagen und emotionalen Stress und 10 für maximales Unbehagen steht.

Schritt 2: **Breaks als Wendepunkte**

Frage dich jetzt mit Blick auf deine Lebenslinie, was die ein-schneidenden Erlebnisse in deinem Leben waren, die du als Breaks bezeichnen würdest. Was ist in deinem Leben passiert, als du dich klein, ängstlich, hilflos, verlassen, ungeliebt, ungewollt, einsam etc. gefühlt hast?

Trage diese Erfahrungen nun auf der x-Achse ein. Dabei ord-nest du sie dem jeweiligen Lebensalter zu. Diese Breaks bilden die

Wendepunkte in deinem Leben. Danach hat sich grundlegend etwas daran verändert, wie du die Welt oder zumindest bestimmte Situationen wahrgenommen hast.

Schreibe zu jedem Eintrag ein oder zwei Stichworte, die das Ereignis bezeichnen.

Falls du Schwierigkeiten hast, dich zu erinnern, insbesondere an deine frühe Kindheit, kannst du nahestehende Menschen befragen oder Fotos heranziehen. Du wirst sehen, dass du ein bestimmtes Gefühl im Zusammenhang mit den Personen, dir selbst oder den Ereignissen auf dem Foto herstellen kannst und auch zu den Berichten der Menschen, die du gefragt hast. Dieses Gefühl hat wahrscheinlich etwas mit deinem damaligen Erleben zu tun.

Wenn du Tagebücher geführt hast, sind sie natürlich eine unschätzbare Quelle, um deiner Erinnerung nachzuspüren.

Schritt 3: **Bewerte deine Breaks**

Betrachte nun die Breaks auf deiner Lebenslinie und bewerte sie nach ihrer emotionalen Intensität. Trage dazu den Wert über dem Ereignis auf der y-Achse ein.

Als Nächstes teile eine Seite deines Notizbuches in der Mitte, so dass zwei Spalten entstehen, und notiere in der linken Hälfte alle Breaks nach Intensität der Emotionen. Der Break mit der stärksten Emotion sollte dabei ganz oben stehen.

Schritt 4: **Ermittle deine Glaubenssätze**

Schau dir den ersten Break auf deiner Liste an. Er beschreibt das für dich einschneidendste Ereignis in deinem Leben. Nimm dir einen Moment Zeit, um dich mental und emotional auf dieses Erlebnis einzulassen. Wenn du dich emotional dazu in der Lage fühlst, versetze dich noch einmal in diese Situation zurück und spüre in die Emotionen hinein, die damals in dir aufgekommen sind.

Welche Schlussfolgerung hast du aufgrund dieser Emotion und des Breaks gezogen? Folgende Fragen können dir bei der Reflexion helfen:

- Was hast du damals in der Situation über dich gedacht?
- Was hast du über die Menschen, die involviert waren, gedacht?
- Was hast du über das Leben im Allgemeinen aus der Situation geschlussfolgert?

Die Antworten, die du auf diese Fragen gibst, repräsentieren die Glaubenssätze, die du im Zuge dieses Erlebnisses gebildet hast. In dem Moment, als deine Welt, wie du sie bisher kanntest, ins Wanken geriet, suchte dein Verstand nach Erklärungen oder Lösungen, um wieder Halt und Orientierung zu finden.

Schreibe nun alle weiteren negativen Glaubenssätze, die du aus den jeweiligen aufgelisteten Breaks abgeleitet hast, in die rechte Spalte in deinem Notizbuch.

Affirmation: »Ich nehme meine Breaks an und verwandle sie in Kraftquellen für mein persönliches Wachstum.«

Wahrscheinlich hast du beim Aufzeichnen der Lebenslinie einige negative Glaubenssätze identifiziert. Falls du auf diesem Weg aber noch keine oder nur vereinzelte Glaubenssätze herausarbeiten konntest, ist das auch vollkommen in Ordnung. Die nächsten Übungen werden dir sicherlich helfen, weitere Glaubenssätze aufzudecken. Die Lebenslinie ist nur der Anfang deiner Reise zu deinem persönlichen *SHIFT*.

Übung Nr. 2 – Glaubenssätze an Signalwörtern erkennen

Diese Aufgabe dient eher als Gedankenanstoß und weniger als Übung im klassischen Sinne. Ihr Hauptziel ist es, das Bewusstsein für deine Sprachgewohnheiten zu schärfen und dir dabei zu helfen, weitere Glaubenssätze zu identifizieren. Unsere Glaubenssätze sind nämlich nichts anderes als Bewertungen von Situationen, die wir als besonders prägend erlebt haben. Wie wichtig es für unseren Verstand ist, in so einem Fall eine Schlussfolgerung zu ziehen, habe ich bereits an anderer Stelle erklärt. Unser Verstand will uns davor schützen, ähnliche Erlebnisse noch einmal zu erfahren, und bietet uns mit dieser Schlussfolgerung eine Art Orientierung. Dabei neigen wir allerdings dazu, Kontexte und Sachverhalte zu vereinfachen, verschiedene Aspekte wegzulassen oder zusammenzufassen, um eine eindeutige, absolute Aussage treffen zu können. Dieser Umstand führt zu einer Verzerrung der Realität.

Mal angenommen, du behauptest: »Hunde sind gefährlich«, dann sagst du damit implizit: »Alle Hunde sind gefährlich«, was nicht das Gleiche ist wie »Viele Hunde sind gefährlich« oder »Hunde dieser und jener Rasse sind gefährlich« und schon gar nicht »Nur dieser eine Hund, der mich gebissen hat, ist gefährlich«. Dein Verstand versucht, die Dinge so einfach wie möglich zu halten. Dadurch stellt er sicher, dass du weißt, was zu tun ist, wenn du das nächste Mal auf der Straße einem Hund begegnest. Dein Verstand möchte dir helfen, ähnliche Erfahrungen zu vermeiden oder besser zu bewältigen.

Erinnern wir uns an Elena: Sie war fest davon überzeugt, dass letztlich alle Männer, auch Patrick, untreue Lügner sind, geschlussfolgert aus dem Verhalten ihres Vaters. Aus einem wurden alle. Außerdem hat das Verhalten ihrer Mutter zusätzlich dazu beigetragen hat, diesen Glaubenssatz zu bilden. Ihr Leiden hat Elenas Überzeugung verstärkt.

Glaubenssätze entstehen nicht nur aus eigenen Erfahrungen, z.B. wenn wir als Kind von einem Hund gebissen wurden, sondern werden auch von Eltern und anderen wichtigen Bezugspersonen übernommen.

Die Vereinfachung und Verallgemeinerung sind dem Versuch geschuldet, die Komplexität der jeweiligen Situationen und der Welt im Allgemeinen zu reduzieren. Würde unser Verstand anders vorgehen, könnte er wohl kaum zu Aussagen gelangen oder zumindest zu keinen »brauchbaren« für unseren Alltag. Wenn du dir jedoch bewusst machst, wie sehr solche Aussagen vereinfachte Darstellungen oder sogar Verzerrungen der Wirklichkeit sein können – gerade wenn es um Bewertungen geht –, kannst du ihren Wahrheitsgehalt hinterfragen. Und das ist entscheidend, um deinen Überzeugungen auf die Schliche zu kommen.

Mit der Vereinfachung und Verallgemeinerung der Aussagen gehen häufig Signalwörter einher. Sie können dir dabei helfen, deine negativen Glaubenssätze zu erkennen. Es sind Wörter wie »immer«, »nie«, »alle«, »keiner« oder »jeder«. Sie sind ein Hinweis darauf, dass es sich um einen negativen Glaubenssatz bei dir handeln könnte, der möglicherweise dein Denken, Fühlen und Handeln unbewusst beeinflusst.

Hier sind einige Beispiele für Glaubenssätze mit solchen Signalwörtern:
1. Ich schaffe es nie, etwas richtig zu machen.
2. Alle Menschen sind egoistisch.
3. Ich werde immer enttäuscht.
4. Jeder denkt nur an sich selbst.
5. Ich werde nie erfolgreich sein.

6. Alles geht bei mir schief.
7. Niemand kümmert sich wirklich um mich.
8. Ich finde nie die richtige Person.

Folgende Übung ist ein Gedankenanstoß, darüber zu reflektieren, wie wir Sprache benutzen. Nimm sie mit in deinen Alltag und versuche, ein Bewusstsein dafür zu entwickeln.

Schritt 1: **Achte auf die Signalwörter**
Nimm wahr, welche absoluten oder verallgemeinernden Wörter und Aussagen dir im Laufe des Tages durch den Kopf gehen oder welche du in Gesprächen oft verwendest. Wörter wie »immer«, »nie«, »alle«, »keiner« oder »jeder« deuten auf Glaubenssätze hin.

Schritt 2: **Mache Notizen**
Notiere die Sätze, die diese Signalwörter enthalten, und schreibe deine Gedanken dazu auf. Das hilft dir dabei, sie bewusster wahrzunehmen und zu analysieren.

Schritt 3: **Check your reality**
Prüfe, ob die mit Signalwörtern verbundenen Glaubenssätze der Realität entsprechen und sie die Situation zutreffend beschreiben.

Schritt 4: **Hinterfrage deine Denkmuster**
Stell dir die Frage, wie deine Denkmuster dich in deiner Wahrnehmung einschränken und deine Perspektiven sowie Handlungsmöglichkeiten begrenzen.

Affirmation: »Jeder aufgedeckte Glaubenssatz bringt mich näher zu meinem Selbst und eröffnet neue Wege für mein persönliches Wachstum.«

Übung Nr. 3 – Intuitives Vervollständigen von Sätzen

Wenn du bisher mit den ersten beiden Möglichkeiten nur wenig vorangekommen bist, ist vielleicht die nächste Übung hilfreich für dich, um unbewusste negative Glaubenssätze zu identifizieren. Es geht darum, Satzanfänge zu vervollständigen. Nimm dir 2 Minuten dafür Zeit und stelle dir am besten einen Timer. So vermeidest du, zu viel ins Nachdenken zu kommen und dich möglicherweise zu zensieren. Lass deinem Unterbewusstsein freien Lauf, indem du einfach rausfeuerst, was dir einfällt. Sei dabei ehrlich zu dir selbst und notiere deine spontanen Ergänzungen. Es gibt keine richtigen oder falschen Antworten – es geht darum, dir deine Glaubenssätze bewusst zu machen, die dein Leben beeinflussen.

Du benötigst für diese Übung einen Timer oder Wecker und dein Notizbuch bzw. deine Notizapp.

Schritt 1: **Auf die Plätze, fertig …**
Stelle den Timer auf 2 Minuten und halte dich bereit

Schritt 2: **… los!**
Während die 2 Minuten ablaufen, schreibe die folgenden Satzanfänge in dein Notizbuch und ergänze sie spontan. Gehe dabei Satz für Satz vor, ergänze aber nur die Sätze, die mit dir resonieren. Formuliere nichts um, was dir spontan in den Sinn kommt. Vertraue darauf, dass der erste Gedanke immer der ehrlichste ist.

Menschen sind …

Ich kann nie …

Ich darf nicht …

Man darf nicht …

Ich muss immer ...

Das Leben ist ...

Liebe ist ...

Ich bin ...

Um glücklich zu sein, brauche ich ...

Um von anderen akzeptiert zu werden, muss ich ...

Fehler zu machen bedeutet für mich ...

Die Welt ist ...

Veränderung ist ...

Ich überlebe, wenn ...

Schritt 3: Hinterfrage deine Denkmuster

Es gilt, wie in der letzten Übung, auch hier: Lies dir jetzt in Ruhe die Sätze durch, die du formuliert hast, und überlege, wie deine Denkmuster dich in deiner Wahrnehmung einschränken und deine Perspektiven und Handlungsmöglichkeiten begrenzen.

Affirmation: »Mit jedem aufgedeckten Glaubenssatz erlange ich die Stärke, mein Leben bewusst zu gestalten und meine bisherigen Begrenzungen zu überwinden.«

<u>Übung Nr. 4</u> – Sätze vervollständigen mit dem Rad des Lebens

Diese Übung arbeitet mit dem sogenannten *Rad des Lebens*. Auch hier geht es darum, Sätze zu ergänzen. Die verschiedenen Lebensbereiche, in die das Rad unterteilt ist, sind hier zunächst gleich groß nebeneinander angeordnet und veranschaulichen dir dein Leben als Konstellation von Dingen, die eine gewisse Rolle spielen dürften. Sollte es einen Lebensbereich geben, der gar nicht auf dich zutrifft, kannst du ihn einfach streichen oder durch etwas anderes ersetzen. Ohnehin ist ein Bereich bewusst offen gehalten, damit du einen Lebensbereich eintragen kannst, der hier nicht aufgeführt ist. Durch das Vervollständigen bestimmter Sätze, die auf die unterschiedlichen Lebensbereiche abgestimmt sind, kannst du dir bewusst machen, welche Glaubenssätze in dem jeweiligen Bereich wirken.

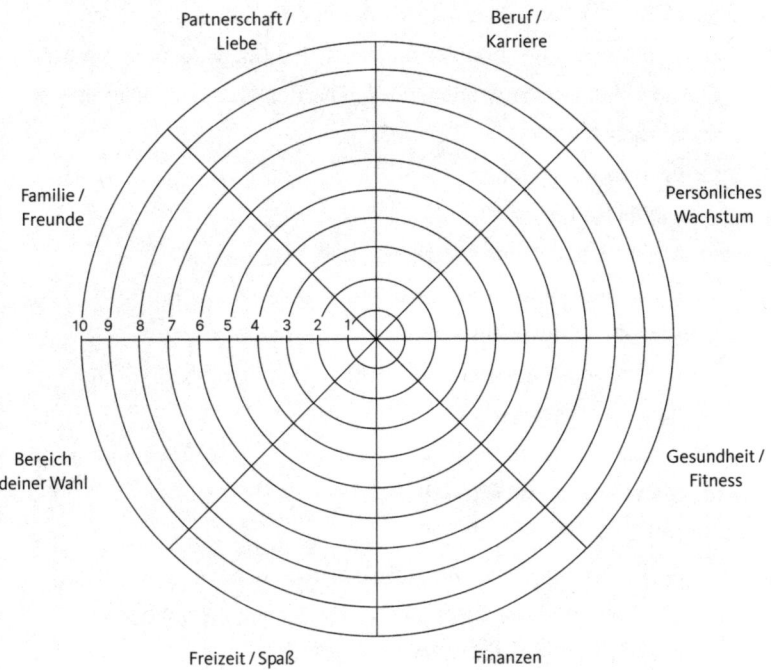

Du benötigst für diese Übung dein Notizbuch oder deine Notizapp.

Schritt 1: **Bereite dich vor**
Lege das Buch mit dem *Rad des Lebens* aufgeschlagen vor dich, um es vor Augen zu haben. Nimm dir die Zeit, dich jedem Bereich ausführlich gedanklich zu widmen, bevor du mit dem Schreiben beginnst.

Schritt 2: **Liste Lebensbereiche auf und vervollständige die Sätze**
Übertrage die Lebensbereiche jeweils nacheinander und vervollständige für jeden einzelnen die darunter stehenden Sätze. Gehe dabei Satz für Satz vor, ergänze aber nur die Sätze, die etwas in dir auslösen. Auch hier gilt: Formuliere nichts um, was dir spontan in den Sinn kommt. Vertraue darauf, dass der erste Gedanke immer der ehrlichste ist.

- **Freunde/Familie**
  Meine Familie ist …
  Mein Vater / Meine Mutter ist …
  In meiner Familie muss ich immer …
  Ich kann keine engen Freundschaften pflegen, weil …
  Auf Freunde kann man sich nicht verlassen, weil …
- **Partnerschaft/Liebe**
  Partnerschaft ist …
  Männer bzw. Frauen sind …
  Liebe ist …
  Ich finde keine/n Partner/in, weil …
  Eine erfüllende Partnerschaft ist für mich unerreichbar, weil …
  In einer Partnerschaft sollte man …
- **Beruf/Karriere**
  Arbeit ist …
  Erfolg ist …

Ich werde nie erfolgreich sein können, weil …

Ich verdiene keine Beförderung/Anerkennung, weil …

Ich darf nicht wirklich erfolgreich sein, weil …

- **Persönliches Wachstum**

  Veränderung ist …

  Ich kann mich nicht verändern, weil …

  Ich bin nicht fähig, mein volles Potenzial auszuschöpfen, weil …

- **Gesundheit/Fitness**

  Sport ist …

  Gesunde Ernährung ist …

  Mein Körper ist …

  Menschen, die viel Sport machen, sind …

  Ich kann keine gesunden Gewohnheiten beibehalten, weil …

- **Finanzen**

  Geld ist …

  Reiche Menschen sind …

  Ich werde niemals finanziell zufrieden sein, weil …

- **Freizeit/Spaß**

  Ich darf/kann nicht entspannen, weil …

  Ich verdiene keine Freizeit oder keinen Spaß, weil …

  Ich habe keine Zeit für Hobbys, weil …

  Wenn ich Spaß habe, fühle ich mich schuldig, weil …

- **Bereich, der dir aktuell wichtig ist**

(Z.B. Spiritualität, Bildung, Umweltbewusstsein, Reisen/Abenteuer, Kreativität/Kunst)

  Finde Sätze, die diesen Bereich für dich beschreiben.

Schritt 3: **Hinterfrage Redewendungen und Lebensweisheiten**
Betrachten wir Redewendungen und sogenannte Lebensweisheiten, die in unserem Kulturkreis verankert sind. Auch sie können in uns unbewusst als Glaubenssätze wirken und auf diese Weise

unsere Weltanschauung und unser Handeln prägen. Falls du bei den folgenden Redewendungen einen Satz entdeckst, den du unbewusst übernommen hast, notiere ihn.

- Blut ist dicker als Wasser.
- Geld ist die Wurzel allen Übels.
- Hochmut kommt vor dem Fall.
- Love hurts.
- Freunde sind Freunde für immer.
- Wer rastet, der rostet.
- Ohne Fleiß kein Preis.
- Glück im Spiel, Pech in der Liebe.
- Wer zu hoch hinauswill, der fällt tief.
- Lieber arm und gesund als reich und krank.

Wenn du einem oder mehreren dieser Sätze einen gewissen Wahrheitsgehalt zusprichst, solltest du seinen Anspruch überprüfen. Ist dieser Satz eine gute Richtlinie für deine Handlungen und Entscheidungen? Oder ist er eigentlich eher hinderlich?

Schritt 4: **Hinterfrage deine Denkmuster**
Wie schränken deine Denkmuster dich in deiner Wahrnehmung ein? Wie begrenzen sie deine Perspektiven und Handlungsmöglichkeiten?

Affirmation: »Ich bin bereit, meine Perspektive zu erweitern und neue Möglichkeiten in allen Bereichen meines Lebens zu entdecken. Ich habe die Kontrolle über meine Lebensbereiche und gestalte sie bewusst.«

Herzlichen Glückwunsch! Mit diesen Übungen hast du wichtige Schritte unternommen, um deine tief verwurzelten Glaubenssätze aufzudecken. Du hast deine mentale Landkarte erforscht und herausgefunden, welche Überzeugungen dich immer wieder in bestimmte Muster und Sackgassen führen.

Nun ist es an der Zeit, noch tiefer in die Welt deiner Glaubenssätze einzutauchen und diejenigen auszuwählen, die die stärkste emotionale Reaktion in dir auslösen und dich vielleicht in bestimmten Bereichen sabotieren oder einschränken. Nimm dir einen Moment Zeit. Schau dir noch mal alle Glaubenssätze in deinen Notizen an, die du während der Übungen für dich herausgearbeitet hast.

Spüre in dich hinein und frage dich:

- Welcher Glaubenssatz löst in dir die intensivsten Emotionen aus?
- Welcher Glaubenssatz hat aktuell den größten Einfluss auf dein Leben?
- Welchen Glaubenssatz würdest du gerne auflösen, um dein Wohlbefinden und deine Lebensqualität zu verbessern?

Wähle ganz in Ruhe die zwei oder drei Glaubenssätze aus, die momentan die größte Bedeutung für dich haben. Sie werden die Grundlage für die nächsten Übungen bilden, in denen du daran arbeiten wirst, sie nacheinander aufzulösen, um Raum für neue, positive Überzeugungen zu schaffen.

Den ersten Schritt hast du schon gemacht, indem du sie identifiziert hast.

Glaubenssätze auflösen und neu formulieren

Willkommen beim nächsten großen Schritt auf deiner Reise. Mit der Aufdeckung deiner Glaubenssätze hast du erkannt, wie tiefgreifend sie in deinem Leben wirken und wie sie sich unbewusst in Alltagssituationen manifestieren. Du hast über ihre Auswirkungen auf dein Denken, Fühlen und Handeln reflektiert und eine Ahnung davon bekommen, inwiefern sie tatsächlich deine Wirklichkeit gestalten.

In den folgenden Übungen werden wir uns darauf konzentrieren, negative Glaubenssätze, die dein Leben negativ beeinflussen, weiter zu hinterfragen und schrittweise aufzulösen. Es ist jetzt an der Zeit, den Prozess der Transformation in Gang zu setzen.

Dabei ist es wichtig zu beachten, dass das Auflösen von Glaubenssätzen nicht bedeutet, sie einfach nur schönzureden, zu ignorieren oder zu leugnen. Es geht vielmehr darum, sie zu erkennen und zu hinterfragen, um daraufhin neue, positive Überzeugungen zu schaffen, die dich stärken und dir helfen, die Ziele zu erreichen, die du dir wünschst.

Du wirst lernen,

1. wie du den Wahrheitsgehalt deiner Glaubenssätze hinterfragst und sie mental und emotional auflöst.

2. wie du negative Glaubenssätze in positive umwandelst und diese durch EFT-Tapping auf körperlicher Ebene in dir verankerst.

Sei dir bewusst, dass du die Macht über deine Gedanken und Überzeugungen hast. Du besitzt die Fähigkeit, sie zu ändern und dein Leben zum Besseren zu wenden. Du hast bereits gezeigt, dass du bereit bist, die notwendige Arbeit zu leisten, indem du deine Glaubenssätze identifiziert hast. Jetzt ist es an der Zeit, den nächsten Schritt zu gehen und die Veränderung zu beginnen.

Das Auflösen von Glaubenssätzen kann eine empowernde und transformierende Erfahrung sein. Es kann dir helfen, deine Grenzen zu erweitern, dein Selbstbewusstsein zu stärken und neue Möglichkeiten für dein Leben zu eröffnen. Du hast den Eisberg unter der Wasseroberfläche ins Visier genommen und bekommst jetzt eine wirkungsvolle Methode an die Hand, um ihn zu bearbeiten. Sei mutig, sei offen und sei bereit, das Unbekannte zu erforschen. Auf zu neuen Ufern. Let's *SHIFT*!

Übung Nr. 5 – Fakten versus Interpretationen

Tony Robbins, ein renommierter amerikanischer Coach, definiert Glaubenssätze folgendermaßen:

»Der Glaubenssatz ist eine Annahme, die dich mit einem Gefühl der Gewissheit verbindet.«

Bei der Übung mit den Signalwörtern ging es bereits darum, dass unser Verstand dazu neigt, komplexe Zusammenhänge zu vereinfachen, wenn die Welt um uns herum zu unerklärlich wird. Basierend auf unseren Erfahrungen schließen wir Wissenslücken mit Spekulationen und Vermutungen. Und so machen wir Annahmen über uns selbst, ziehen Schlüsse über andere und bewerten das Leben im Allgemeinen.

Der Mensch neigt dazu, zwischen Fakten und Interpretationen nicht präzise zu unterscheiden. Das führt dazu, dass unsere Interpretation eines Ereignisses zu einem »Fakt« wird und damit scheinbar zu einer Tatsache. Dabei berücksichtigen wir nicht, dass sie höchstens als die eigene, subjektive Wahrheit gelten könnte. Trotzdem glauben viele: »Meine Interpretation ist die absolute Wahrheit.« Deshalb fühlen sie sich im Recht. Sie waren schließlich Teil des Geschehens, haben es am eigenen Leib erlebt oder beobachtet. Aus diesen Erfahrungen entwickeln sie einen Wahrheitsanspruch, der die Subjektivität und den Anteil der spekulativen Natur ihrer Aussage ignoriert.

Unsere Glaubenssätze sind genau solche Aussagen. Sie vermitteln uns Gewissheit, doch diese ist trügerisch. Aus einem bestimmten Break hätten wir auch andere Schlüsse ziehen können, was dazu führen würde, dass wir eine ganz andere Geschichte erzählen – das bedeutet nichts anderes, als dass unsere Lebensgeschichte eine andere wäre.

Die folgende Übung bietet dir die Möglichkeit, diesen »Verschiebungsprozess« aufzudecken und an dem Wahrheitsanspruch deiner Glaubenssätze zu rütteln. Sie hilft dir, klarer zwischen den *Fakten* und deinen *Interpretationen* zu unterscheiden und die Verschiebung, die du vorgenommen hast, wieder auseinanderzuziehen und beides zu entwirren. Mit Hilfe der Übung erkennst du, dass deine Interpretationen nicht die absolute Wahrheit darstellen, sondern lediglich deine subjektive Sicht auf die Fakten. Damit kannst du deine Sichtweise hinterfragen und gegebenenfalls ändern, um zu anderen, konstruktiveren Interpretationen zu finden.

Stelle dir vor, du schaust aus dem Fenster und siehst, dass es regnet. Der Regen ist zunächst ein Fakt – etwas, das messbar, sichtbar und erkennbar ist – und zwar für alle gleichermaßen. Es ist ein objektives Element der Realität.

Einige Menschen würden diesen Regen als »schlechtes Wetter« bezeichnen. Andere, z.B. Bauern oder Leute, die unter Heuschnupfen leiden, würden ihn als »gutes Wetter« empfinden. Beides sind Interpretationen der Tatsache, dass »es regnet«. Sie sind nichts weiter als eine subjektive Bewertung des objektiven Elements »Regen«. Weder die Interpretation »gutes Wetter« noch »schlechtes Wetter« stellt die absolute Wahrheit dar. Beides sind nur Interpretationen, basierend auf persönlichen Meinungen und Überzeugungen.

Je nachdem, wie *du* den Regen interpretierst, hat dies Auswirkungen auf dein Gefühl und dein Erleben: Sofern du es als »gutes Wetter« interpretierst, fühlst du dich wahrscheinlich gut. Denkst du, es ist »schlechtes Wetter«, wird es deine Stimmung wahrscheinlich eher trüben.

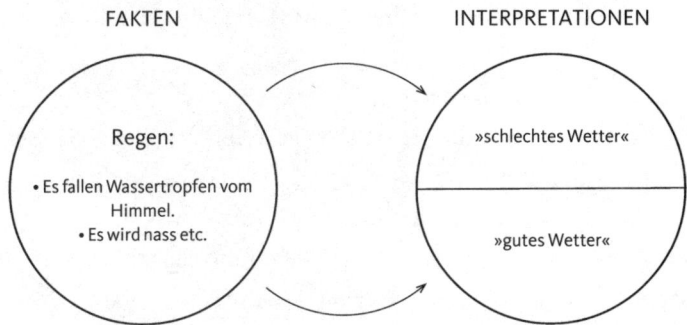

Wir haben zwei Kreise. Der Kreis, über dem das Wort Fakten steht, repräsentiert alles, was messbar, sichtbar, nachweisbar ist – die objektive Realität. In dem Kreis mit der Überschrift Interpretationen stehen alle wertenden Schlussfolgerungen über diese Fakten – dein persönliches Verständnis und deine Meinung zu dem, was ist. Daraus ergibt sich, wie du dich damit fühlst und welche Folgen es für dich hat.

Dieses Beispiel macht deutlich, dass negative Gefühle und die daraus resultierenden Konsequenzen in der Regel nicht von den Fakten selbst stammen, sondern von unseren Interpretationen dieser Fakten. Da Interpretationen aber keine Wahrheiten sind, bieten sie nur einen bestimmten Blick auf die Realität. Verändern wir die Interpretation, verändern wir unsere Wahrnehmung der Realität. Dann ist es uns möglich, andere Gefühle in Bezug auf die Fakten zu erleben und damit neue Möglichkeiten für uns zu erschließen. Mach dich bereit!

Du benötigst für diese Übung dein Notizbuch oder deine Notizapp.

Schritt 1: **Wähle deinen Glaubenssatz**

Male dir zunächst das Schaubild Fakt versus Interpretation ab. Wähle dann einen Glaubenssatz, mit dem du arbeiten möchtest, und trage ihn in den oberen Teil des rechten Kreises »Interpretation« ein.

Schritt 2: **Erarbeite die Fakten**

Um die Fakten zum Glaubenssatz zu ermitteln, hilft es, ihn einer emotionalen Unterbrechung, also einem »Break« zuzuordnen, den du in deiner Lebenslinie identifiziert hast. Falls dir das nicht gelingt, beantworte folgende Fragen: Wann hast du angefangen, diesen negativen Glaubenssatz zu entwickeln? Welches Erlebnis verknüpfst du damit?

Reduziere diesen »Break« auf die reinen Fakten: Was sind die objektiven Aspekte dieses Ereignisses – die messbaren, sichtbaren, nachweisbaren Elemente? Vergiss nicht, dass Fakten weder gut noch schlecht sind –, sie sind einfach das, was passiert ist. Versuche, deine Gefühle und Meinungen auszuklammern, und schreibe diese Fakten in den Kreis mit der Überschrift »Fakten«.

Angenommen, du bist damals mit einer Zwei in Mathe nach Hause gekommen und hast erlebt, dass dein Vater dich korrigierte, statt dich zu loben, wie in unserem Beispiel weiter oben. Dann wäre dein Glaubenssatz möglicherweise: »Mein Vater ist ein strenges Arschloch«. Die Fakten, die sich aus diesem Break ergäben, wären:

Ich bin mit einer Zensur nach Hause gekommen.

Es war eine Zwei.

Ich habe sie meinem Vater gezeigt.

Mein Vater hat es kommentiert und mir einen Hinweis gegeben.

Mehr könntest du auf der faktischen Ebene dazu nicht sagen, ohne dich in Interpretationen zu verlieren.

Schritt 3: **Entdecke neue Sichtweisen**

Sieh dir die Kreise an und vergegenwärtige dir den Weg, den dein Verstand gegangen ist, um vom Fakt zur Interpretation zu gelangen. Jetzt bist du bereit, deine Interpretation zu hinterfragen:

- Gibt es andere mögliche Interpretationen der Fakten, die du noch nicht in Betracht gezogen hast?
- Wie könntest du die Fakten anders interpretieren?
- Welcher andere, vielleicht sogar positive, Glaubenssatz könnte ebenso gut auf diesen Fakten basieren?

Lass deiner Kreativität freien Lauf und formuliere eine alternative Interpretation der Fakten, die zu einem neuen positiven Glaubenssatz führt. Der Satz sollte ein Ist-Satz sein und mit einem Adjektiv eine positive Interpretation ausdrücken. Formuliere ihn so, dass du bereit bist, ihn als mögliche Interpretation der Situation für dich anzunehmen. Eine reine Umkehrung, ohne dass du sie wirklich überzeugend fändest, bringt dich nicht weiter. Schreibe diesen neuen positiven Glaubenssatz in die untere Hälfte des Kreises »Interpretationen«.

Im Falle des Glaubenssatzes »Mein Vater ist ein strenges Arschloch« könnte hier z.B. stehen:

»Mein Vater ist ein fürsorglicher Mann.« Oder: »Mein Vater ist ein ermächtigender Mann.« Etc.

Bei diesen Glaubenssätzen wärest du bereit anzuerkennen, dass dein Vater es gut mit dir meinte. Seine Kommentare könnten der Sorge um deine Zukunft entsprungen sein. Oder er traute dir noch bessere Leistungen zu und wollte dich ermutigen.

Schritt 4: **Reflektiere die neuen Glaubenssätze**

Nimm dir Zeit, deinen neu formulierten Glaubenssatz, den du im rechten Kreis eingetragen hast, genauer zu betrachten und zu reflektieren:

- Wie fühlt er sich für dich an?
- Ist er hilfreicher oder ermächtigender als der alte?
- Welche Konsequenz hätte es für dein Leben, wenn du den alten, negativen Glaubenssatz beibehalten würdest?
- Und umgekehrt: Welche Auswirkungen könnte der neue, positive Glaubenssatz auf dein Leben haben?

Schritt 5: **Stärke deinen neuen Glaubenssatz**
Finde drei Beweise oder Argumente basierend auf den Fakten, die zeigen, warum dieser neue Glaubenssatz genauso wahr sein kann wie dein alter. Der »fürsorgliche Vater« hat möglicherweise deine gesamte Schulzeit über viel mit dir gelernt, um dir zu helfen. Oder es fallen dir vielleicht Menschen ein, die aus einer ähnlichen Erfahrung ganz andere Schlüsse gezogen haben.

Visualisiere anschließend die Auswirkungen deines neuen Glaubenssatzes. Stelle dir vor, wie dein Leben aussähe, wenn du nach diesen Glaubenssätzen leben würdest.

- Welche Möglichkeiten würden sich in deinem Leben eröffnen?
- Wie würden sich deine Entscheidungen ändern?
- Wie würde sich dein Verhalten ändern?

Affirmation: »Ich erkenne, dass meine Interpretationen nicht die absolute Wahrheit sind, und erlaube mir bewusst, neue Perspektiven einzunehmen, um die Grundlage für ein erfülltes Leben zu schaffen.«

Die Erkenntnis, dass sowohl dein alter als auch dein neuer Glaubenssatz nichts weiter als Interpretationen sind, kann befreiend sein. Jede Interpretation hat unterschiedliche Konsequenzen für dein Leben, und letztendlich hast du die Macht zu entscheiden, welchem Glaubenssatz du folgen möchtest. Das

Wichtigste ist, dass du erkennst: Du bist nicht hilflos den Umständen ausgeliefert. Du hast die Kontrolle über deine Interpretationen und damit über deine Glaubenssätze.

Übung Nr. 6 – *The Work* von Byron Katie

Mit folgender Methode kannst du deine Glaubenssätze hinterfragen und diejenigen, die dich belasten, überwinden. Die amerikanische Autorin und Speakerin Byron Katie entwickelte diese Methode in einer persönlichen Krise und schweren Depression und beschrieb sie in ihrem Buch »Lieben was ist«. Sie begriff, dass sie litt, wenn sie bestimmte Gedanken glaubte, und dass sie nicht mehr litt, wenn sie diese Gedanken nicht mehr als wahr akzeptierte. So einfach? Ja! Daraus entwickelte sie eine Methode zur Überprüfung und Infragestellung der eigenen Glaubenssätze und Annahmen, die sie *The Work* nennt. Es ist eine bestechend simple Übung, die über die Anwendung von vier Fragen eine große Wirkung erzielen kann.

Du benötigst für diese Übung dein Notizbuch oder deine Notizapp.

Schritt 1: **Wähle deinen Glaubenssatz**
Beginne mit dem Glaubenssatz, den du bereits identifiziert hast. Z.B »Ich bin nicht gut genug.« Im nächsten Schritt überprüfst du ihn mit den vier Fragen nach Byron Katie.

Schritt 2: **Stelle dir die »vier Fragen«**
Nimm dir Zeit, um über jede der folgenden Fragen nachzudenken und deine Antworten aufzuschreiben. Beantworte die Fragen intuitiv und ehrlich. Es gibt keine falsche Antwort.

1. »Ist das wahr?«

»Ist es wahr, dass ich nicht gut genug bin?« Beachte, dass es nur zwei mögliche Antworten auf diese Frage gibt: »Ja« oder »Nein«. Beantworte die Frage spontan und so ehrlich wie möglich. Wenn du mit »Nein« antwortest, weißt du im Kern, dass das, was du glaubst, nicht wahr ist, und trotzdem lebst du danach. Gehe direkt zu Frage 3.

2. Kannst du mit 100-prozentiger Sicherheit wissen, dass es wahr ist?

Überlege, ob du absolut sicher weißt, dass der Glaubenssatz wahr ist. Vielleicht kommst du zu dem Schluss: »Nein, ich kann nicht mit absoluter Sicherheit wissen, dass die Aussage wahr ist.« Oder du bleibst bei deinem »Ja, ich weiß, dass es wahr ist«. Egal, welche Antwort kommt, nimm die erste und gehe dann zur nächsten Frage.

3. Wie reagierst du, wenn du diesen Gedanken glaubst?

Beschreibe die Gefühle, Verhaltensweisen und Situationen, die entstehen, wenn du diesen Glaubenssatz für wahr hältst. Du könntest zum Beispiel sagen: »Wenn ich denke, dass ich nicht gut genug bin, fühle ich mich inkompetent, niedergeschlagen und entmutigt. Ich vermeide Herausforderungen, nehme Chancen nicht wahr.« Gehe zur nächsten Frage weiter.

4. Wer wärst du ohne diesen Gedanken?

Stelle dir vor, wie du dich fühlen und verhalten würdest ohne den Glaubenssatz »Ich bin nicht gut genug«. Vielleicht würdest du feststellen: »Ohne diesen Gedanken wäre ich selbstbewusster, würde mehr Risiken eingehen und hätte mehr Energie und Selbstvertrauen, um meine Ziele zu verfolgen.«

Schritt 3: **Kehre den Glaubenssatz um**

Deinen Glaubenssatz »umzukehren« bedeutet, ihn als sein Gegenteil zu formulieren und Beispiele dafür zu finden, wie diese Umkehrung ebenso wahr oder sogar zutreffender sein könnte.

Zum Beispiel wäre die Umkehrung von »Ich bin nicht gut genug«: »Ich bin gut genug.« An welche Situationen könntest du dich erinnern, in denen du gut genug warst, über die du z. B. sagen kannst: »Ich habe meine Arbeit gut gemacht«, »Ich habe eine schwierige Aufgabe gemeistert« etc.?

Auch hier ist es ist wichtig, dass die Umkehrung sich stimmig und glaubwürdig anfühlt. Sobald du Beispiele in deiner Erinnerung findest, die dir das Gegenteil des alten Glaubenssatzes beweisen, bist du auf der richtigen Fährte. Du beginnst, ihn zu hinterfragen und Raum für neue, positivere Überzeugungen zu schaffen.

Affirmationen: »Ich befreie mich von begrenzenden Glaubenssätzen und öffne mich für eine Welt voller Möglichkeiten.«

Mit deinen Glaubenssätzen formst du deine Realität. Sie sind es, vor deren Hintergrund du Ergebnisse hervorbringst. Mit beiden Übungen kannst du deine Glaubenssätze aufbrechen und umformulieren. Nutze diese Möglichkeiten, um dein Leben nach deinen eigenen Vorstellungen zu gestalten. Indem du dich darauf einlässt, deine Glaubenssätze zu hinterfragen und neu zu gestalten, veränderst du deine innere Landkarte. Es ist, als würdest du dein inneres Navigationssystem neu programmieren. Und das Schöne daran ist, dass du die Kontrolle hast. Du entscheidest, welche Ziele und Wegpunkte du auf deiner Landkarte einzeichnen willst und in welche Richtung deine Reise gehen soll – also welche Werte, Prioritäten und Visionen du in deinem Leben verfolgst. Es wird dich überraschen, was für große Veränderungen diese Neuausrichtung auf deinem Lebensweg bewirken kann. Wenn du dich hier an die Arbeit machst, bearbeitest du den Eisberg an der entscheidenden Stelle, nämlich unter der Wasseroberfläche.

Ich-Überzeugungen

Einige Menschen stoßen bei den vorhergehenden Übungen auf eine Vielzahl von Glaubenssätzen, andere wiederum entdecken nur zwei oder drei oder vielleicht sogar keinen. Sie führen ein erfülltes Leben, sind mit sich selbst und ihrer Umwelt im Einklang. Sie pflegen eine gute Beziehung zu ihrer Familie, haben einen liebevollen Menschen an ihrer Seite, begabte Kinder oder einen treuen Hund in ihrem heimeligen Zuhause. Sie sind umgeben von loyalen Freunden, die sie durch alle Höhen und Tiefen begleiten. Ihre berufliche Karriere lässt nichts zu wünschen übrig, sie entwickeln sich ständig weiter und verfolgen nebenher noch kreative Projekte. Ja, solche Menschen existieren. Wenn sie am Rad des Lebens drehen, bleibt der Zeiger immer auf einem Jackpot stehen, weil jeder Lebensbereich einer ist. Vielleicht erkennst du dich in dieser Beschreibung wieder und liest dieses Buch nur, weil du stets offen bist für persönliches Wachstum und nach neuen Herausforderungen suchst. Dafür hast du auf jeden Fall meinen Respekt.

Hast du jedoch den Eindruck bekommen, den Abschnitt über die Auflösung von Glaubenssätzen überspringen und direkt zu den Tools für die Gegenwart übergehen zu können, um bestimmte Aspekte ohne Umwege in Angriff zu nehmen, möchte ich dich bitten, noch mal in dich hineinzuhören. Hat beim Lesen der letzten Übung *The Work* vielleicht doch irgendetwas in dir ganz leise vibriert? War dir der Satz »Ich bin nicht gut genug« irgendwie vertraut, wenn auch nur beim zweiten Überlegen? Es ist absolut in Ordnung, wenn die Antwort »Nein« lautet. Es muss auch nicht der Fall sein ... Aber jeder Mensch hat in jedem Fall immer einen negativen »Ich bin ...«-Satz, eine sogenannte Ich-Überzeugung, die enorme Konsequenzen und Auswirkungen auf die Ergebnisse in seinem Leben hat. Dieser Kernsatz, der tief in unserem Selbstbild verankert ist, ist bei uns allen vorhanden. Die meisten Menschen sind sich dessen nur nicht bewusst, da sie ihn als untrennbaren Teil ihres Selbst erleben.

Die Ich-Überzeugung haben wir bereits im ersten Teil des Buches angesprochen. Sie ist eine tief verwurzelte Überzeugung, die wir schon in der frühen Kindheit aus einem als »Break« interpretierten Ereignis geschlussfolgert und deren »Richtigkeit« im Laufe der Zeit wir mit zahlreichen Beweisen untermauert haben. Deine Ich-Überzeugung ist nicht unbedingt an deinen Ergebnissen und Erfahrungen ablesbar. Oft erzielt man von ihr angetrieben sogar große Ergebnisse. Vielmehr erkennt man sie an den Gefühlen, die man zu erreichen hofft, wenn man bestimmte Ergebnisse erzielt, die aber letztlich trotz aller Anstrengungen ausbleiben oder nicht anhaltend sind. Ich-Überzeugungen wirken in alle Bereiche unseres Lebens hinein. »Ich bin ...« heißt, du bist davon durchdrungen. Man kann sie sich wie ein ständiges Hintergrundrauschen vorstellen, das bei genauem Hinhören immer wahrnehmbar ist, egal was du tust, denkst oder erlebst. Selbst dem erfülltesten Leben liegt eine solche Überzeugung über sich selbst zugrunde. Sie ist die eigentliche Herrscherin in unserem Leben. Sobald du ein Bewusstsein für deine Ich-Überzeugung entwickelt hast, kannst du besser verstehen, warum du so bist, wie du bist.

Übung Nr. 7 – Ermittle und verändere deine Ich-Überzeugung

Diese Übung zielt darauf ab, deine negative Ich-Überzeugung herauszufinden, sofern du sie nicht schon mit einer der vorigen

Übungen ermittelt hast. Außerdem ermöglicht sie dir, diesen »Ich bin …«-Satz zu hinterfragen und ins Wanken zu bringen. Die Ich-Überzeugungen sind tief in uns verwurzelt und lassen sich nicht einfach mal schnell ändern oder »umschreiben«. Aber mit dieser Übung kannst du sie hinterfragen und damit ihren Wahrheitsanspruch kritisch beleuchten. Führst du diese Übung regelmäßiger durch, wirst du erleben, wie dieser spezielle Glaubenssatz mehr und mehr an Einfluss verliert.

Ich werde dich durch diese Übung anhand von zwei Beispielen mit den häufigsten Ich-Überzeugungen führen: »Ich bin nicht gut genug«, ein Satz, der bereits in der Übung von Byron Katie auftauchte, und »Ich bin nicht liebenswert«. Klingt keiner dieser Sätze in deinem Innersten an, wird dir der erste Schritt der Anleitung helfen, deine individuelle Ich-Überzeugung, die den größten Einfluss auf dein Leben hat, zu ermitteln.

Du benötigst für diese Übung dein Notizbuch oder deine Notizapp.

Schritt 1: **Finde deine Ich-Überzeugung**
Das Ziel dieses ersten Schrittes ist es, deinen »Ich bin …«-Satz zu formulieren. Die folgenden Fragen können dir dabei helfen:

- Welcher Gedanke über dich selbst bestätigt das, was du in deinem Leben erlebst und erreichst?
- Was willst du unbedingt über dich beweisen (mit dem, was du tust)?
- Welchen Gedanken über dich versuchst du ständig zu beweisen und zu bestätigen?
- Welcher Gedanke oder welches Gefühl ziehen sich wie ein roter Faden durch dein Leben?
- Was sollen andere Menschen auf keinen Fall von dir denken? Diese Fragen sind vielleicht herausfordernd. Aber die eine oder

andere Frage wird dir helfen, zum Kern deiner Selbstüberzeugung vorzustoßen. Sei ehrlich dir selbst gegenüber. Denke daran, dass niemand dir über die Schulter schaut oder dich bewertet. Wenn du einen anderen »Ich bin ...«-Satz gefunden hast als die genannten, setze ihn für den nächsten Schritt ein.

Schritt 2: **Decke irrationale Zusammenhänge auf**
Es geht nun darum, Situationen zu identifizieren, in denen du denkst: »Ich bin nicht gut genug« oder »Ich bin nicht liebenswert«. Ziel ist es, jene Begründungen zu sammeln, mit denen du diesen Gedanken rechtfertigst. Erstelle dazu eine Liste mit allen Begründungen, die diese Überzeugungen begleiten, wie zum Beispiel:

»Ich bin nicht gut genug/liebenswert, weil mein Freund mit mir Schluss gemacht hat. (Wenn ich gut genug/liebenswert wäre, wäre er mit mir zusammengeblieben.)« usw.

Schritt 3: **Hinterfrage den Wahrheitsgehalt**
Betrachte deinen Glaubenssatz und die damit verbundenen Begründungen jetzt aus verschiedenen Perspektiven kritisch. Überlege dir, ob es auch andere Menschen gibt, die in einer ähnlichen Situation wie du sind oder waren, die jedoch anders darauf reagieren oder reagiert haben.

Gibt es Menschen, die von ihrem Partner verlassen wurden und dennoch glauben, liebenswert zu sein? Kennst du Personen, deren Partner sie nicht verlassen haben und die trotzdem über sich denken, sie seien nicht liebenswert?

Versuche, diese Gegenbeispiele zu finden und sie in Bezug auf deinen eigenen Glaubenssatz zu reflektieren. Wie passen diese Beispiele zu deinem »Ich bin ...«-Satz und den entsprechenden Begründungen?

Diese Reflexion hilft dir, die Starrheit deines Glaubenssatzes zu hinterfragen und zu schauen, ob sein vermeintlicher Wahrheitsanspruch zutrifft. Gibt es nämlich Menschen, die sich *trotz* einer Trennung vom Partner immer noch liebenswert fühlen, oder gibt es Menschen, die sich nicht liebenswert fühlen, *obwohl* sie in einer Beziehung sind und ihr Partner sie liebt, verliert der Absolutheitsanspruch des Glaubenssatzes seine Gültigkeit. Denn wenn die Überzeugung, nicht liebenswert zu sein, auf die Trennung zurückzuführen wäre, dann würden sich grundsätzlich *alle nie* liebenswert fühlen, wenn sich jemand von ihnen trennt. Und *jeder*, der in einer Partnerschaft ist, würde sich *immer* geliebt fühlen. Die Kausalität ist offensichtlich *nicht* zwingend. Was macht diese Einsicht mit dir? Erlaube dir, sie für einen Moment zuzulassen.

Schritt 4: **Durchbreche die kausalen Zusammenhänge deiner Ich-Überzeugung**

Nimm deine Liste mit all den Begründungen zur Hand. Tausche jedes »weil« durch das Wort »und« aus. Damit erreichst du, den kausalen Zusammenhang zwischen dem Haupt- und dem Nebensatz aufzubrechen und somit die vermeintliche Kausalität aufzulösen.

Beispiel: »Ich bin nicht gut genug/liebenswert, *und* mein Freund hat mit mir Schluss gemacht.«

Durch das Aufbrechen der kausalen Zusammenhänge kannst du deinen Glaubenssatz weiter »aufweichen« und hinterfragen. Dieser Prozess ermöglicht dir zu erkennen, dass die Situation oder Gegebenheit (das »Weil«) nicht zwangsläufig zu deiner Selbstwahrnehmung (dem »Ich bin …«) führen muss. Es gibt keinen zwingenden Zusammenhang zwischen den beiden Sätzen.

Schritt 5: **Fakten versus Interpretationen**

Nachdem du deine Ich-Überzeugung erkannt und ins Wanken gebracht hast, kannst du nun mit der Übung »Fakten versus Interpretationen« von Seite 95 weitermachen. Die Übung hilft dir dabei, deine Glaubenssätze noch eingehender zu hinterfragen, ihre Ursprünge zu untersuchen, und sie ist eine gute Vorbereitung für den nächsten Schritt.

Schritt 6: **Finde deine neue Ich-Überzeugung**
Jetzt ist es an der Zeit, eine neue, positive »Ich bin …«-Überzeugung zu formulieren. Es geht darum zu erkennen, dass du mehr bist als die Summe deiner bisherigen Erfahrungen. Folgende Fragen helfen dir dabei, deine neue positive Ich-Überzeugung zu finden:

- Wer willst du sein? Wie möchtest du dich selbst sehen und wie möchtest du, dass andere dich sehen? Welche Eigenschaften und Verhaltensweisen möchtest du verkörpern?
- Welche positive Überzeugung könnte die negative ersetzen? (Versuche, eine Aussage zu formulieren, die nicht nur das Gegenteil deiner alten Überzeugung darstellt, sondern eine neue Ich-Überzeugung zu finden, die deine alte entmachtet. So wird beispielsweise aus »Ich bin nicht gut genug« ein »Ich bin kompetent und fähig«.)
- Welche bereits gemachten Erfahrungen unterstützen deine neue Überzeugung? Welche Stärken und Fähigkeiten hast du bereits gezeigt, die deiner neuen Überzeugung entsprechen?
- Wie würde dein Leben aussehen, wenn du diese neue positive Überzeugung vollkommen akzeptierst und danach lebst? Wie würden sich dein Denken, Fühlen und Handeln verändern?
- Welche Schritte kannst du unternehmen, um diese neue Überzeugung in deinen Alltag zu integrieren und zu stärken? Gibt es bestimmte Gewohnheiten, Routinen oder Aktivitäten, die dir dabei helfen, diese neue Überzeugung zu verinnerlichen und umzusetzen?

Nimm dir Zeit, um auf diese Fragen zu antworten. Vielleicht musst du sie mehrmals durchgehen, um zu deiner neuen »Ich bin…«-Überzeugung zu gelangen. Es ist wichtig, dass diese neue Überzeugung wirklich aus dir selbst herauskommt und dass du dich mit ihr identifizierst. Sie sollte dich dazu ermutigen, ein positiveres Selbstbild und Selbstwertgefühl zu entwickeln.

Dein neuer »Ich bin…«-Satz ist eine große Errungenschaft und stellt einen bemerkenswerten Fortschritt dar. Du hast deine alte Ich-Überzeugung in Frage gestellt und warst bereit, eine Gewissheit aufzugeben, die über viele Jahre dein Leben geprägt hat. Es ist bemerkenswert, dass du erkannt hast, wie ein neues Selbstverständnis dir neue Möglichkeiten eröffnen und damit zur Basis für positive Veränderung in deinem Leben werden kann.

Du wirst sicherlich immer wieder durch den Filter deiner alten Ich-Überzeugung schauen und dich selbst und Geschehnisse entsprechend wahrnehmen – das ist unvermeidlich. Lass dich davon nicht entmutigen! Aber mit den Tools, die du durch die vorherige Übung an die Hand bekommen hast, kannst du den Absolutheitsanspruch dieses Glaubenssatzes Schritt für Schritt auflösen. Dies gelingt umso mehr, je öfter du dir deine *neue Ich-Überzeugung* vor Augen führst, sie laut aussprichst und auf die Situationen achtest, in denen du sie bestätigt siehst. Nimm wahr, wie liebenswert dich andere Menschen finden und wie gut du die Dinge machst, die du tust. Egal welche neue Ich-Überzeugung du gewählt hast, lass dich von ihr durchdringen. Sei dir sicher, sie entspricht dir, sonst hättest du sie nicht gewählt.

Affirmation: »Ich erkenne, dass ich so viel mehr bin, als das, was ich geglaubt habe zu sein, und befreie mich aus den Fesseln meiner Ich-Überzeugung, um mein wahres Selbst zu entfalten.«

Preis und Gewinn

»Alles hat seinen Preis, und alles hat seinen Gewinn.« So wahr wie dieses Sprichwort ist, so gilt es auch für unsere identitätsstiftenden Glaubenssätze, die Ich-Überzeugungen. Sie sind aufgrund unserer prägendsten Erfahrungen, unseren Breaks, entstanden und haben uns als Schutzmechanismen gedient. Auch dein Glaubenssatz hat dir bis hierhin gute Dienste geleistet und sich als wirksame Überlebensstrategie erwiesen. Der Gewinn dieser Überzeugung sicherte dir nicht nur das Überleben, sondern wirkte auch identitätsstiftend. Wir tun alles dafür, damit niemand erfährt, wovon wir tief im Inneren von uns selbst überzeugt sind, und zugleich setzen wir alles daran, das Gegenteil zu beweisen. Der verdeckte Gewinn dieser ›Ich-Überzeugung‹ liegt darin, dass sie unserem Leben eine Richtung für unser Handeln gibt und uns in dem, was wir tun, zu Höchstleistungen anspornt.

Die Kehrseite der Medaille ist der Preis, den wir für diese Überzeugung zahlen – ein ständiger, aufreibender Kampf, den Spagat zu halten zwischen der Bestätigung und Widerlegung der Überzeugung und nie das Gefühl von Befriedigung zu bekommen. Außerdem zahlen wir damit, dass wir nie erfahren werden, welche Ergebnisse und Erfahrungen möglich wären, wenn wir nicht durch den Rahmen unserer Ich-Überzeugungen so begrenzt wären.

Um zu verdeutlichen, was mit Gewinn und Preis gemeint ist, komme ich noch einmal auf die beiden Beispiele zurück, mit denen wir bereits gearbeitet haben: »Ich bin nicht gut genug« und »Ich bin nicht liebenswert«.

Zum Abschluss werde ich dich durch eine ausführliche Tapping-Session leiten. Diese Methode wird dir dabei helfen, deinen alten Glaubenssatz zu zerstören und aufzulösen und deinen neuen positiven »Ich bin …«-Satz in dir zu verankern.

»Ich bin nicht liebenswert.«

Kannst du dich in der folgenden Beschreibung wiederfinden? Stell dir vor, dein Leben wäre geprägt von der Frage nach deinem Selbstwert. Du zweifelst an deinem Wert und erwartest nicht, kontinuierlich geliebt zu werden. Diese Einstellung schützt dich vor Enttäuschungen, da du keine hohen Erwartungen an die Liebe und Anerkennung anderer hast. Doch sie hindert auch die anderen daran, dir ihre Liebe ganz offen zu zeigen. Du bist stets bemüht, für andere da zu sein, und suchst Anerkennung und Wertschätzung durch diese Hilfsbereitschaft. Manchmal überschreitest du dabei Grenzen anderer Menschen und stößt auf Widerstand und Ablehnung, was deine Annahmen über deinen eigenen Wert bestätigt. Erhältst du Anerkennung für deine Leistungen, zweifelst du, ob sie dir als Person gilt oder lediglich deiner Leistung. Dadurch wird der Zweifel an deinem Selbstwert weiter geschürt.

Gewinn: Durch deine unermüdliche Arbeit für andere hast du ausgeprägte Fähigkeiten entwickelt und genießt ein Gefühl der Zufriedenheit, weil du ständig »aktiv« bist. Du erhältst Anerkennung, was dich davor schützt, dich wertlos zu fühlen. Du genießt es, gebraucht zu werden, und machst dich dadurch für den anderen unentbehrlich. So stellst du eine Form der Nähe her, die auf Abhängigkeit beruht. Deine Opferbereitschaft sichert dir gesellschaftliche Anerkennung.

Preis: Der ständige Kampf, dir durch Hilfe und Aktionismus einen Wert zu verschaffen, ist sehr anstrengend. Dein Fokus auf die Bedürfnisse anderer verhindert oft, dass du deine eigenen und deine Erschöpfung erkennst. Du gibst und tust, um Dank, Anerkennung und Wertschätzung zu erhalten, aber diese Anerkennung erfüllt oft nicht deine tiefen emotionalen Bedürfnisse, was zu Enttäuschung führt. Das wird von anderen wahrgenommen und lässt sie sich eventuell unbehaglich fühlen. Da du dich erst durch z.B. eine Krankheit, Burnout oder einen anderen schwerwiegenden Einschnitt aus diesem Teufelskreis befreien kannst, besteht das Risiko, dass du solche Ereignisse förmlich in dein Leben »ziehst«.

Fazit: Dein Leben ist geprägt von der ständigen Suche nach Anerkennung, die deinen Selbstwert stützt. Deine Überzeugung, nicht liebenswert zu sein, ist ein entscheidender Faktor, der deine Beziehungen belastet. Du bestätigst dein Selbstbild durch alles, was andeuten könnte, dass du nicht liebenswert bist. Liebt dich dein Partner, fühlst du dich unbewusst gezwungen, ihn ins Unrecht setzen zu müssen, um unbedingt recht in dem zu behalten, wovon du eigentlich überzeugt bist – nämlich nicht liebenswert zu sein. Das kann dazu führen, dass die Liebe und Bestätigung des anderen dir nie ausreichen oder dass du sie nicht annehmen kannst. Eventuell kommst du zu der Annahme, dass mit deinem Gegenüber etwas nicht stimmen kann. – Du weißt ja schließlich, dass du nicht liebenswert bist. Diese Überzeugung hat Konsequenzen für dein Leben: Es ist schwer, auf dieser Basis eine langfristige Beziehung einzugehen. Kommt es aber dazu, dann ist entweder schon eine Trennung vorprogrammiert, oder die Beziehung birgt viele Konflikte. Trotz deiner Bemühungen, anderen zu helfen, und der damit verbundenen Anstrengung fällt es dir schwer, dir selbst Wert und Liebe zuzuschreiben. Dieses Muster beeinflusst nicht nur deine Beziehungen, sondern auch dein Wohlbefinden. Obwohl du ein gewisses Maß an Zufriedenheit und Anerkennung durch deine Helferrolle erreichst, ist der Preis dafür hoch. Die kontinuierliche Vernachlässigung deiner eigenen Bedürfnisse und das ständige Streben nach externer Bestätigung können zu Unzufriedenheit und Erschöpfung führen, bis hin zu Burnout.

Um eine grundlegende Veränderung zu erreichen, ist es essenziell, eine neue Ich-Überzeugung zu verinnerlichen: »Ich bin wertvoll und liebenswert, unabhängig von äußeren Bestätigungen.« Diese Aussage, tief in deinem Selbst verankert, setzt den Grundstein für deine Selbstliebe. Diese Unabhängigkeit von der Anerkennung und Wertschätzung anderer ermöglicht es dir, ein erfülltes und zufriedenes Leben zu führen.

»Ich bin nicht gut genug«

Kannst du dich in der folgenden Beschreibung wiederfinden? Stelle dir vor, dein Leben ist vom ständigen Streben nach Kompetenz und Perfektion geprägt. Du bist getrieben von deinem unermüdlichen Ehrgeiz, immer das Beste zu geben, und kämpfst ständig gegen das Empfinden deiner Unzulänglichkeit an. Du investierst enorm viel Zeit und Energie in deine Weiterbildung und Entwicklung, immer mit dem Ziel, auf dem neuesten Stand und in der besten Form zu sein.

Obwohl du nach außen hin als erfolgreich und kompetent wahrgenommen wirst, fällt es dir schwer, deine Erfolge anzuerkennen und zu feiern. Kaum hast du ein Ziel erreicht, richtest du dein Augenmerk bereits auf das nächste. Du leidest stets unter dem sogenannten Impostor-Syndrom, der ständigen Angst, als Hochstapler entlarvt werden zu können.

Gewinn: Du besitzt einen enorm starken Motor, deine Ziele zu erreichen, und kannst viele positive Ergebnisse vorweisen. Du bist außergewöhnlich belastbar und leistungsstark. Grundsätzlich hinterlässt du durch diese Eigenschaften bei anderen einen bleibenden Eindruck. Dein Leben wirkt spannend und abwechslungsreich, und oft bist du beruflich sehr erfolgreich. Du wirst häufig dafür bewundert, auch wenn es dir schwerfällt, diese Anerkennung anzunehmen, weil sie nicht deinem inneren Bild entspricht. Du bist in vielen Bereichen sehr sachkundig, was dich zu einer interessanten und geschätzten Person macht.

Preis: Der ständige Druck, dir selbst zu beweisen, dass du gut genug bist, verbraucht sehr viel Energie und Zeit, die du auch für dich selbst und für deine Beziehungen verwenden könntest. Letztendlich kannst du nie den ultimativen Beweis dafür erbringen, gut genug zu sein. Diese ständige Unsicherheit hält dich immer in Bewegung und verhindert, dass du dich entspannen und das Leben in seiner Fülle genießen kannst. Du bist ständig auf der Suche nach Fehlern, sowohl bei dir selbst als auch bei anderen, und siehst Kritik oft dort, wo keine ist. Du neigst dazu, Fehler bei deinem Partner zu suchen, sobald er dir seine Zuneigung zeigt. Oder du siehst dich durch sein Verhalten in deinen eigenen vermeintlichen Unzulänglichkeiten bestätigt.

Du erlaubst es dir nicht, Schwächen zu zeigen, und glaubst, immer stark und kompetent wirken zu müssen, selbst wenn du dich innerlich ganz anders fühlst. Durch diese Fassade hältst du andere Menschen auf Distanz und verhinderst, ihnen nahe zu sein.

Fazit: Deine Expertenrolle verschafft dir zwar eine gewisse Zufriedenheit, der Preis dafür ist jedoch hoch. Dein Leben dreht sich um die ständige Suche nach Anerkennung und Kompetenz. Trotz deiner Bemühungen und Anstrengungen fällt es dir schwer, dir selbst Wertschätzung und Erfolg zuzugestehen, was dazu führt, dass du dich oft leer und unzufrieden fühlst. In deinem ständigen Streben nach Anerkennung vernachlässigst du deine Bedürfnisse und riskierst Erschöpfung und Burnout. Die Herausforderung besteht darin, einen Weg zu finden, deinen inneren Hochleistungsmotor zu beruhigen und dir selbst mehr Wertschätzung und Akzeptanz entgegenzubringen. Es ist wichtig, dass du beginnst, eine neue Ich-Überzeugung wie »Ich bin kompetent und wertvoll« in dir zu verankern, unabhängig von der Anerkennung anderer für deine erbrachten Leistungen. Diese Überzeugung ermöglicht es dir, aus dem Teufelskreis des Sich-beweisen-Müssens auszubrechen und ein zufriedeneres Leben zu führen.

Übung Nr. 8 –Preis und Gewinn identifizieren

Findest du dich in einem der beiden Sätze oben wieder? Ob es eine dieser Überzeugungen ist oder eine andere, wichtig ist, dass du das Motiv hinter deinem Glaubenssatz herausfindest. Dann kannst du den Preis und Gewinn, den die Überzeugung in deinem Leben hat, feststellen. Nur wenn du beides ermittelt hast, kannst du entscheiden, ob du bereit bist, den Gewinn deiner Überzeugung wirklich loszulassen, sofern dir der Preis zu hoch erscheint.

- Was ist der Gewinn, wenn du diesen Glaubenssatz aufrechterhältst, und was ist der Preis, den du dafür zahlst?
- Was würde passieren, wenn du diesen Glaubenssatz loslassen würdest?
- Welche Ängste sind damit verbunden, ihn loszulassen?

- In welchen Situationen ist dieser Glaubenssatz besonders stark?
- Wie wirkt er sich auf deine Beziehungen und auf dein allgemeines Wohlbefinden aus?

Nimm dir die Zeit, diese Fragen zu beantworten, und notiere die Antwort. Beim Niederschreiben kannst du deine Gedanken und Gefühle eingehender verarbeiten. Die Antworten helfen dir, deine Ich-Überzeugung besser zu verstehen und zu erkennen, wie sie sich auf dein Leben auswirkt.

Jetzt hast du die Chance, Altes loszulassen und Neues zu gewinnen. Es ist ein neuer Gewinn, für den du dich bewusst entscheidest. Du steigst aus dem Muster aus, dich selbst zu sabotieren und kleinzuhalten, weil du nicht mehr bereit bist, dafür den Preis zu zahlen. Du gibst deinem Leben eine neue Richtung, weil du so weit bist, die Verantwortung für dein Leben komplett zu übernehmen.

Wenn du dich bis hierhin durchgearbeitet hast, bist du weit gekommen. Du hast verstanden, was nötig ist, um eine Veränderung in deinem Leben anzustoßen. Die folgende EFT-Tapping-Session wird dich dabei unterstützen.

EFT-Tapping-Session: Auflösung der Ich-Überzeugung

In dieser Übung nutzt du die Technik des EFT-Tappings, um deine Ich-Überzeugung oder andere limitierende Glaubenssätze auf der emotionalen Ebene zu bearbeiten und aufzulösen, indem du sanft auf bestimmte Akupunkturpunkte klopfst, während du dich auf deinen Glaubenssatz konzentrierst.

Stelle dir vor, dass du während der gesamten Übung mit mir

sprichst, so als ob wir zusammen daran arbeiten würden. Du kannst diese Übung für jeden deiner Glaubenssätze anwenden, aber wir konzentrieren uns hier auf die Ich-Überzeugung, da sie den größten Einfluss auf dein Leben hat.

Schlage das EFT-Tapping-Schaubild auf Seite 73 auf und lege es vor dich, um dich bei der Session daran zu orientieren.

Schritt 1: **Selbstakzeptanz und Selbstannahme**

Beginne, indem du den Handkantenpunkt klopfst und währenddessen folgenden Satz dreimal wiederholst:

»Auch wenn ich noch die Ich-Überzeugung habe, dass … (füge hier deine Ich-Überzeugung ein)*, achte und schätze ich mich so, wie ich bin.«*

Schritt 2: **Gefühle wahrnehmen und zulassen**

Nun beginnen wir mit dem eigentlichen Klopfprozess. Der nächste Punkt befindet sich auf deinem Handrücken, zwischen deinem kleinen Finger und Ringfinger.

Sprich deinen alten »Ich bin …«-Satz laut aus und klopfe dabei diesen Punkt etwa sieben- bis zehnmal – das gilt generell für alle Klopfpunkte.

Gehe dann weiter zu den nächsten Klopfpunkten:

Während du beim Klopfen des kleinen Fingers und des Ringfingers erneut deinen negativen »Ich bin …«-Satz aussprichst, nimm wahr, welche Gefühle aufkommen (Angst, Scham, Traurigkeit, Wut etc.). Es ist wichtig, diese Gefühle bewusst wahrzunehmen. Dass du diese Gefühle annimmst, ist ein entscheidender Schritt für die emotionale Auflösung. Nimm dir einen Moment Zeit, um deinen Körper zu scannen und deine *Aufmerksamkeit* auf die Körperstelle zu lenken, wo du das Gefühl am stärksten spürst.

Schritt 3: **Emotionale Auflösung**

Während du nacheinander den Mittelfinger, Zeigefinger und Daumen beklopfst, sprich laut aus, welches Gefühl der Glaubenssatz in dir auslöst:

z.B.: »*Meine Trauer, ... weil ich denke, dass ich nicht liebenswert bin.*«

Wiederhole den Satz einige Male beim Beklopfen dieser Punkte. Diese Wiederholung ist wichtig, um den Prozess der »Verstörung« in deinem Gehirn zu unterstützen.

Schritt 4: **Zweck loslassen**

In diesem Schritt geht es darum, den ursprünglichen Zweck deines Glaubenssatzes zu erkennen und den Prozess des Loslassens zu starten. Während du die benannten Punkte beklopfst, wiederhole die folgenden Sätze laut:

- **Zwischen den Augenbrauen:** »*Ich habe diesen Glaubenssatz gebildet, als ich klein war. Und ich verstehe jetzt, dass er nur eine Überlebensstrategie war.*«
- **An der Schläfe:** »*Er hat mir geholfen, mich zu schützen, indem er eine schmerzhafte Erfahrung erklärlich gemacht hat.*«
- **Zwischen Nase und Lippe:** »*Ich habe nur* in diesem *Überzeugungssystem überlebt, aber nicht* wegen dieses *Überzeugungssystems.*«
- **Über dem Kinn:** »*Jetzt brauche ich es nicht mehr. Weil es mir mehr schadet, als dass es mir nützt.*«

Schritt 5: **Verankerung der neuen Ich-Überzeugung**

Jetzt ist es an der Zeit, deine neue positive Ich-Überzeugung in dein Bewusstsein zu integrieren und sie in deinem Körper zu verankern. Klopfe dabei auf dein Brustbein. (Dahinter sitzt die Thymusdrüse, die oft als »Sitz der Identität« bezeichnet wird). Wiederhole dabei deine neue positive Ich-Überzeugung, die du in der vorherigen Übung für dich formuliert hast, z.B.: »Ich bin eine kraftvolle Frau«, »Ich bin wertvoll« oder »Ich bin liebenswert«.

Sprich diese Überzeugung mehrfach aus, solange es sich für dich gut anfühlt. Stelle dir vor, wie diese neue Überzeugung tiefer und tiefer in deinem Körper verankert wird, wie sie sich in jede Zelle ausbreitet und dich von innen heraus stärkt.

Schritt 6: Abschluss-Visualisierung

Wir schließen diese Übung mit einer kurzen, aber tiefgehenden Visualisierung ab. Um diesen Schritt so konzentriert wie möglich durchführen zu können, ist es sinnvoll, den Text vorher mit der Sprachaufnahmefunktion deines Handys einzulesen. Alternativ kann dich eine vertraute Person durch den Text und die Fragen führen.

Atme einmal tief ein und aus und schließe beim Ausatmen deine Augen. Lass deinen Atem jetzt ganz natürlich fließen. Du musst jetzt nichts kontrollieren. Du darfst für einen Moment einfach loslassen.

Versuche, dich nun in deine neue, positive Ich-Überzeugung hineinzufühlen. Stelle dir vor, wie es wäre, diese Überzeugung voll und ganz zu leben. Wie würde es sich anfühlen? Wie würde dein Leben aussehen, wenn du diese Überzeugung vollständig angenommen hättest? Betrachte dabei verschiedene Aspekte deines Alltags: Wie würde deine neue Ich-Überzeugung deine Beziehungen beeinflussen? Wie würde sie sich auf deine Arbeit auswirken? Oder wie würde sie dein Selbstbild verändern?

Erlaube dir, in dieser Vorstellung zu verweilen und diese neue Realität vollkommen zu fühlen. Wie würde sich dein Verhalten verändern, wenn du diese neue Ich-Überzeugung vollständig integriert hättest? Wie sprichst du, wie handelst du? Welche Entscheidungen triffst du? Wie gehst du mit Herausforderungen um? Wie fühlen sich

Beziehungen an? Wie verhältst du dich in Situationen, die bisher schwierig für dich waren?

Nimm dir Zeit, diese Erfahrung zu spüren und zu erforschen. Schreibe auf, was du siehst, fühlst und erlebst in dieser neuen Welt mit deiner neuen positiven Ich-Überzeugung.

Sollten nach der Visualisierung noch negative Gefühle präsent sein, dann nimm dir die Zeit, um diese belastenden Gefühle zu beklopfen. Verwende dafür die gleichen Klopfpunkte wie zuvor und wiederhole die Durchgänge so oft, bis das negative Gefühl deutlich reduziert ist.

Zum Abschluss dieser Übung nimm dir einen Moment, um deinen Fortschritt anzuerkennen! Super, du kannst dich dafür feiern, dass du den Mut und die Bereitschaft aufgebracht hast, um an deinem persönlichen Wachstum zu arbeiten! Du bist tief unter die Oberfläche vorgedrungen und hast einen wichtigen Schritt in Richtung Selbstliebe und Selbstakzeptanz gemacht. Sei stolz auf dich. Du bist auf dem richtigen Weg, und deine Veränderung nimmt immer mehr Form an.

EXKURS — Das »innere Kind«

Erklärungen und Anleitungen zur Arbeit mit dem »inneren Kind« füllen mittlerweile unzählige Bücher. Ebenso füllen Menschen, die das Konzept weiter ausgearbeitet haben, mit Vorträgen ganze Hallen. Sowohl in der psychologischen Psychotherapie als auch beim professionellen Coaching wird erfolgreich mit dem inneren Kind gearbeitet.

In meinem Buch möchte ich die Arbeit mit dem inneren Kind

auf keinen Fall auslassen und es dir als einen wichtigen Schlüssel zur Aufarbeitung deiner Vergangenheit bereitstellen. Allerdings werde ich nur einen kleinen Ausflug ins »Land des inneren Kindes« mit dir machen. Es gibt bereits umfangreiches Material zu diesem Thema, das dir für eine intensivere Auseinandersetzung zur Verfügung steht. Nutze gern weiterführende Literatur und Ressourcen, wenn du spürst, dass die Arbeit mit deinem inneren Kind für dich heilsam ist und dich unterstützt. An dieser Stelle würde eine eingehende Beschreibung jedoch den Rahmen sprengen.

Was ist das innere Kind?

Das Konzept des »inneren Kindes« ist ein vielschichtiger psychologischer Ansatz. Es ist eine symbolische Darstellung unserer Gefühle, Wünsche, Ängste und Träume aus der Kindheit, die sich in unserem erwachsenen Ich widerspiegeln und tief in unserem Unterbewusstsein verankert sind.

Das innere Kind, dieser lebendige Teil von uns, trägt die Narben unserer ersten Wunden, Verletzungen und Enttäuschungen, die wir als Kinder erlebt haben, in sich. Und das ist mehr als eine Metapher. Es ist der Junge oder das Mädchen in uns, der oder die sich hilflos, nicht gesehen und nicht angenommen fühlt und sich nach der Liebe, Geborgenheit und Sicherheit sehnt, die es möglicherweise nie erfahren hat. Um die belastenden Gefühle von damals nicht wieder spüren zu müssen, hat unser inneres Kind bestimmte Strategien entwickelt, die heute in unserem Erwachsenenleben eher schädlich sein können. Auf diese Weise beeinflusst das innere Kind auf unbewusster Ebene maßgeblich unsere Wahrnehmung, unser Fühlen, Denken und Handeln.

Auch wenn wir uns als unabhängige erwachsene Menschen verstehen und unsere Kindheit schon lange vorbei ist, leben wir unter dem Einfluss dieses kindlichen verletzten Anteils in uns, der unsere Glaubenssätze über uns selbst, über andere und über das Leben formt.

Daher ist das Erkennen, Verstehen und Heilen unseres inneren Kindes ein bedeutender Schritt in unserer persönlichen Entwicklung und Selbstfindung. Die Auseinandersetzung mit unserem inneren Kind ermöglicht uns, die Muster zu durchbrechen, die uns davon abhalten, unser volles Potenzial zu entfalten und ein wirklich glückliches Leben zu leben. Durch die Versöhnung mit dem inneren Kind können wir Frieden mit uns selbst und unserer Vergangenheit schließen, indem wir uns vorstellen, unser inneres Kind aufzusuchen, es kennenzulernen und ihm mit unserem Erwachsenen-Ich zu begegnen. Dieser erwachsene Anteil unserer Persönlichkeit kann auf die Bedürfnisse des Kindes reagieren, um ihm die in der Kindheit vermisste Aufmerksamkeit, Liebe und Unterstützung zu geben. Du selbst kannst der Erwachsene sein, der sein inneres Kind tröstet und ihm gibt, was es braucht, um Vertrauen zur Welt zurückzuerlangen.

Die folgende Übung lädt dich ein, die verschlossenen Türen zu deiner Kindheit zu öffnen und dich deinen Ängsten, Schmerzen, aber auch Freuden und Träumen zu stellen. Indem du dein verletztes inneres Kind kennenlernst, kannst du herausfinden, worunter es leidet. Wonach sehnt es sich? Was braucht es, um seine seelischen Verletzungen zu heilen? Diese Begegnung wird dir ermöglichen zu verstehen, wer du wirklich bist und warum du so bist, wie du bist. Im zweiten Teil der Übung geht es darum, Verantwortung für dich zu übernehmen, indem du dich mit deinem Erwachsenen-Ich selbst mit dem versorgst, was dein inneres Kind am meisten braucht.

Die Arbeit mit dem inneren Kind ist eine wunderbare Form der Selbstermächtigung. Sie befähigt dich, zu dir zu finden und für dich einzustehen.

Übung Nr. 9 – Schreibe deine Geschichte neu

Hinweis: Diese Übung kann starke Emotionen hervorrufen. Das ist normal und ein Teil des Heilungsprozesses. Sollten die Gefühle jedoch zu intensiv oder überwältigend werden, ist es in Ordnung, die Übung zu unterbrechen und sie zu einem späteren Zeitpunkt fortzusetzen. Sorge in jedem Fall gut für dich selbst. Wenn du bemerkst, dass deine Emotionen zu intensiv werden, gib dir selbst die Erlaubnis, eine Pause zu machen und dich abzulenken, etwa durch Musikhören, Spazierengehen oder etwas anderes, was dich beruhigt. Ist diese Arbeit mit dem inneren Kind zu belastend für dich, ziehe professionelle Unterstützung in Betracht, zum Beispiel durch eine Therapie oder ein professionelles Coaching.

Es kann auch sein, dass es dir am Anfang zu schwerfällt, deinem inneren Kind zu begegnen oder dich ihm anzunähern. Vielleicht hast du das Gefühl, es versteckt sich vor dir oder läuft weg. In diesem Fall braucht es wohl noch eine Weile, bis es Vertrauen zu dir gewinnt. Führe die Übung immer wieder durch und »beweise« deinem inneren Kind, dass du es ernst mit der Begegnung meinst und dass du es wirklich kennenlernen willst. Lass dich nicht entmutigen und wiederhole die Übung in regelmäßigen Abständen. Früher oder später wird dein inneres Kind sich dir zeigen, da bin ich sicher. Auf nichts hat es so lange gewartet wie auf diesen Moment, wo du auf es zukommst. Vielleicht muss es zuerst noch Vertrauen aufbauen.

Du benötigst für diese Übung natürlich dein Notizbuch oder deine Notizapp und eventuell ein Handy mit Sprachaufnahmefunktion oder ein Aufnahmegerät.

Vielleicht genügt es dir, die einzelnen Schritte vorweg zu lesen und sie zu verinnerlichen, um so gut durch die Übung zu kommen. Es wäre gut, die Meditation nicht unterbrechen zu müssen. Wenn du weißt, dass dir das nicht gelingen wird, nimm die einzelnen Schritte mit dem Handy auf. Lass nach jedem Schritt ausreichend Zeit, um dich auf deine inneren Bilder einlassen zu können. Alternativ kann dich eine vertraute Person durch die Übung führen.

Schritt 1: **Bereite dich vor**
Suche dir einen ruhigen Ort, an dem du ungestört bist. Mach es dir bequem und atme ein paarmal tief ein, um ruhiger zu werden und dich auf die Übung einzustimmen.

Schritt 2: **Meditation und Visualisierung**
Schließe deine Augen und stelle dir vor, du befindest dich an einem sicheren und ruhigen Ort. Dies kann ein realer Ort sein, den du kennst, oder ein imaginärer Ort. Vielleicht ist es ein Garten mit duftenden Blumen und einem sanft plätschernden Bach oder ein gemütliches Zimmer mit einem knisternden Kaminfeuer. Vielleicht ist es ein Strand mit sanften Wellen und einem warmen Sonnenuntergang. Dieser Ort sollte ein Gefühl von Sicherheit, Ruhe und Geborgenheit vermitteln. Lass seine Atmosphäre auf dich wirken. Während du dich umsiehst, entdeckst du inmitten dieses Ortes deiner Phantasie eine Tür. Sie führt dich in dein Inneres. Du weißt, dass dahinter dein inneres Kind wartet. Öffne die Türe und trete hindurch.

Du stehst deinem inneren Kind jetzt gegenüber. Betrachte dieses Kind genau. Wie sieht es aus? Was trägt es? Was für einen Gesichtsausdruck hat es? Wie alt ist es?

Schritt 3: **Nimm Kontakt auf**

Begrüße dein inneres Kind und zeige ihm, dass du da bist, um ihm zuzuhören und es zu unterstützen. Stelle offene Fragen wie »Wie geht es dir?« oder »Welche Gefühle oder Gedanken möchtest du mit mir teilen?«. Achte auf die Antworten, die in deinem Inneren auftauchen. Es ist dabei ganz normal, wenn die Antworten eher gefühlsmäßig und diffus auftauchen als in klaren Worten.

Schritt 4: **Erkenne die Gefühle des inneren Kindes an**

Möglicherweise zeigt dein inneres Kind starke Gefühle wie Angst, Traurigkeit oder Wut. Auch das ist normal und ein wichtiger Teil des Heilungsprozesses. Lass dein inneres Kind wissen, dass seine Gefühle gültig sind und dass du für es da bist.

Schritt 5: **Biete Trost und Unterstützung**

Stelle dir nun vor, wie du dein inneres Kind tröstest und unterstützt. Vielleicht umarmst du es, hältst seine Hand oder sagst ihm beruhigende Worte. Was auch immer sich für dein inneres Kind richtig anfühlt, gib es ihm. Lass es wissen, dass du von jetzt an für es da bist und es nicht mehr alleine ist.

Du bist jetzt schon einen großen Schritt vorangekommen, indem du deinem inneren Kind begegnet bist – vielleicht zum ersten Mal. Es war eventuell sehr erschütternd und traurig oder aber auch einfach nur berührend und schön für dich. Auf jeden Fall ist es großartig, dass du diesen Ort in deinem Innersten aufgesucht hast. Es ist ein Ort der Heilung.

Nach der ersten Begegnung kann es sein, dass du noch nicht bereit bist, tiefer in diese Emotionen und Erinnerungen einzutauchen. Es kann mehrere Sitzungen und viele Momente der Selbstreflexion erfordern, um den Mut und das Vertrauen aufzubauen, die notwendig sind, um tiefer in die Thematik einzusteigen. Folge deiner

Intuition und mache den nächsten Schritt nur, wenn du dir sicher bist, dass das von dir gelegte Fundament an Vertrauen und Nähe zwischen dir und deinem inneren Kind trägt. Sonst gehe in den hier angeleiteten Abschluss der Meditation.

Schritt 5.1: **Abschluss**
Nachdem du dein inneres Kind getröstet und unterstützt hast, nimm dir einen Moment Zeit, um diese neue Verbindung zu würdigen. Wenn du dich bereit fühlst, verabschiede dich liebevoll von deinem inneren Kind, mit der Gewissheit, dass du jederzeit zurückkehren kannst. Stelle dir vor, wie du den Raum durch die magische Tür verlässt und wieder an deinem sicheren Ort ankommst. Öffne dann langsam deine Augen, komme zurück in die Gegenwart und nimm dir einen Moment, um die Erfahrung zu verarbeiten.

Der folgende *Schritt 6* kann möglicherweise sehr schmerzhaft sein, aber dich einen großen Schritt weiterbringen, ungelöste Breaks zu heilen und alte negative Glaubenssätze loszulassen.

Schritt 6: **Wähle einen Break**
Wie in den vorherigen Schritten begehst du wieder den Raum, in dem du deinem inneren Kind begegnest. Diesmal geht es darum, deinem inneren Kind zu erlauben, die »Breaks« oder traumatischen Momente zu identifizieren, die es noch nicht verarbeitet hat. Bitte es, dir eine spezifische Erinnerung oder Situation zu zeigen, in der es sich verletzt, allein oder missverstanden gefühlt hat. Dieser Break repräsentiert eine der schmerzhaften Erfahrungen, die noch auf eine Heilung warten.

Schritt 6.1: **Bereite dich auf die Reise vor**
Jetzt, wo du einen spezifischen Break ausgewählt hast, bereite dich darauf vor, dein inneres Kind auf eine Reise zu dieser Erinnerung zu

begleiten. Nimm es an die Hand und gehe mit ihm zusammen durch die Tür, die zu diesem Ort in der Vergangenheit führt. Stelle sicher, dass dein inneres Kind weiß, dass du jetzt da bist, um es zu schützen und zu unterstützen. Erkläre ihm, dass du jetzt an seiner Seite bist und ihm den Schutz und die Unterstützung bieten wirst, die es in der Vergangenheit vermisst hat. Versuche, eine emotionale Verbindung herzustellen und seine Gefühle wertzuschätzen, um ihm zu vermitteln, dass es nicht mehr allein ist.

Schritt 6.2: **Schreibe deine Geschichte neu**

Wenn du an diesem Ort in der Vergangenheit ankommst, siehst du die Situation durch die Augen eines liebevollen Erwachsenen. Du bist jetzt in der Lage, dein inneres Kind auf eine Weise zu unterstützen, wie es das in der ursprünglichen Situation gebraucht hätte. Stelle dir vor, wie du dein inneres Kind umarmst, seine Ängste beruhigst und ihm das Gefühl gibst, geliebt und sicher zu sein. Lass dein inneres Kind wissen, dass es jetzt gut aufgehoben und die schmerzhafte Situation vorbei ist.

Beispiel: Vielleicht war dein »Break« eine Situation, in der du dich alleine und verängstigt gefühlt hast, weil du in der Schule gehänselt wurdest. In deiner neuen Geschichte könntest du dir vorstellen, dass du als Erwachsener in diese Situation eingreifst. Du stoppst die Respektlosigkeiten und tröstest dein inneres Kind. Du versicherst ihm, dass es in Ordnung ist, seine Stimme zu erheben und seine Meinung zu äußern. Du erinnerst es daran, dass es geliebt und wertgeschätzt wird, genauso wie es ist, unabhängig davon, was andere sagen oder tun.

Schritt 6.3: **Mache neue Erfahrung**

Jetzt, wo du die Geschichte umgeschrieben hast, lass dein inneres Kind diese neue, positive Erfahrung bewusst erleben und spüren.

Gib ihm Zeit, die neuen Gefühle und Gedanken zu verarbeiten und zu verstehen. Stelle dir vor, wie es die Liebe, den Schutz und die Unterstützung spürt, die es in der ursprünglichen Situation vermisst hat. Verinnerliche, wie diese neue Erfahrung hilft, die alten Wunden zu heilen und dein inneres Kind zu stärken. Es ist ein Prozess, diese positiven Erfahrungen tief in sich aufzunehmen und sie als Teil seiner eigenen Geschichte zu integrieren.

Schritt 6.4: **Abschluss**

Kehre jetzt zurück. Nimm dein inneres Kind wieder an die Hand und geht zusammen durch die Tür zurück in die Gegenwart. Lass es wissen, dass du auch in Zukunft immer für es da sein wirst und dass es immer zu dir kommen kann, wenn es dich braucht. Atme noch einige Male tief ein, öffne dann langsam deine Augen, komme zurück in die Gegenwart und nimm dir einen Moment, um die Erfahrung zu verarbeiten.

Schritt 7: **Integration**

Schreibe deine Erlebnisse und Gefühle auf, wenn du magst. Das kann dir helfen, die Erkenntnisse und Heilungsprozesse zu vertiefen.

Bei der Arbeit mit dem inneren Kind solltest du es nicht bei einer einmaligen Durchführung der Übung belassen, sondern dir darüber klar sein, dass es ein fortlaufender Prozess ist. Dein inneres Kind wartet auf eine weitere Begegnung mit dir und vertraut deinem Versprechen, immer ansprechbar zu sein. Du solltest es dir zuliebe nicht enttäuschen.

Affirmation: »Ich heile die Wunden meines inneren Kindes und lasse alte Schmerzen los.«

Es ist hilfreich, bestimmte Übungen, die dir helfen, das Bewusstsein für das innere Kind und seine Bedürfnisse zu schärfen, in deinen Alltag zu integrieren.

Die folgenden kurzen Übungen helfen dir, auf unkomplizierte Weise in Kontakt mit deinem inneren Kind zu bleiben:

1. Innere-Kind-Meditation

Begib dich in einen ruhigen Raum, wo du ungestört sein kannst, und nimm dir regelmäßig 5–10 Minuten Zeit zu meditieren, um deinem inneren Kind zu begegnen.

Affirmation: »Ich bin immer für mein inneres Kind da und höre ihm mit Liebe und Mitgefühl zu.«

2. Brief an dein inneres Kind

Schreibe einen Brief an dein inneres Kind. In diesem Brief drückst du deine Gefühle aus und bietest Vergebung an. Du könntest dich bei deinem inneren Kind dafür entschuldigen, dass du als Erwachsener nicht immer auf seine Bedürfnisse eingegangen bist. Du könntest auch über Situationen aus deiner Kindheit schreiben, in denen du verletzt wurdest, und Vergebung für die Menschen anbieten, die dich damals verletzt haben. Denke daran, dass Vergebung hier nicht bedeutet, das Fehlverhalten anderer zu entschuldigen oder zu vergessen. Vielmehr geht es darum, die emotionale Last abzulegen, die du aufgrund dieser Ereignisse noch in dir trägst. Verbrenne oder vergrabe den Brief, um symbolisch loszulassen und Raum für Heilung zu schaffen.

Affirmation: »Ich vergebe mir selbst und anderen, um meinem inneren Kind die Freiheit und Heilung zu schenken, die es verdient.«

3. Kreative Therapie

Nutze kreative Methoden wie Malen, Zeichnen, Schreiben oder Tanzen, um dein inneres Kind zu ermutigen, seine Emotionen und Gedanken auszudrücken.

Erschaffe ein Kunstwerk, das die Welt deines inneren Kindes darstellt, und hänge es an einem sichtbaren Ort auf, um dich täglich an die Bedürfnisse und Wünsche deines inneren Kindes zu erinnern.

Affirmation: »Das Kind in mir ist kreativ und ausdrucksstark, und ich unterstütze es, sich frei und authentisch auszudrücken.«

4. Dialog mit deinem inneren Kind

Führe regelmäßige Gespräche mit deinem inneren Kind, um seine Bedürfnisse, Ängste und Wünsche besser zu verstehen. Schreibe deinen Dialog auf oder sprich laut mit deinem inneren Kind, um eine liebevolle und unterstützende Beziehung aufzubauen.

Affirmation: »Ich kommuniziere offen und liebevoll mit meinem inneren Kind, um eine tiefe, heilende Verbindung aufzubauen.«

5. Kindliche Freuden entdecken

Erinnere dich an die Aktivitäten, die dir in der Kindheit Freude bereitet haben, und versuche, im Alltag Zeit dafür zu schaffen.

Spiele, lache, tanze und erlaube dir, die Welt mit kindlicher Neugier und Begeisterung zu betrachten. Diese Verbindung wird deinem inneren Kind helfen, sich sicher, gesehen und wertgeschätzt zu fühlen.

Affirmation: »Ich erlaube mir, Freude und Leichtigkeit in mein Leben zu bringen und mein inneres Kind in all seinen Facetten zu feiern.«

EFT-Tapping-Session: Stärkung der Bindung zum inneren Kind

Nachdem dir die Meditation Gelegenheit gegeben hat, deinem inneren Kind zu begegnen, ist es nun an der Zeit, diesen Prozess zu vertiefen. Das Tapping wird dazu beitragen, die emotionalen Wunden, die dein inneres Kind trägt, weiter zu heilen und eine noch stärkere Verbindung zu ihm herzustellen. Denke daran, dass es normal ist, wenn während dieses Prozesses intensive Gefühle hochkommen. Nimm sie an und begreife sie als eine Chance, mit ihnen zu arbeiten.

(Siehe Abbildung der Klopfpunkte auf Seite 73)

Schritt 1: **Bewerte dein Stressempfinden**
Bewerte die Belastung der Verletzungen deines inneren Kindes auf einer Skala von 0 bis 10, wobei 0 keinen Stress und 10 maximalen Stress bedeutet. Indem du die Intensität im Vorfeld einschätzt, kannst du den Fortschritt und die Wirksamkeit deiner EFT-Tapping-Praxis feststellen.

Schritt 2: **Selbstakzeptanzformel**
Finde einen Satz für dich, mit dem du dich voll und ganz annimmst und akzeptierst, mitsamt den Verletzungen deines inneren Kindes, die du in der Meditation wahrgenommen hast. Beklopfe mit zwei Fingern den Handkantenpunkt und sprich diesen Satz dabei dreimal aus. Vielleicht lautet er so ähnlich wie der folgende:

»Auch wenn mein inneres Kind Schmerz und Verletzungen erfahren hat, achte und schätze ich mich, so wie ich bin.«

Schritt 3: **Annehmen, was ist**

Beklopfe die sieben Klopfpunkte mit Aussagen, die deinen momentanen negativen Zustand als Folge der inneren kindlichen Verletzungen beschreiben, wie z.B.: *»Mein inneres Kind fühlt sich verletzt«*, *»Ich fühle mich hilflos«*, *»Ich trage diesen alten Schmerz mit mir herum«*, *»Ich fühle mich nicht gesehen oder gehört«*, *»Ich habe Angst, meinem inneren Kind zu begegnen«* und *»Ich fühle mich überfordert von meinen Gefühlen«*. Du kannst auch versuchen, auf spezifische Gefühle oder innere Bilder zurückzukommen, die während der »Innere Kind«-Meditation aufgetaucht sind.

Schritt 4: **Positive Affirmationen**

Beklopfe die sieben Klopfpunkte mit positiven Affirmationen. Diese sollten darauf abzielen, das innere Kind zu beruhigen und zu trösten, wie z.B.: *»Ich bin sicher und geschützt«*, *»Ich kann meinem inneren Kind mit Liebe und Mitgefühl begegnen«*, *»Ich erkenne und ehre die Gefühle meines inneren Kindes«*, *»Ich habe die Kraft und die Fähigkeit, meinen Schmerz zu heilen«*, *»Ich bin es wert, geliebt und gesehen zu werden«* und *»Ich lasse los, was mich belastet und öffne mich für Heilung und Liebe«*. Oder du verwendest Sätze, die die Erfahrung mit deinem inneren Kind aus der Meditation aufgreifen.

Schritt 5: **Body Check-in**

Spüre nach jedem Klopfdurchgang in deinen Körper hinein und überprüfe, ob sich etwas verändert hat. Bewerte die Intensität deines Stressempfindens erneut auf einer Skala von 0 bis 10. Mache so viele Klopfdurchgänge wie nötig, bis die Intensität deines Stressempfindens auf 0 oder einen für dich akzeptablen Wert gesunken ist.

Die Begegnung mit deinem inneren Kind ist ein heilsamer Prozess. Wiederhole diese Übungen und ziehe vielleicht sogar weitere Anleitungen zu der Arbeit mit dem inneren Kind heran. Sei geduldig und liebevoll mit dir selbst in diesem Prozess. Es erfordert Mut, dich deinen Verletzungen aus der Vergangenheit zu stellen. Und es braucht einen starken Willen, für sich selbst Verantwortung zu übernehmen und dir der Erwachsene zu sein, den du immer an deiner Seite gebraucht hättest. Aber ich verspreche dir, der Effekt ist riesengroß! Ich bin davon überzeugt, dass du mit diesen Schritten eine tiefgreifende und lebensverändernde Erfahrung für dich machen kannst.

VORWÜRFE — Verstrickungen mit der Vergangenheit

Eine besonders intensive Verstrickung mit der Vergangenheit entsteht durch Vorwürfe, die nichts anderes als eine spezielle Form von Überzeugungen sind. Ein Vorwurf sagt »etwas hätte nicht passieren dürfen« und ist aus einer unerfüllten Erwartung heraus entstanden. Letztendlich haben Vorwürfe immer den Anspruch, ein Geschehen in der Vergangenheit ändern zu wollen. Wir erkennen nicht an, dass das, was geschehen ist, unabänderlich ist, sondern versuchen stattdessen, die Vergangenheit zu reparieren.

Mit Vorwürfen fokussieren wir uns auf den Rückspiegel, auf die Vergangenheit. Wir schauen auf den bereits zurückgelegten Weg, auf die Fehler, die wir gemacht haben, und auf Chancen, die wir verpasst haben. Vorwürfe können sich auf andere Menschen beziehen, auf Situationen oder sogar auf uns selbst.

Man erkennt sie am Konjunktiv: hätte, sollte, müsste, wäre, dürfte ... Wir sind davon überzeugt, dass es uns besser ginge, wenn es in der Vergangenheit anders gelaufen wäre: »Etwas *hätte* sich nicht so abspielen dürfen.«

Ein Vorwurf impliziert immer den Gegenentwurf, wie es hätte sein sollen. Aber es wird nie so gewesen sein. Es kann nur so werden, wie du es dir wünschst, wenn du selbst dafür Verantwortung übernimmst. Das tust du, indem du deine Vorwürfe gegenüber anderen auflöst. Wir sind verletzt, enttäuscht, verlassen etc. worden und können es nicht mehr ändern. Das anzuerkennen bedeutet nicht, dass wir das Verhalten anderer gutheißen oder vergessen sollen. Doch wenn wir akzeptieren, was geschehen ist, übernehmen wir Verantwortung für unsere eigenen Gedanken und Gefühle im Hier und Jetzt. Wir sorgen dafür, dass uns die Vergangenheit nicht mehr bestimmt, weil wir uns nicht mehr länger von den Handlungen oder Worten anderer Menschen beeinflussen lassen.

Außerdem adressiert man Vorwürfe immer aus der Opferrolle, in die man sich durch die beschuldigte Person gedrängt sieht. In Wirklichkeit gibt es immer zwei Positionen, aus denen heraus man seine Vorwurfs-Geschichten erzählt: die des Opfers (»Mir wurde etwas angetan«) und die des Täters (»Ich habe etwas getan«) – das ist wichtig zu verstehen. Vorwürfe zu formulieren bedeutet, immer nur aus der Opferperspektive zu erzählen. Aber in Wahrheit werden wir zu Tätern, sobald wir uns als Opfer sehen, weil wir glauben, uns rächen oder Vergeltung suchen zu dürfen. Opfer und Täter kommen immer im Paket, man ist nie nur reines Opfer. Es ist ein dynamisches Muster, in dem man zwischen der Opfer- und Täter-Rolle wechselt. Wie oft werden Opfer zu Tätern, weil sie meinen, das Recht zu haben, Vergeltung für das ihnen zugefügte Unrecht üben zu dürfen.

Buddha wird der Satz zugeschrieben: »An Vorwürfen (oder Wut oder Zorn – je nach Überlieferung und Übersetzung) festzuhalten ist, wie Gift zu trinken, in der Hoffnung, dass der andere daran stirbt.« Erneut eine große Weisheit eines großen Gelehrten, denn tatsächlich vergiften wir uns nur selbst. Wir sind es, die die negativen Gefühle und den Groll in unserem Herzen hegen und dadurch unsere Gegenwart und Zukunft beeinträchtigen.

Deswegen sollten wir Vorwürfe loslassen, egal wie schuldig der Täter ist. Du bist nur verantwortlich für dich, und um Frieden mit deiner Vergangenheit zu schließen, ist es erforderlich, dass du aus der unweigerlichen Dynamik des Opfer-Täter-Modells aussteigst.

Vorwürfe auflösen und vergeben

Ein großes Vorbild für Vergebung ist Eva Mozes Kor. Ihre Geschichte zeigt, was es bedeutet, Vorwürfe zu überwinden und Verantwortung zu übernehmen, andern zu vergeben. Kor hatte im KZ Auschwitz als Versuchsobjekt von Josef Mengele Unvorstellbares erlebt und überlebt. Ihr Leben war in Folge davon geprägt, das erfahrene Grauen auf ihre persönliche Weise in der Öffentlichkeit aufzuarbeiten, indem sie über die Taten der Nationalsozialisten aufklärte.

Irgendwann traf Eva Mozes Kor die Entscheidung, ihr Leben nicht mehr von Schmerz und Kummer, die ihr durch andere zugefügt worden waren, bestimmen zu lassen, und wählte die Vergebung. Diesen Akt vollzog sie auch in der Öffentlichkeit, indem sie noch lebende Täter traf und ihnen, wenn sie bereit waren, Verantwortung für ihr Handeln zu übernehmen, offiziell verzieh. Als sie dafür von anderen, vor allem anderen Opfern der Shoa, kritisiert wurde, erklärte sie, dass sie den Tätern nicht Vergebung zusprach, weil sie es verdienten, sondern »weil ich es verdiene«. Ein Opfer habe das Recht, irgendwann frei zu sein, und man könne nicht frei sein von dem, was einem angetan wurde, wenn man diese »tägliche Last aus Schmerz und Wut« nicht abschüttle.

Übung Nr. 10 – Die Opferrolle verlassen und vergeben

Mit dieser inneren Größe einer Frau vor Augen, die eigentlich allen Grund zu Rachegefühlen hatte, geht es in der folgenden Übung darum, deine persönlichen Vorwürfe zu vergeben und aufzulösen. Mach dich bereit, deine Verantwortung zu erkennen und infolgedessen einen aktiven Schritt in die Vergebung zu gehen.

Du benötigst für diese Übung dein Notizbuch oder deine Notizapp.

Schritt 1: **Erkenne deine Vorwürfe**
Nimm dir einen Moment Zeit, um auf die Breaks zurückzublicken, die du in der Lebenslinieübung identifiziert hast. In welchen Situationen hast du dich verletzt oder ungerecht behandelt gefühlt? Das ist der erste Schritt, um zu erkennen, was dich am meisten belastet und wo du Heilung brauchst, um vorwärtszukommen.

- Zu welchen Vorwürfen zieht es dich gedanklich und emotional immer wieder hin?
- Wer war in diesen Situationen beteiligt?
- Was genau ist passiert? Wie genau haben sich die Situationen entwickelt?

- Was wirfst du den Beteiligten vor?
- Welche Gefühle rufen diese Vorwürfe in dir hervor?

Schreibe die Vorwürfe auf, die du aus deinen Breaks ableiten kannst. Was du aufgeschrieben hast, ist das, was dich mit deiner Vergangenheit verstrickt und deinen gegenwärtigen und zukünftigen Frieden stört.

Schritt 2: **Die Opfer-Täter-Dynamik**

Sobald du deine Vorwürfe aufgeschrieben hast, ist es wichtig, die Rollen zu erkennen, die du in diesen Situationen eingenommen hast.

- In welchen Situationen hast du dich als Opfer gefühlt?
- Wie hat sich deine Rolle als Opfer auf dein Verhalten ausgewirkt?
- Wie haben deine Aktionen oder Reaktionen die Situation beeinflusst?
- Hast du in diesen Situationen jemals das Gefühl gehabt, dich rächen zu wollen?

Schritt 3: **Erkenne deine Täterschaft an**

Der dritte Schritt dieses Prozesses ist eng mit Schritt 2 verwoben. Bei der Reflexion über diese Fragen hast du möglicherweise schon erkannt, wie verstrickt man als Opfer in die Täterschaft ist. Jetzt ist es an der Zeit, bewusst die Täterposition einzunehmen und damit die Opferrolle zu verlassen, die wir sofort einnehmen, wenn wir uns verletzt fühlen.

Für diesen Schritt ist es wichtig zu überlegen, was *wir* möglicherweise getan haben. Und zwar nicht nur in der betreffenden Situation, sondern auch in der Folge dessen, gegenüber anderen, stellvertretend vielleicht oder in der Übertragung –, wo der Vater gefehlt hat, müssen vielleicht jetzt alle Männer herhalten, oder man schleift die Vorwürfe aus seiner vergangenen Beziehung mit in die nächste und wirft sie der neuen im übertragenen Sinn vor die Füße. Wie schon im ersten Teil des Buches erwähnt: »Hurt people hurt people« – Verletzte Menschen verletzen Menschen.

Erinnere dich an Situationen, in denen du jemandem Unrecht getan hast oder gegenüber jemandem unfair warst.

- In welchen Situationen könntest du auch als Täter gesehen werden?
- In welchen Situationen hast du jemandem Unrecht getan?
- Wen hast du durch dein Verhalten verletzt oder gekränkt?
- Wie hat dein Verhalten die Situation beeinflusst?
- Welche Reaktionen oder Konsequenzen hatte dein Verhalten?

Es geht in diesem Schritt nicht darum, dich selbst zu verurteilen. Vielmehr ist es eine Gelegenheit, Verantwortung für deine Handlungen zu übernehmen.

Einen weiteren wichtigen Aspekt stellt die Reflexion deiner »Vergeltungs-Waffen« dar. Damit meine ich Verhaltensweisen, die du genutzt hast, um andere bewusst zu verletzen oder »zurückzuschlagen«.

- Welche »Waffen« (z.B. Beleidigungen, Ignoranz, Distanz, Verachtung, Rückzug, Liebesentzug oder Schreien) hast du in diesen Situationen eingesetzt?
- Wie haben sie die Situation beeinflusst?

Dieser Schritt kann emotional sehr herausfordernd sein, er ist jedoch ein entscheidender Teil des Prozesses, dich selbst zu verstehen, deine Muster zu erkennen und Verantwortung für deine Handlungen zu übernehmen. Anzuerkennen, dass du nicht nur Opfer, sondern auch Täter bist, schafft ein Gegengewicht zu der Opfergeschichte, die du dir bisher erzählt hast, und versetzt dich in eine aktive Rolle, die dir Heilung und Vergebung überhaupt erst ermöglicht.

Schritt 4: **Entwickle Empathie**

Nachdem du deine Rolle als »Täter« anerkannt und analysiert hast, nimmst du einen Standpunkt ein, der es dir ermöglicht, Empathie für dein Gegenüber zu entwickeln. Empathie ist die Fähigkeit, sich in die Gefühle einer anderen Person hineinzuversetzen. Dieses Vermögen nutzen wir, um Verständnis und Mitgefühl für die Person zu entwickeln, bei der wir unser vermeintliches Recht auf Rache geltend gemacht und die wir verletzt haben.

- Wie muss sich diese Person in dieser Situation gefühlt haben?
- Welche Auswirkungen können deine Handlungen auf diese Person gehabt haben?
- Kannst du aus ihrer Perspektive verstehen, warum sie sich verletzt, wütend oder enttäuscht gefühlt hat?

  Indem du dich in die Position des Opfers versetzt und versuchst, die Situation aus seiner Perspektive zu sehen, beginnst du, die volle Tragweite deiner Handlungen zu verstehen.

Schritt 5: **Bitte um Vergebung**

Entschuldigungen sind eine kraftvolle Möglichkeit, Verantwortung für unsere Handlungen zu übernehmen, den Schaden anzuerkennen, den wir angerichtet haben, und den Prozess der Heilung und Vergebung zu beginnen. Eine aufrichtige Entschuldigung kann Wunder wirken und die Beziehung zu einer Person verbessern, die wir verletzt haben.

- Wofür genau möchtest du dich entschuldigen?
- Wie formulierst du deine Entschuldigung, um sicherzustellen, dass sie aufrichtig und nicht beschönigend ist?
- Was könntest du tun, um Wiedergutmachung zu leisten oder den Schaden zu beheben?

  Es ist entscheidend, dass deine Entschuldigung von Herzen kommt und du sie nicht als eine Art Mittel zum Zweck verwendest.

Es ist auch möglich, dass die andere Person deine Entschuldigung nicht akzeptiert oder nicht bereit ist, dir zu vergeben. Das ist ihre Entscheidung und etwas, das du respektieren musst. Es geht in diesem Schritt eher darum, für dich selbst Verantwortung zu übernehmen und den Wunsch zu äußern, die Dinge richtigzustellen.

Schritt 6: **Wem möchtest du vergeben?**
Nachdem du nun einen klaren Überblick über die Situationen hast, in denen du dich verletzt gefühlt hast, aber auch deine Rolle als Täter anerkennst, ist es an der Zeit, in die Vergebung zu gehen. Dies kann eine schwierige, aber unglaublich befreiende Übung sein. Es geht darum, dich von der Last des Grolls zu befreien, nicht darum, das Verhalten der anderen Person zu rechtfertigen oder zu vergessen.

- Wem könntest du in diesen Situationen vergeben?
- Was würde es für dich bedeuten, dieser Person zu vergeben?
- Wie könnte der Schritt deine Beziehung zu dieser Person verändern?
- Wie könnte er dein eigenes Wohlbefinden beeinflussen?
- Wie würdest du dich fühlen, dieser Person zu vergeben?

Es ist wichtig zu betonen, dass es völlig in Ordnung ist, solltest du dich noch nicht bereit fühlen zu vergeben. Nimm dir die Zeit, die du brauchst, und zwinge dich zu nichts. Aber denke daran: Vergebung dient letztendlich deiner eigenen Heilung und deinem inneren Frieden. Es geht nicht darum, das Verhalten des anderen zu legitimieren oder zu vergessen, was passiert ist. Ziel hierbei ist es, dich von dem Schmerz und der Bitterkeit, die dich an deine Vergangenheit binden, zu befreien. Die folgende EFT-Tapping-Session kann dich dabei unterstützen.

Affirmation: »Zu vergeben ändert nie meine Vergangenheit,
bereichert aber immer meine Gegenwart und meine Zukunft.«

EFT-Tapping-Session: Loslassen emotionaler Verstrickungen

Nutze diese Klopf-Session, um den Vergebungsprozess voranzubringen und deine Vorwürfe loszulassen.

(Siehe Abbildung der Klopfpunkte auf Seite 73)

Schritt 1: **Bewerte dein Stressempfinden**

Bewerte die Belastung der Verletzungen deines inneren Kindes auf einer Skala von 0 bis 10, wobei 0 keinen Stress und 10 maximalen Stress bedeutet. Indem du die Intensität im Vorfeld einschätzt, kannst du und die Wirksamkeit der EFT-Tapping-Session messen.

Schritt 2: **Selbstakzeptanzformel**

Finde einen Satz, mit dem du dich voll und ganz annimmst und akzeptierst, mitsamt deinen Vorwürfen gegen andere. Beklopfe mit zwei Fingern den Handkantenpunkt und sprich diesen Satz dabei dreimal aus. Vielleicht lautet er so ähnlich wie der folgende:

»Auch wenn es mir schwerfällt, meine Vorwürfe loszulassen, achte und schätze ich mich, so wie ich bin.«

Schritt 3: **Annehmen, was ist**

1. **Augenbraue innen:** *»Es tut weh, was mir widerfahren ist ...«*

2. **An der Schläfe:** *»Ich bin verärgert über die Person, die mir diesen Schmerz zugefügt hat ...«*

3. **Unter dem Auge:** *»Obwohl ich weiß, dass ich den Vorwurf aufgeben sollte ...«*

4. **Unter der Nase:** *»... fällt es mir schwer, diese Verbindung zu lösen.«*

---

5. **Über dem Kinn:** »*Ich finde, dass die Person meine Vergebung nicht verdient hat.*«

6. **Auf dem Brustbein:** »*Ich fühle diesen Schmerz, diesen Ärger, diesen Widerstand in mir, dass das passiert ist.*«

Atme tief ein und aus.

Schritt 4: **– Positive Affirmation**

1. **Augenbraue innen:** »*Ich erlaube mir, meinen Ärger und Widerstand loszulassen, auch wenn es mir nicht leichtfällt.*«

2. **An der Schläfe:** »*Ich möchte meine Zeit und Energie nicht länger mit dem Gedanken an Rache verschwenden.*«

3. **Unter dem Auge:** »*Indem ich vergebe, löse ich mich von der emotionalen Schuldverstrickung mit dieser Person.*«

4. **Unter der Nase:** »*Ich vergebe nicht, weil die Person es verdient hat…*«

5. **Über dem Kinn:** »*… ich vergebe, weil ich Frieden verdient habe.*«

6. **Auf dem Brustbein:** »*Zu vergeben verändert zwar nicht meine Vergangenheit, aber bereichert immer meine Gegenwart und Zukunft.*«

Atme tief ein und aus.

Schritt 5: **Body Check-in**

Spüre nach jedem Klopfdurchgang in deinen Körper hinein und überprüfe, ob sich etwas verändert hat. Bewerte die Intensität deines Stressempfindens erneut auf einer Skala von 0 bis 10. Mache so viele Klopfdurchgänge wie nötig, bis die Intensität deines Stressempfindens auf 0 oder einen akzeptablen Wert gesunken ist.

Diese Sätze können je nach Bedarf angepasst werden, um deiner persönlichen Situation und deinen Gefühlen gerecht zu werden. Wiederhole diese Tapping-Session so oft wie nötig, bis du bereit bist, den nächsten Schritt in Richtung Vergebung zu machen.

Übung Nr. 11 – Wie vergebe ich mir selbst?

Sich selbst zu vergeben ist oft schwierig, da wir tendenziell strenger mit uns selbst sind als mit anderen. Dennoch ist Selbstvergebung ein wesentlicher Schritt zur inneren Heilung und Selbstliebe. Mit den folgenden einfachen Übungen kann dir das gelingen.

1. Die Praxis des Selbstmitgefühls

Setze oder lege dich bequem hin und lege eine Hand auf dein Herz. Schließe die Augen und nimm dir einen Moment Zeit, um an eine Situation zu denken, wegen der du dir selbst nicht vergeben kannst. Anstatt dich weiter für dieses Geschehen zu kritisieren, versuche, dir selbst Mitgefühl zu zeigen. Sage dir: *»Es ist in Ordnung, dass ich einen Fehler gemacht habe. Ich bin ein Mensch, und Menschen machen Fehler. Ich vergebe mir selbst und bin bereit, aus dieser Erfahrung zu lernen und weiter zu wachsen.«*

2. Meditation der Selbstvergebung

Meditation kann ein effektives Werkzeug sein, um den Geist zu beruhigen und negative Selbstgespräche zu reduzieren. Setze dich bequem hin, schließe die Augen und atme tief ein und aus. Visualisiere dann ein Bild von dir selbst und sprich innerlich Worte der Selbstvergebung aus. Du könntest zum Beispiel sagen: *»Ich vergebe mir selbst für alle Fehler, die ich gemacht habe. Ich erkenne an, dass ich menschlich bin und Fehler mache, und das ist okay. Ich liebe und akzeptiere mich selbst, so wie ich bin.«*

Diese Reflexionen können dir außerdem dabei helfen, dir selbst zu vergeben:

- Was würde es für dich bedeuten, dir selbst zu vergeben?
- Was hält dich davon ab, dir selbst zu vergeben?

- Wie könnte Selbstvergebung dein Leben verändern?
- Was müsste geschehen, damit du dir selbst vergeben kannst?

Wie bei den anderen Schritten gilt auch hier, sei geduldig mit dir selbst! Es ist in Ordnung, wenn es Zeit braucht, dir zu vergeben. Gib dir selbst die Erlaubnis, diesen Prozess in deinem eigenen Tempo zu durchlaufen.

Wie wir fühlen und unsere Gefühle interpretieren, spielt eine entscheidende Rolle in unserem Verarbeitungsprozess und letztlich für unsere Fähigkeit zur Vergebung. Im Kontext, die Vergangenheit loszulassen und anderen und sich selbst zu vergeben, lohnt es sich, unseren Blick darauf zu lenken, was Gefühle eigentlich sind und was wir meinen, wenn wir von Verletzungen sprechen.

Deine Gefühle entstehen durch deine Bewertungen

Jeder Mensch weiß, wie sich emotionale Verletzungen anfühlen. Vielleicht hast du in der Vergangenheit etwas erlebt, was zu Vorwürfen geführt hat oder wo du dich als Opfer gefühlt hast. Möglicherweise hat jemand etwas Verletzendes zu dir gesagt. Aber ist es wirklich die andere Person, die dich verletzt hat? Oder hat diese Person nur etwas gesagt, und du bist es, der diese Worte als verletzend interpretiert hat?

Die Antwort auf diese Frage hat tiefgreifende Auswirkungen auf dein Verständnis von Gefühlen und deinen Umgang damit. Tatsächlich entstehen unsere Gefühle durch unsere subjektiven Bewertungen und Interpretationen. Das bedeutet, dass niemand uns von außen Gefühle »machen« kann – wir erzeugen sie selbst. Es liegt in unserer Hand, ob wir uns durch die Worte oder Taten anderer verletzt fühlen oder nicht.

Sowieso haben wir es bei der Palette von Gefühlen mit gerade mal fünf Grundgefühlen zu tun: Angst, Wut/Ärger, Ekel, Traurigkeit und Freude. Hinzu kommen körperliche Bedürfnisse wie Hunger und Müdigkeit. Alle anderen Gefühlsäußerungen sind eine Mischform aus einem dieser Gefühle und unserem Verstand, der bereits interpretiert. In so einem Fall äußern wir »Kopfgefühle«. Wir sagen Dinge wie »Ich fühle mich nicht gesehen« oder »Ich fühle mich verletzt«. Tatsächlich sind diese Aussagen jedoch keine echten Gefühle, sondern eher Gedanken oder Bewertungen, die wir als Gefühle verkleiden. Welches eigentliche Gefühl dieser Aussage zugrunde liegt, haben wir uns damit oft komplett verstellt. Wenn wir also sagen, dass wir uns »nicht gesehen« oder »verletzt« fühlen, sprechen wir eigentlich nicht über Gefühle, sondern über unsere Gedanken bzw. Bewertungen der Situation.

Dieser Verstandesprozess läuft jedoch so schnell und unbewusst ab, dass wir Ereignisse oder Personen irrtümlicherweise als direkte Auslöser unserer Gefühle wahrnehmen. In Wahrheit liegt zwischen einem Ereignis und unserer Gefühlsreaktion ein entscheidender Zwischenschritt: Basierend auf unseren inneren Überzeugungen, Glaubenssätzen und Einstellungen bewerten wir in einem Bruchteil einer Sekunde, was wir gerade erleben. Ein und dasselbe Ereignis kann bei zwei verschiedenen Personen zu völlig unterschiedlichen Gefühlsäußerungen führen, je nachdem, wie sie es bewerten.

Angenommen, jemand sagt dir: »Du bist nicht gut genug.« Wie würdest du dich fühlen? Verletzt? Wütend? Traurig? Wichtig ist zu verstehen, wie du diese Worte bewertest. Vielleicht interpretierst du die Aussage als Bestätigung deiner eigenen Unsicherheiten und Selbstzweifel. Aber was wäre, wenn jemand zu dir sagt: »Du bist ein Eichhörnchen.« Fühlst du dich dann auch verletzt? Wahrscheinlich nicht, weil diese Aussage nichts in dir auslöst und nichts mit dir zu tun hat. Deswegen bewertest du sie nicht als beleidigend oder verletzend.

Hier zeigt sich wieder einmal, dass du verantwortlich für deine Gefühle bist. Sie entstehen aufgrund deiner Bewertungen, nicht aufgrund der Situation oder einer anderen Person. Niemand kann dich verletzen, und niemand ist dafür verantwortlich zu machen, wenn du dich wegen eines Vorfalls schlecht fühlst. Das soll nicht heißen, dass du unantastbar bist, aber es gibt dir die Macht zurück, deine Gefühle zu kontrollieren und dein emotionales Wohlbefinden zu verbessern.

Deine Gefühle hängen von deinen eigenen Bewertungen und Interpretationen ab. Wenn du das verstanden hast, kannst du aufhören, anderen die Schuld für deine Gefühle zu geben und dich selbst als Opfer zu sehen. Stattdessen kannst du Verantwortung für deine emotionalen Reaktionen übernehmen.

Um Missverständnissen vorzubeugen: Gefühle zu haben ist vollkommen okay. Sie sind ein natürlicher und wichtiger Teil des Menschseins. Es geht nicht darum, keine Gefühle zu haben, sondern zu verstehen, dass du die Kontrolle darüber hast, wie du auf Situationen reagierst und welche Bedeutung du deinen Gefühlen beimisst. In diesem Kontext sind deine echten Gefühle als wichtige Signale zu verstehen, die dir zeigen, was für dich funktioniert und was nicht. Dabei spreche ich von den fünf Grundgefühlen: Angst, Wut/Ärger, Traurigkeit, Freude. Sie können dir dabei helfen zu erkennen, wo du gegen deine eigenen Werte oder Bedürfnisse handelst. Wenn du beispielsweise wütend bist, hast du womöglich den Eindruck, dass deine Grenzen überschritten wurden. Wenn du traurig bist, hast du eventuell einen Verlust oder eine Enttäuschung erlebt. Diese ursprünglichen Gefühle unterdrücken oder ignorieren wir gerne oder verstellen sie uns durch Kopfgefühle. Ich möchte dich jedoch ermutigen, sie zu erforschen und zu verstehen. Je näher du dabei deinen Grundgefühlen kommst, desto näher kommst du dir selbst. Gefühle liefern nämlich wertvolle Informationen über dich und deine Bedürfnisse.

Übung Nr. 12 – Gefühle erkennen und Bewertungen hinterfragen

Unsere Gefühle zu verstehen ist ein entscheidender Schritt, um uns von den Verstrickungen unserer Vergangenheit zu befreien, Vorwürfe loszulassen und die Verantwortung für unser Wohlbefinden zu übernehmen. Erkennen wir, dass unsere Gefühle dadurch entstehen, dass wir Eindrücke bewerten und interpretieren, sind andere nicht länger dafür verantwortlich. Diese Erkenntnis macht uns unabhängig von äußeren Umständen oder Personen, denn wir haben die Kontrolle über unsere eigenen Bewertungen und Reaktionen.

Die folgende Übung vertieft dein Verständnis dafür, wie deine Bewertungen deine Gefühle beeinflussen, und bietet Strategien, wie du deine Bewertungen positiv beeinflussen kannst. Durch diese Optimierung kannst du dein emotionales Wohlbefinden verbessern und dich von belastenden emotionalen Mustern befreien.

Für diese Übung benötigst du ein extra Notizbuch als Tagebuch.

Schritt 1: **Führe ein Tagebuch**

Beginne damit, ein Gefühlstagebuch zu führen. Jedes Mal, wenn du ein starkes Gefühl erlebst (egal ob positiv oder negativ), notiere, welches Ereignis es ausgelöst hat, und beschreibe dein Gefühl dazu.

Schritt 2: **Erkenne die Bewertung**

Versuche jetzt zu erkennen, welche Bewertung zwischen dem Ereignis und deinem Gefühl stand. Was hast du gedacht oder geglaubt, das zu diesem Gefühl geführt hat? Was ist deine Interpretation des Ereignisses? Um besser zu verstehen, wie du Ereignisse interpretierst und bewertest, könnte dir die Übung 5 – Fakten versus Interpretationen (siehe S. 95) helfen.

Schritt 3: **Identifiziere »Kopfgefühle«**

Prüfe, ob das, was du als »Gefühl« notiert hast, tatsächlich ein Gefühl ist oder eher ein »Kopfgefühl«. Denke daran, dass es nur fünf Grundgefühle gibt (Angst, Wut, Trauer, Freude, Ekel) und körperliche Bedürfnisse wie Hunger oder Müdigkeit. Alles andere sind eher Gedanken oder Bewertungen, die sich als Gefühle tarnen.

Schritt 4: **Identifiziere echte Gefühle**

Falls du ein »Kopfgefühl« identifiziert hast, versuche zu erkennen, welches der fünf Grundgefühle oder welche körperlichen Bedürfnisse dahinterstecken könnten. Ist es eine Kombination aus verschiedenen Grundgefühlen?

Schritt 5: **Erkenne das Bedürfnis hinter dem Gefühl**

Überlege, welches grundlegende Bedürfnis hinter deinem Gefühl steht. Was versucht dein Gefühl dir zu vermitteln? Gefühle sind

Signale, die dir helfen, tiefer liegende Bedürfnisse zu erkennen. Es ist wichtig, diese Botschaften nicht zu ignorieren, sondern darauf zu reagieren.

Sobald du das Bedürfnis identifiziert hast, denke darüber nach, wie du es befriedigen kannst. Was könntest du unternehmen, um auf das Gefühl zu antworten? Auf diese Weise »nutzt« du deine Gefühle und stellst sicher, dass deine Bedürfnisse erfüllt werden.

Schritt 6: **Erforsche Alternativen**
Überlege dann, wie du das Ereignis auch anders hättest interpretieren können. Welche alternativen Bewertungen wären möglich gewesen? Wie hätten sie deine Gefühle beeinflusst?

Schritt 7: **Reflektiere die Ergebnisse**
Nimm dir nach einigen Tagen deine Notizen wieder hervor. Lässt sich ein Muster in deinen Bewertungen und Gefühlen erkennen? Welche Gedanken oder Überzeugungen lösen regelmäßig bestimmte Gefühle in dir aus? Wie könntest du die Bewertung ändern, um deine Gefühle positiv zu beeinflussen? Wenn du bemerkst, dass viele deiner Gefühle immer wieder auf bestimmte Grundgefühle zurückgehen, die ihren Ursprung vielleicht in einem Break haben, versuche, damit Frieden zu schließen (s. Arbeit mit dem *Inneren Kind* S. 124 ff.) oder die *Übungen zur Vergebung*. (s. S. 137 ff.). Auch deine Glaubenssätze aufzulösen, kann dir dabei helfen, zu anderen Bewertungen zu finden s. S. 95 ff.). Z.B. sind vielleicht die emotionalen Enttäuschungen, die du in der Geschichte deiner Partnerschaft verortest, viel stärker mit Breaks aus deiner Kindheit verbunden.

Affirmation: »Ich höre auf meine Gefühle und nutze sie als wertvolle Signale für meine Bedürfnisse, während ich gleichzeitig Verantwortung für meine Reaktionen übernehme.«

Ich hoffe, du konntest durch die Übung einen tieferen Einblick in das Zusammenspiel von Bewertung und Gefühlen gewinnen. Es sind nämlich deine Interpretationen und Bewertungen, die deine Gefühle formen und beeinflussen.

Das Bewusstsein dafür, dass unsere Gefühle auf unseren Bewertungen beruhen, gibt uns die Kontrolle zurück. Es ermöglicht uns, uns als Schöpfer unserer eigenen emotionalen Erfahrungen zu sehen. Du hast die Macht, deine Bewertungen zu ändern und somit auch, wie du dich fühlst!

Indem wir uns dieser Dynamik bewusst werden, können wir beginnen, uns von alten Mustern und Glaubenssätzen zu lösen, die uns sabotieren. Wir können beginnen, unser emotionales Wohlbefinden in die eigene Hand zu nehmen, anstatt es von den Worten oder Taten anderer abhängig zu machen. Und das ist ein mächtiger Schritt in Richtung persönlicher Freiheit.

Neubewertung und Sinn finden

Die Vergangenheit mag uns oft wie eine schwerwiegende Bürde vorkommen, die uns bremst und uns in einem stetigen Kreislauf von Schmerz und Leid gefangen hält. Doch wenn du in diesem Buch bis hierhin gekommen bist, hast du bereits eine wichtige Einsicht erlangt: Du hast die Möglichkeit der Neubewertung. Wir können unsere Vergangenheit als Lehrmeisterin betrachten, von der wir wichtige Lektionen lernen können. Auf diese Weise können wir die »Lektionen« aus der Vergangenheit nutzen, um ein bewussteres und erfüllteres Leben in der Gegenwart zu führen und aus vergangenen Erfahrungen einen Sinn zu schöpfen. Diese Perspektive erlaubt uns, die Vergangenheit als Quelle von

Weisheit und persönlicher Entwicklung zu nutzen, anstatt uns von ihr gefangen nehmen und von negativen Gefühlen dominieren zu lassen.

Ich möchte dich dazu einladen zu überlegen, wofür du in Bezug auf deine Vergangenheit dankbar sein kannst. Gibt es Erfahrungen, aus denen du – selbst wenn sie schwierig waren – eine wertvolle Lektion gelernt hast? Hat ein Erlebnis, selbst wenn es hart war, zu deiner persönlichen Weiterentwicklung und deinem Wachstum beigetragen? Bist du dadurch zu einem stärkeren, weiseren und widerstandsfähigeren Menschen geworden? Vielleicht hast du beispielsweise durch eine schmerzhafte Trennung gelernt, mehr auf deine eigenen Bedürfnisse zu achten und dich selbst mehr wertzuschätzen. Oder vielleicht hat ein schwieriger Jobwechsel dich dazu inspiriert, deine wahren Leidenschaften zu entdecken und deinen Karriereweg zu ändern etc.

Deine Vergangenheit als Lehrmeisterin zu betrachten kann sie zu einer Quelle der Stärke und des Wachstums für dich machen.

Übung Nr. 13 – Lehren aus der Vergangenheit

Diese Reflexionsübung kann dich dabei unterstützen, deine Vergangenheit aus einer neuen Perspektive zu betrachten.

Erstelle zunächst eine Liste von Ereignissen aus deiner Vergangenheit, die dich negativ beeinflusst haben. Das können auch die Breaks sein, die du in den vorherigen Übungen identifiziert hast.
- Welche Lektion hast du aus den jeweiligen Ereignissen gezogen?

- Wie haben sie deinen Charakter, deine Werte oder deine Fähigkeiten beeinflusst?
- Hast du durch diese Geschehnisse auch positive Veränderung in deinem Leben erfahren? Was genau hat dich letztendlich gestärkt, auch wenn es schmerzhaft war?

Derart über deine Vergangenheit zu reflektieren hilft dir, aus dem Kreislauf des Leids auszubrechen, den sie bisher möglicherweise für dich bedeutet hat. Stattdessen können diese Gedanken dich stärken.

Du erkennst möglicherweise, dass du die Fähigkeit hast, Sinn und Zweck in deinen Erfahrungen zu finden, und dass jede von dir gemeisterte Herausforderung dazu beigetragen hat, dich zu der Person zu machen, die du heute bist.

Affirmation: «Meine Vergangenheit ist ein Kapitel meines Lebens, aus der ich Stärke und Weisheit schöpfe, um meine Gegenwart zu gestalten.»

Der *shift* deiner Vergangenheit — Frei von den mental-emotionalen Verstrickungen

Wow! Jetzt darfst du einen Moment innehalten und dich bewusst umdrehen und zurückschauen, ohne Angst haben zu müssen, das Ziel aus den Augen zu verlieren. Du bist wirklich weit gekommen, wenn du dich bis zu diesem Teil des Buches vorgearbeitet hast. Viele kleine Schritte haben dich in die Tiefen deiner Vergangenheit geführt. Du warst mutig genug, unter die Oberfläche zu gehen, dich alten Themen zu stellen und herauszufinden, was dich an deine Vergangenheit bindet. Du bist zu deinen tiefsten Überzeugungen vorgedrungen, die du in deiner Vergangenheit entwickelt hast – Überzeugungen über dich, über andere und über die Welt. Du hast dich von den Verstrickungen deiner Vorwürfe gelöst. Ich kann mir vorstellen, dass es an manchen Stellen schmerzhaft für dich war, so genau hinzusehen, und schwierig, so ehrlich zu dir selbst zu sein. Ich möchte dich ermutigen, die beschriebenen Übungen kontinuierlich anzuwenden, sobald du merkst, dass sich alte Muster einschleichen oder »Altlasten« hochkommen. Die Masse des Eisbergs unter der Oberfläche ist gewaltig, und es wird Zeit brauchen, bis du dich wirklich davon befreien kannst.

Bei vielen Übungen bist du sicherlich auf mehr als einen Glaubenssatz, einen Vorwurf oder ein Thema gestoßen, musstest dich jedoch für eines entscheiden. Bleib dran und arbeite auch an den anderen, vielleicht erst mal nicht so wichtig wirkenden Themen. Es lohnt sich, und der Gewinn ist riesengroß!

Du hast am eigenen Leib erlebt, wie befreiend es sein kann, alte Glaubenssätze aufzulösen, neue Überzeugungen zu gewinnen und andere Menschen von der Verantwortung für deine Gefühle zu befreien. Du hast die Verantwortung für dein Leben erkannt und weißt nun, wie ermächtigend das ist. Wenn die Vergangenheit dich wieder »nach unten zieht«, weißt du jetzt, was du tun kannst.

Ohne den Ballast der Vergangenheit wird es dir auch leichter fallen, deine Gegenwart und Zukunft auf eine nachhaltige Weise zu verändern – und zwar dauerhaft. Mit all der Arbeit, die du bis hierhin geleistet hast, hast du bereits einen bedeutenden *SHIFT* vollzogen, der es dir ermöglicht, nach vorne zu schauen und endlich durchzustarten. Du bist nun in der Lage, die Möglichkeiten zu erkennen, die dir zur Verfügung stehen, und was es wertzuschätzen und einzubringen gilt, um dahin zu kommen, wo du wirklich hin möchtest. Der folgende Teil des Buches unterstützt dich dabei, den Transformationsprozess, den du bereits begonnen hast, weiterzuführen und den *SHIFT* für dein Leben zu vollziehen.

BEWIRKE EINEN *shift* IN DEINER GEGENWART

Es ist an der Zeit, aus den Tiefen aufzutauchen und sich die Spitze deines Eisbergs anzuschauen – die Ergebnisebene, dort, wo du dir Veränderung wünschst. In der Gegenwart, im Hier und Jetzt, möchtest du Zufriedenheit und Erfüllung erleben. Deswegen hältst du dieses Buch überhaupt in den Händen, nicht wahr?

Dass du in diesem Teil des Buches angekommen bist, heißt, du hast Durchhaltevermögen! Darauf darfst du zu Recht stolz sein. Du hast dich deiner Vergangenheit gestellt und grundlegende »Aufräumarbeiten« unter der Wasseroberfläche geleistet. Jetzt verstehst du besser, was dich in deiner Vergangenheit unbewusst angetrieben und geleitet hat und warum du deine Ziele vielleicht nicht erreicht hast wie gewünscht. Du hast einige tief verwurzelte Überzeugungen hinterfragt, aufgelöst und durch neue, förderliche ersetzt.

Du hast Vorwürfe, die dich mit der Vergangenheit verstrickt hielten, losgelassen und bist nun bereit, dich deiner Verantwortung für dich zu stellen. Das heißt ganz konkret, dass es Arbeit zu leisten gilt, um deine gegenwärtigen Probleme in den Griff zu kriegen. Noch nie warst du besser vorbereitet. Du hast dir durch die Arbeit mit deiner Vergangenheit eine solide Basis geschaffen, die es dir ermöglicht, dich gegenwärtigen Herausforderungen zu stellen und nachhaltige Veränderungen in deinem Leben zu bewirken. Jetzt kannst du endlich andere Erfahrungen machen. Die Zeit ist reif!

PROBLEME — Was sie uns über sich und uns verraten

In diesem Kapitel unterstütze ich dich dabei, bestimmte Bereiche deines Lebens in Angriff zu nehmen und sie so zu gestalten, wie es deinen Wünschen und Bedürfnissen entspricht.

Der eine oder andere Lebensbereich bietet dir womöglich keine Herausforderung. In einem anderen hast du dagegen vielleicht umso mehr das Gefühl, dass dir Erfüllung fehlt. Sobald du das für dich festgestellt und identifiziert hast, gilt es, deine Verhaltensmuster genauer unter die Lupe zu nehmen, die dazu führen, dass du nicht erreichst, was du möchtest.

Ich werde dir eine breite Palette an Übungen anbieten, die speziell darauf ausgerichtet sind, sich mit den häufigsten Selbstsabotagemustern auseinanderzusetzen. Sie helfen dir, diejenigen Muster zu erkennen und aufzulösen, in denen du dich wiedererkennst. Auf jeden Fall werden schon die ersten Übungen in diesem Teil ihren Beitrag leisten, dein Verhalten aus einer neuen Perspektive betrachten zu können. Dieser neue Blickwinkel ist das Sprungbrett zu deinem *SHIFT* für die Gegenwart – die Veränderung, die du dir so sehr wünschst.

Der Ist-Zustand

Übung Nr. 1 – Rad des Lebens: Wo stehe ich gerade?

Der erste Schritt zur Erfüllung im Hier und Jetzt besteht darin, die Bereiche in deinem Leben zu identifizieren, in denen du momentan unzufrieden bist. Das Rad des Lebens hilft dir dabei, das visuell zu verdeutlichen. Du hast das Rad des Lebens bereits genutzt, um herauszufinden, welche Glaubenssätze in den jeweiligen Lebensbereichen wirken könnten (siehe S. 89). In diesem Abschnitt dient es dir dazu, den Grad deiner Erfüllung in den jeweiligen Lebensbereichen zu erfassen und die Probleme zu identifizieren, die zu Unzufriedenheit führen.

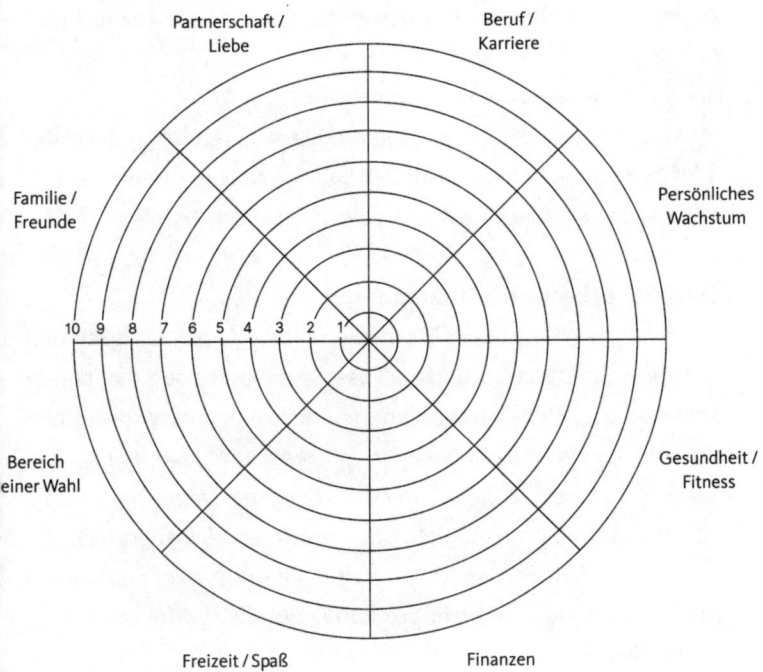

Du benötigst für diese Übung ein großes Blatt Papier, dein Notizbuch oder Notizapp, einen schwarzen und einen farbigen Stift.

Schritt 1: **Vorbereitung**

Zeichne das Rad des Lebens auf dem separaten Blatt auf. Halte einen farbigen Stift bereit, um später das Ausmaß deiner Erfüllung darzustellen. Diese Übung kannst du als Bestandsaufnahme regelmäßig wiederholen, um schnell zu erkennen, wo es aktuell Bedarf gibt.

Schritt 2: **Schätze den aktuellen Grad deiner Erfüllung ein**

Trage nun jeden Bereich auf einer Skala von 1 bis 10 ein und übertrage diesen Erfüllungsgrad in das Rad des Lebens. Male dafür mit dem farbigen Stift den jeweiligen Bereich entsprechend aus, so dass du visuell erkennen kannst, wo du stehst. Wie erfüllt bist du momentan auf einer Skala von 1–10 in den verschiedenen Lebensbereichen?

Schritt 3: **Bewerte die Lebensbereiche**

Bewerte jeden Bereich auf einer Skala von 1–10, bezüglich der Wichtigkeit, die er für dich aktuell hat, und notiere diesen Wert jeweils außen am Rad, hinter dem jeweiligen Lebensbereich.

Schritt 4: **Erkenne die Diskrepanzen**

Prüfe nun, wo die größten Diskrepanzen zwischen Wichtigkeit und aktueller Erfüllung bestehen. Diese Bereiche weisen das größte Potenzial für Weiterentwicklung und Erfüllung auf. Wähle einen aus, den du als Erstes bearbeiten möchtest, und markiere ihn farbig. Beschränke dich dabei vorerst auf nur einen Lebensbereich. Du kannst die Übung später für die anderen Bereiche wiederholen.

Beispiel: Nehmen wir an, du hast festgestellt, dass der Bereich »Beziehungen« für dich eine große Bedeutung hat, du aber nicht zufrieden bist, wie es läuft. Man kann auch sagen, dein Erfüllungsgrad ist niedrig in diesem Feld. Diese Diskrepanz ist ein Signal dafür, dass du in diesem Bereich noch etwas tun kannst.

Schritt 5: **Ordne Glaubenssätze den Lebensbereichen zu**

Betrachte die Glaubenssätze, die du im vorherigen Kapitel in den einzelnen Lebensbereichen identifiziert hast. Wie könnten sie mit dieser Diskrepanz zusammenhängen?

Notiere sie neben dem ausgewählten Bereich, mit dem du dich beschäftigen möchtest.

Schritt 6: **Identifiziere dein Problem**

Jetzt kommt der entscheidende Teil: das Problem zu identifizieren. Stelle dir folgende Fragen und beantworte sie kurz und sei so ehrlich wie möglich. Schreibe deine Antworten auf.

- Was fehlt dir in diesem Lebensbereich?
- Was sind deine Bedürfnisse und Erwartungen, die derzeit nicht erfüllt werden?
- Was hindert dich daran, deine Bedürfnisse und Erwartungen zu erfüllen?
- Welche Verhaltensweisen oder Umstände tragen dazu bei, dass du in diesem Bereich unerfüllt bist?
- Welche Emotionen fühlst du, wenn du an diesen Lebensbereich denkst? Was sagt das über deine momentane Situation aus?

Durch die Beantwortung dieser Fragen hast du das Problem klarer definiert. Damit hast du den Grundstein gelegt, um es anzugehen und nachhaltige Veränderungen in deinem Leben zu bewirken.

Bevor wir nun zum nächsten Schritt übergehen, ist es wichtig, dass du dir Zeit nimmst, das bestehende Problem zu verstehen. Erst wenn du diese Herausforderung vollständig anerkennst, kannst du beginnen, es zu verändern.

Probleme sind unerwartete Geschenke

In der letzten Übung hast du eine gründliche Bestandsaufnahme deines aktuellen Lebens vorgenommen und das Problem genauer benannt, mit dem du dich zuerst beschäftigen möchtest. Vielleicht ist es dir sogar gelungen, diese Herausforderung mit alten Glaubenssätzen in Verbindung zu bringen. Jetzt ist es an der Zeit, tiefer in den Prozess der Problemlösung einzutauchen.

Aber Lösungen liegen meistens nicht einfach auf der Hand. Wir sind so in unseren Problemen gefangen, dass wir vergessen, sie aus einer anderen Perspektive zu betrachten. Dabei liegt genau hier der Schlüssel. Wenn du bereit bist, den Fokus zu verschieben und über das für dich Naheliegende hinauszudenken, wirst du zu Einsichten kommen, die dir sonst verschlossen geblieben wären.

In Bezug auf dein Problem bedeutet das, es nicht einfach nur als lästiges Hindernis zu sehen. Meistens fassen wir ein Problem als etwas auf, das uns im Weg liegt, als Störfaktor, der uns daran hindert, das zu erreichen, was wir uns vorgenommen haben.

Wie wäre es aber, wenn du dieses Problem als Geschenk betrachten würdest? Eines, das mit einer vielleicht etwas unansehnlichen Verpackung in deinem Schoß liegt und darauf wartet, ausgepackt zu werden. Stell dir vor, dass du dieses in Altpapier eingeschlagene Päckchen öffnest, statt es immer von dir zu schieben. Ich nehme an, dass der Inhalt dich überraschen wird. Im Paket steckt nämlich die Chance, eine neue Erkenntnis über dein persönliches Wachstum zu gewinnen! Oft suchen wir die Lösung außerhalb unseres Problems, dabei liegt sie in ihm verborgen, sie ist ihm sozusagen inhärent. Ein Problem trägt seine Lösung immer in sich. Es ist also *selbst* das Tool, mit dem du es lösen kannst. Das ist ein wirklich unerwartetes Geschenk, nicht wahr?

Ich würde mich freuen, wenn du es annimmst und dich weiter darauf einlässt. Halte kurz einen Moment inne, um dich deinem Problem zu widmen und zu überlegen:

- Welche Frage ergibt sich aus deinem Problem?

Diese Reflexionsfrage ist der erste wichtige Schritt, um dein Problem tiefer zu erforschen.

Die Frage könnte zum Beispiel lauten: »Wie bekomme ich mehr Aufträge?«, »Warum finde ich nicht den richtigen Partner?«, »Wie werde ich glücklicher?«, »Warum bin ich nicht selbstbewusst?«. Mit dieser Frage wickelst du praktisch die erste Schicht der Verpackung aus, in die dein Problem eingepackt ist. Notiere deine Frage, denn du wirst sie für die nächste Übung brauchen.

Lass uns diese Fragen genauer anschauen, um herauszufinden, auf welche Weise sie sich dem Problem nähern. Meistens widmen sich die Fragen, auf die wir zuerst stoßen, dem »Warum?«. Es geht also um den Grund für das Problem. Lauten sie »wie?«, widmen sie sich einer kurzfristigen Lösung des Problems, die nicht von Dauer ist. So naheliegend die Fragen sind, dringen sie noch nicht zu dem Problem selbst vor und bleiben weiterhin auf der Oberfläche. Denn bei Problemen liegt die Ursache immer in der Vergangenheit. Sie zu kennen, ändert erst mal nichts an dem Problem an sich. Und bekommst du mit der Frage nach dem »Wie« möglicherweise eine Lösung zu fassen, wirft es lediglich eine zweite Frage auf, nämlich warum du bisher nicht danach gehandelt hast, um dein Problem zu lösen. An diesem Punkt bist du nämlich noch nicht in der Lage, die Bedingungen zu erfüllen, die nötig sind, um das Problem nachhaltig zu lösen. Du bist noch nicht zu der Frage durchgedrungen, die das Problem selbst befragt und die das Werkzeug liefert, um dauerhafte Veränderung zu bewirken.

Dennoch sind beide Fragen »Warum?« und »Wie?« ein wichtiger Schritt, um dich deinem Problem anzunähern.

Auch in der folgenden Übung stellen sie so etwas wie eine Startrampe dar, um zum eigentlichen Problem vorzustoßen. Wie es gemeint ist, wird in der Übung selbst deutlich werden. An dieser Stelle springen wir einfach und zwar vom »Wie?« und »Warum?« zum »Wozu?«. *Das* ist die Frage, die wir stellen müssen, um zu dem Problem direkt vorzudringen und Antworten aus seinem Innersten zu erhalten. Die Frage »Wozu habe ich dieses Problem?« sucht nach der Absicht oder dem Zweck und zielt damit unmittelbar in das Problem hinein. Genau ins Schwarze. Und jetzt wird es spannend. Die Antworten, die sich nämlich aus dieser Fragestellung ergeben, werden uns wirklich etwas über das Problem verraten.

Probleme sind meistens auf die eine oder andere Weise mit einem bestimmten Verhalten verbunden. Entweder entspringt das Verhalten dem Problem oder ist selbst die Ursache dafür. Manchmal lässt sich das auch gar nicht so einfach auseinanderhalten. Wichtig für dich ist an dieser Stelle, dass jedes Verhalten, auch wenn es auf den ersten Blick unnütz oder gar schädlich erscheint, eine für dich positive Absicht hat. Es erfüllt immer einen bestimmten Zweck für dich, selbst wenn dein Verhalten dir ein Problem schafft. Vielleicht bietet es dir Schutz, Trost oder Kontrolle. Oder vielleicht hält es dich in deiner Komfortzone, in der du dich sicher und geborgen fühlst.

Unabhängig davon, wie selbstsabotierend ein Verhalten auf den ersten Blick auch erscheinen mag, hat es einen bestimmten Zweck in deinem Leben und erfüllt eine unbewusste Absicht. Du erhoffst dir einen Gewinn davon – oder du willst damit etwas vermeiden. Ein klassisches Beispiel ist Prokrastination – das ständige Aufschieben von Aufgaben bis zum letzten Augenblick. Meist erwächst es aus der Befürchtung, einen Misserfolg zu erleben, den man hinauszögern will. Damit hat man die ideale Ausrede, falls man wirklich scheitert: Es lag dann nicht an einem selbst, sondern an der knappen Zeit.

Auch das Problem der scheiternden Partnersuche ist ein gutes Beispiel. Jemand findet vielleicht nie den/die Richtige/n, weil diese Person der unbewussten Absicht folgt, sich vor einer Bindung zu schützen, die sie zu sehr vereinnahmen oder absorbieren könnte. Trotz der großen Sehnsucht nach Nähe und Bindung befürchtet sie insgeheim, dass Partnerschaft gleichbedeutend mit Selbstaufgabe ist. Der Gewinn für den Betroffenen oder die Betroffene liegt darin, die Bedingungen des anderen in einer Partnerschaft nicht erfüllen zu müssen. Dafür bewahren sie sich ihre Freiheit und Unabhängigkeit.

Die angeführten Beispiele verdeutlichen, dass dem Zweck oder der Absicht eines Problems immer Glaubenssätze zugrunde liegen, die im Hintergrund wirken und Zweck und Absicht diktieren. Aber auch die Höhe des Preises, der gezahlt wird, ist nicht von der Hand zu weisen. Im ersten Fall bleiben die Ergebnisse wahrscheinlich oft hinter dem Vermögen der betreffenden Person zurück, und im zweiten Fall wird eine tiefe Sehnsucht nach einer dauerhaften Partnerschaft eventuell nie gestillt werden.

Das ist eine Form der Selbstsabotage und um diese zu überwinden, ist es entscheidend, bei deinem Problem durch die Fragen »Wozu tue ich das? Was ist der Nutzen aus meinem Verhalten?« die versteckte Absicht dahinter zu erkennen und die entsprechenden Glaubenssätze aufzudecken. Wenn du nämlich die positive Absicht und den versteckten Gewinn deines Verhaltens erkennst, hast du die Wahl, ob du daran festhalten willst oder beides gegen eine andere Absicht, einen anderen Gewinn eintauschen möchtest, die konstruktiver für dein Leben und die Ziele sind, die du verfolgst.

Probleme stellen also nicht nur Hindernisse oder Schwierigkeiten dar, die überwunden werden müssen, sondern sie geben uns wichtige Lektionen und Einblicke in unsere Persönlichkeit und unser Leben. Dringst du zu diesem verborgenen Geschenk in deinem Problem vor, wird es selbst zum Werkzeug, um es zu lösen.

Übung Nr. 2 – Vom Problem zum Geschenk

Diese Anleitung unterstützt dich dabei, das Geschenk in *deinem* Problem zu erkennen und eine nachhaltige Lösung zu schaffen. Indem du bereits eine Frage formuliert hast, die sich klar auf dein Problem bezieht, hast du es schon mal fassbar für dich gemacht. Befrage dein Problem in der folgenden Übung weiter, um es noch besser begreifen zu können.

Dieser Prozess ist nicht einfach und erfordert Ehrlichkeit gegenüber dir selbst, genauso wie den Mut, deinen Blickwinkel zu verändern. Doch genau hier liegt der Schlüssel zum Erfolg.

Schritt 1: **Wandele deine Frage in eine Wozu-Frage um**
Die von dir bereits ausformulierte Frage zu deinem Problem ist an dieser Stelle wichtig. Deine Warum- oder Wie-Frage dient nämlich als Vorlage, um sie hier in eine Wozu-Frage umzuformulieren. Bei der Warum-Frage ist das Wort »Warum« ganz schlicht und einfach durch ein »Wozu« zu ersetzen: »Wozu habe ich zu wenig Aufträge?«, »Wozu sage ich nicht Nein?«, »Wozu habe ich finanzielle Probleme?«, »Wozu schaffe ich es nicht abzunehmen?«.

Wenn du deine Frage für dich derart umformulierst, wirst du schnell merken, dass du damit den Fokus der Frage auf die verborgene Absicht deines Verhaltens lenkst.

Bei Wie-Fragen ist es ein wenig anders. Hier musst du neben dem ersetzten »Wozu« eine Negation deines Satzes vornehmen und das Wörtchen »nicht« einfügen. Statt: »Wie finde ich den richtigen Partner?«, müsstest du dich fragen: »Wozu finde ich nicht den richtigen Partner?« »Wie werde ich erfolgreich?« lautet umformuliert: »Wozu bin ich nicht erfolgreich?« Bei einer solchen Umformulierung wird deine Aufmerksamkeit durch das «nicht« auf den verborgenen Nutzen gelenkt, den dein Verhalten für dich hat.

Notiere deine Wozu-Frage.

Schritt 2: **Fühle den Unterschied**
Nachdem du die Warum- oder Wie-Frage in eine Wozu-Frage umgewandelt hast, vergleiche und spüre den Unterschied, der sich daraus ergibt.

- Wie verändert sich deine Sichtweise auf das Problem durch diese Umwandlung?
- Wie fühlt es sich an, wenn du dein Problem aus dieser anderen Frage-Perspektive betrachtest?

Schritt 3: **Erkenne die verborgene Absicht hinter deinem Problem**
Auch wenn die Wozu-Frage meistens bereits ein Aha-Erlebnis erzeugt, weil man den Umschwung in der Perspektive spürt, ist es deswegen trotzdem nicht immer einfach, Antworten auf diese Frage zu finden. Vielleicht geht es dir so, und der Perspektivwechsel fühlt sich so neu an, dass die Antworten erst mal nicht auf der Hand liegen. Versuche trotzdem, auch wenn du dafür sehr tief in dich hineinhorchen musst, eine oder mehrere Antworten zu finden, um den

verborgenen Zweck oder die unbewusste Absicht hinter deinem Problem identifizieren zu können. Eine Hilfe können noch weitere, tiefergehende Fragen sein:

- Was wäre, wenn du dieses Problem nicht mehr hättest?
- Was könnte dann passieren, was du vermeiden möchtest?
- Welchen Vorteil könntest du davon haben, wenn dieses Problem weiterhin besteht?
- Wie hilft dir das Problem in deiner aktuellen Lebenssituation?

Mit der Beantwortung dieser Fragen wirst du einen tieferen Einblick in die Motive hinter deinem Problem gewinnen. Jetzt kannst du beginnen, nachhaltige Lösungen zu finden.

Notiere deine Gedanken und Antworten dazu.

Schritt 4: **Erkenne deine Verhaltensmuster**

In diesem Schritt setzen wir uns mit deinen Verhaltensmustern auseinander, die dein Problem möglicherweise beeinflussen. Gibt es bestimmte Gewohnheiten oder Muster, die dazu führen, dass das Problem immer wieder auftritt? Um diese Muster zu erkennen, ist es hilfreich, ein Tagebuch zu führen und aufzuzeichnen, wann und wie das Problem auftritt, was deine Gedanken und Gefühle in diesen Momenten sind. Auf dieser Basis kannst du darüber nachdenken, welche Veränderungen in deinem Verhalten dazu beitragen könnten, das Problem zu lösen.

Schritt 5: **Identifiziere die zugrunde liegenden Glaubenssätze**

Nachdem du dein Verhalten und den verborgenen Zweck hinter deinem Problem analysiert hast, ist es auch hier wieder nötig, deine Überzeugungen bzw. Glaubenssätze zu identifizieren, die zu deinem Problem und deinem selbstsabotierenden Verhalten beitragen. Sie sind oft schwer zu erkennen, da sie, wie du ja weißt, tief in unserem Unterbewusstsein verankert sind.

Bei der Übung Nr. 1 – dem Rad des Lebens hast du vielleicht festgestellt, ob es Glaubenssätze gibt, die mit deinen Problemen verbunden sind. Eine Möglichkeit, diese Glaubenssätze zuzuordnen, ist, dir die folgenden Fragen zu stellen:

- Welche Überzeugungen muss ich haben, um so zu handeln oder zu fühlen, wie ich es tue?
- Welche Überzeugungen stehen in Verbindung mit dem Problem, das ich erlebe?

Falls du noch keinen passenden Glaubenssatz identifizieren konntest, können die Übungen aus dem Kapitel »Bewirke einen *SHIFT* in deiner Vergangenheit« nützlich sein.

Schritt 6: **Evaluiere und entscheide**

Jetzt, da du die Glaubenssätze und die Absicht hinter deinem Problem kennst und herausgefunden hast, dass es einen positiven Zweck für dich erfüllt, bist du in der Lage, dich zu entscheiden.

- Möchtest du das Problem beibehalten, weil es einen positiven Zweck für dich erfüllt? Oder bist du bereit, es loszulassen und eine neue Möglichkeit zu finden, diese Absicht zu verfolgen?

An diesem Punkt musst du dir bewusst machen, dass du eine Wahl hast. Wie auch immer du dich entscheidest: Es ist völlig in Ordnung. Wichtig ist, dass du dir darüber im Klaren bist, dass du dich dafür entschieden hast. Durch diese Entscheidung hast du Verantwortung übernommen.

Vielleicht kommst du auch zu dem Schluss, dass es einen Weg gibt, die positive Absicht auf eine gesündere und konstruktivere Weise zu erreichen, ohne dafür einen derart hohen Preis zahlen zu müssen.

Wenn du diese Entscheidung für dich triffst, ist es wichtig, dass du dein Problem mit den Übungen zur Auflösung der Glaubenssätze von Seite 95 ff. an der Wurzel packst.

Dann notiere dir neue Verhaltensweisen, die deine Absicht erfüllen und für deine Entwicklung förderlich sind.

Das könnte im Fall von Prokrastination zum Beispiel sein, sich einen detaillierten Zeitplan für Aufgaben zu machen, an dem du dich entlanghangeln und bei dem du eine andere Person bitten kannst, ihn immer wieder gegenzuchecken.

Es ist sinnvoll, noch eine ganze Weile Tagebuch zu führen bzw. dein Verhalten zu beobachten. Überprüfe dich, ob es dir mehr und mehr gelingt, den neuen Mustern zu folgen und die alten abzulegen.

Lass dich nicht entmutigen, wenn du Rückschläge erlebst. Du hast sehr viel erkannt und bereits hart an dir gearbeitet, aber Veränderung braucht Zeit und geschieht nicht von heute auf morgen.

Du hast dich einer großen Herausforderung gestellt, dein Problem in die Hand zu nehmen und es aus einer ganz neuen Perspektive zu betrachten. Jetzt machst du niemand anderen oder die äußeren Umstände mehr dafür verantwortlich. Es ist nicht einfach und tut manchmal ganz schön weh, sich auf diese Art seinen Problemen zu stellen. Nimm das Geschenk an, das sich dir durch die intensive Reflexion gezeigt hat.

Diesen Prozess kannst du mit allen Lebensbereichen durchlaufen, in denen du eine Diskrepanz spürst zwischen dem, wie es sein sollte, und dem, was ist. Dein Leben ist voller verborgener Geschenke. Mach dich auf die Suche!

SELBSTSABOTAGE — Wenn das Sicherheitsbedürfnis zum Hindernis wird

Jeder von uns hat Ziele und wahrscheinlich große Pläne. Aber manchmal scheint es, als würden wir uns selbst im Weg stehen. Wir streben nach Glück und Erfolg, und gleichzeitig hindern wir uns selbst daran, diese Ziele zu erreichen, so als würden wir uns absichtlich Steine in den Weg legen.

Wir nennen dieses Phänomen »Selbstsabotage« — den Begriff habe ich schon vielfach erwähnt. Er unterstellt, dass wir gegen unsere Absicht und wider besseres Wissen handeln. Doch was wäre, wenn Selbstsabotage eigentlich ein tief verwurzelter Schutzmechanismus ist?

Unser Verstand ist darauf programmiert, unser Überleben zu sichern. Seine Funktion ist, uns zu schützen, und nicht, uns zu sabotieren. Wenn unser Nervensystem eine potenzielle Bedrohung erkennt, schaltet es in einen Überlebensmodus und reagiert mit Kampf, Flucht, Erstarrung oder Beschwichtigung. Kampfreaktionen äußern sich in Wut oder Aggression, während Fluchtreaktionen dazu führen, dass wir uns aus Situationen zurückziehen. Erstarrungsreaktionen machen uns unfähig zu handeln, und bei Beschwichtigungsreaktionen machen wir uns selbst klein, um Konflikte zu vermeiden.

Erst mal empfindet unser Verstand alles Unbekannte als potenziell unsicher. Deshalb neigen wir dazu, in Selbstsabotage zu verfallen und eine dieser Reaktionen an den Tag zu legen, wenn wir mit Neuem oder Unbekanntem konfrontiert sind. Wir haben Angst — selbst wenn dieses Neue oder Unbekannte genau das ist, was wir anstreben, wie beispielsweise eine neue Beziehung, einen bestimmten Erfolg oder mehr körperlicher Vitalität.

Doch woher kommen diese Ängste und Selbstzweifel, die uns dazu bringen, uns selbst zu sabotieren? Mittlerweile, nach allem, was du in diesem Buch bis hierhin über dich und deine verdeckten Absichten gelernt hast, wirst du es wissen: Es handelt sich um tief sitzende Verhaltensmuster geprägt von negativen Erfahrungen in der Vergangenheit, die unser Leben bis heute bestimmen. Vielleicht haben wir gelernt, dass es gefährlich ist, uns auf Neues einzulassen, oder dass wir nicht gut genug sind, um unsere Ziele zu erreichen. Eventuell haben wir wenig Bestätigung erfahren, es sei denn, wir haben uns gehorsam gezeigt. Vielleicht mussten wir aber auch einen schlimmen Verlust verarbeiten. Unser Verstand hat in jedem Fall aus diesen Break-Erfahrungen Glaubenssätze entwickelt, nach denen wir – meist unbewusst – handeln, um weitere Enttäuschungen oder Verletzungen zu vermeiden. Wir halten uns in unserer Schutz- oder Komfortzone auf, weil unser Verstand das als den sichersten und besten Ort für uns bewertet.

Es ist wichtig zu erkennen, dass dieses Verhalten nicht bedeutet, dass wir schwach sind oder Mängel haben. Es ist einfach ein Zeichen dafür, dass unser Verstand seine Aufgabe erfolgreich erfüllt: nämlich uns zu schützen. Anstatt uns selbst zu verurteilen oder uns für die vermeintliche Selbstsabotage zu bestrafen, können wir beginnen, diese Verhaltensweisen als Signale für unbewusste Unsicherheiten und Ängste zu erkennen. Statt sie zu bekämpfen, können wir sie als Teil unseres Selbstschutzsystems anerkennen und konstruktive Wege finden, damit umzugehen.

Und darum geht es in diesem Kapitel. Ich biete dir viele Hinweise und Definitionen an, damit du herausfinden kannst, wann und warum du dich sabotierst. Wir werden uns dabei auf sieben geläufige Verhaltensmuster konzentrieren, die oft gleichzeitig auftreten, weil bestimmte Ängste und Selbstzweifel zu verschiedenen selbstsabotierenden Verhaltensmustern führen können. Du wirst sehen, dass sich deswegen Ursachen manchmal überschneiden und auch Definitionen nicht immer klar voneinander abgrenzen lassen. Der Mensch ist ein komplexes Wesen und lässt sich nicht einfach kategorisieren. Die Herausforderung besteht darin, sich selbst trotzdem zu durchschauen. Finde für dich heraus, welche Verhaltensmuster dir bekannt vorkommen, ohne dich dabei in eine Form gepresst zu fühlen. Du kannst dir dann die jeweiligen Strategien zur Selbsthilfe vornehmen, sie durcharbeiten und mit einem EFT-Tapping abschließen. Die Tapping-Sessions sind auch an dieser Stelle wunderbare, meines Erachtens unverzichtbare Tools, um bewusste und unbewusste Prozesse auf körperlich-mentaler Ebene zu bearbeiten.

Es gilt, wie bei den Übungen davor: Arbeite dich Stück für Stück voran und nimm dir, falls mehrere Muster auf dich zutreffen, eines nach dem anderen vor – in deinem Tempo.

Die folgenden Definitionen und Selbsthilfeangebote unterstützen dich dabei, die Dinge auf der Ergebnisebene anzupacken, die noch nicht in Übereinstimmung mit deinen Wünschen sind. Du hast bereits so viel Vorarbeit geleistet, jetzt geht es darum, deine gewünschten Ziele zu erreichen!

Selbstsabotage durch OVERTHINKING

*Manchmal ist der grausamste Ort,
an dem du sein kannst, in deinem eigenen Kopf.*
– Bilge Arik

Du wälzt dich jetzt schon zum hundertsten Mal von rechts nach links. Du kannst einfach nicht schlafen. In deinem Kopf rattert es. Wieso hat dein Freund dich beim Essen so angeguckt, als du den Sommerurlaub mit ihm planen wolltest? Was bedeutete sein Blick? Aber eigentlich hast du doch nichts Falsches gesagt. Oder doch? Vielleicht findet er dich einfach nur wahnsinnig anstrengend und schaltet auf Durchzug, wenn du zu plaudern anfängst. Vielleicht will er Schluss machen, und deswegen ist er so unengagiert, was den Urlaub angeht ...

Manchmal fühlt es sich so an, als würden dich die Gedanken, die in deinem Kopf herumwirbeln, gefangen halten und in einen Strudel aus Selbstzweifeln und Sorgen ziehen. Nichts macht dir so Angst wie das Gefühl, etwas nicht zu verstehen und es deswegen nicht unter Kontrolle zu haben. Es kann sehr herausfordernd sein, aus diesem manchmal dunklen Ort herauszukommen und wieder klar zu denken.

Was ist Overthinking?

»Overthinking«, im Deutschen als »Grübeln« oder »Überdenken« bezeichnet, ist ein Zustand, in dem eine Person übermäßig lange und intensiv über eine Situation, ein Problem, eine Entscheidung oder ein Ereignis nachdenkt. Sie ist dadurch ständig auf mögliche Ergebnisse, Szenarien, Fehler der Vergangenheit oder zukünftige Unsicherheiten fokussiert.

Anstatt Entscheidungen zu treffen, führt Overthinking oft zu »Paralyse durch Analyse«, weil die betroffene Person zu viele Informationen berücksichtigt und sich in Details verliert. Die Entscheidungsfindung wird dadurch behindert, und die Person steckt in einer Art mentalen Dauerschleife fest.

Overthinking ist eine Form der Selbstreflexion, die sowohl positiv als auch negativ sein kann. Auf der positiven Seite kann es dazu führen, dass eine Person gründlich über eine Entscheidung nachdenkt, alle möglichen Szenarien berücksichtigt und daher eine gut informierte Entscheidung trifft. Auf der negativen Seite kann Overthinking jedoch auch zu erhöhtem Stress, Angstzuständen, Handlungsunfähigkeit und negativen Denkmustern führen. Overthinking ist dann eine Form der Selbstreflexion, die durch übermäßige Analyse Sorgen verstärkt, statt Probleme zu lösen.

Es gibt zwei Typen von Overthinking: Ruminatives Denken (»Wiederkauen«) bezeichnet das kontinuierliche Nachdenken über die Vergangenheit, während »Worry-Thinking«, so wie ich es nenne, übermäßige Sorgengedanken in Bezug auf die Zukunft beschreibt. Beide Verhaltensweisen können zu emotionalen und psychischen Problemen wie Depressionen und Angststörungen führen.

Wenn Overthinking zu einem chronischen Problem wird, kann es die Lebensqualität erheblich beeinträchtigen. Es schränkt die Fähigkeit der Betroffenen, Entscheidungen zu treffen, ihre Produktivität und sogar ihre Schlafqualität ein. Daher ist es wichtig, effektive Strategien zur Bewältigung des Overthinkings zu erlernen.

Selbsttest: Bin ich ein Overthinker?

Wenn du dich fragst, ob du ein Overthinker bist, dann könnten folgende Anhaltspunkte hilfreich sein, die einige typische Eigenschaften von Overthinkern beschreiben.

- Du stellst oft »Was wäre wenn«-Fragen und malst dir »Worst-case«-Szenarien aus.
- Du verbringst viel Zeit damit, über vergangene Ereignisse und Begegnungen nachzudenken und dich zu fragen, ob du etwas anders hättest machen können.
- Deine sorgevollen Gedanken halten dich nachts wach, und du fühlst dich oft gestresst und ängstlich ohne offensichtlichen Grund.
- Du fühlst dich häufig gelähmt oder handlungsunfähig, weil du dich in deinen Gedanken verloren hast.
- Du neigst dazu, Dinge zu verkomplizieren und mehr Probleme zu sehen, als tatsächlich vorhanden sind.
- Du machst dir viele Sorgen um deine Zukunft und hast Angst, dass die Dinge nicht so laufen werden, wie du es dir erhoffst.
- Du fühlst dich oft von deinen Sorgen und Ängsten überwältigt und kannst sie schwer loslassen oder kontrollieren.
- Du verbringst viel Zeit damit, über Probleme oder Schwierigkeiten nachzudenken, anstatt nach Lösungen zu suchen.
- Du hast Schwierigkeiten, Entscheidungen zu treffen, weil du Angst hast, einen Fehler zu machen oder das Falsche zu tun.
- Du kritisierst dich oft selbst für Fehler, die du gemacht hast, und hast Schwierigkeiten, über sie hinwegzukommen.

- Du zweifelst an deinen Entscheidungen und hinterfragst sie im Nachhinein massiv.

Wenn mehrere dieser Aussagen auf dich zutreffen, könnte es sein, dass du ein Overthinker bist.

Diese Liste ist nicht vollständig, und es gibt viele andere mögliche Anzeichen für Overthinking. Wie bei allen Selbsttests ist es wichtig zu beachten, dass dies kein Ersatz für eine professionelle Diagnose ist. Wenn du glaubst, dass Overthinking dein Leben negativ beeinflusst, kann es hilfreich sein, Unterstützung von einem Therapeuten oder Coach zu suchen.

Warum wird man zum Overthinker?

Du hast dich im Selbsttest als Overthinker identifiziert und möchtest wissen, worin die Ursachen dafür liegen? Sie sind vielfältig und individuell verschieden. Einige der häufigsten Ursachen werden wir hier nun näher betrachten.

Perfektionismus ist oft ein wichtiger Faktor beim Overthinking. Diejenigen, die einen Hang zur Perfektion haben, sind dabei von dem Drang getrieben, alles genau richtig zu machen. Sie setzen sich selbst enorm hohe Standards und haben große Angst, sie nicht erfüllen zu können. Der konstante innere Druck, den das erzeugt, führt dazu, dass sie Situationen und Entscheidungen übermäßig analysieren, da sie ständig befürchten, einen Fehler zu machen oder ihren eigenen Ansprüchen nicht gerecht zu werden.

In manchen Fällen wechselt ihr Gehirn in einen Modus, der als »Überlebensmodus« bezeichnet wird. Er tritt ein, wenn Menschen gestresst oder ängstlich sind. In diesem Zustand ist das

Gehirn ständig auf der Suche nach potenziellen Bedrohungen oder Problemen, die möglicherweise nie eintreten oder die außerhalb der eigenen Kontrolle liegen. Solche Fälle können zu chronischem Overthinking führen, das dann nur noch schwerer zu kontrollieren ist.

Selbstzweifel und Unsicherheiten sind ein weiterer maßgeblicher Faktor dafür, alles über die Maßen zu überdenken. Selbstzweifel entstehen, wenn man verunsichert in Bezug auf seine Fähigkeiten ist und Angst vor dem Versagen hat. Entscheidungen werden dann ständig hinterfragt, und man verstrickt sich in einem steten Kreislauf aus negativen Gedanken und Sorgen. Steht man vor einer Entscheidung und weiß nicht, welchen Weg man einschlagen soll, verunsichert das extrem. Das kann dazu verleiten, stundenlang verschiedene Möglichkeiten zu durchdenken und nach der »perfekten« Lösung zu suchen. Aus mangelndem Selbstvertrauen heraus alles immer wieder in Frage zu stellen führt zu einem Overthinking-Teufelskreis.

Overthinking liegt meistens eine einschneidende negative Erfahrung zugrunde. Wir alle machen im Laufe unseres Lebens solche Erfahrungen, und manchmal führt der Wunsch, solche Situationen in der Zukunft zu vermeiden, zu exzessivem Nachdenken. Menschen, die dieses Verhaltensmuster an den Tag legen, erliegen meistens dem Irrglauben, sie könnten alles vorhersehen und alle potenziellen negativen Auswirkungen vermeiden, wenn sie nur genug nachdenken.

Auf jeden Fall hat Overthinking nichts mit einem Mangel an Urteilsvermögen oder Analysefähigkeiten zu tun. Es wurzelt vielmehr in emotionalen Zuständen, die von Ängsten über Selbstzweifel bis hin zu erhöhter Sensibilität und mangelndem Selbstvertrauen reichen. Es ist wichtig, diese tieferen, oft unbewussten Ursachen zu erkennen und anzusprechen, um mit

Overthinking umzugehen und eine gesunde Denkweise zu fördern.

Selbstreflexion – Preis und Gewinn

Wenn du dich in dem hier beschriebenen Verhaltensmuster wiedererkennst und du dich verändern möchtest, ist das möglich, vor allem nach all der Arbeit, die du bis hierhin geleistet hast.

Für diese Veränderung ist es notwendig, das Problem, das mit deinem Overthinking einhergeht, nach seinem verdeckten Gewinn oder Zweck zu befragen und zu ermitteln, was du auf einer unbewussten Ebene mit deinem Verhalten erreichen oder vermeiden möchtest. Erinnere dich daran, dass diese Erkenntnis ein wesentlicher Schritt ist, um das Verhalten aufgeben zu können, mit dem du dich selbst sabotierst. Nur wenn du verstehst, warum du bestimmte Muster beibehältst, hast du die Wahl und die Macht, sie zu ändern.

- Wozu dient dein Overthinking? Welchen Zweck verfolgst du damit? Was erhoffst du dir dadurch oder was möchtest du dadurch vermeiden?
- Für welche Absichten bzw. Ziele in deinem Leben wäre es kontraproduktiv, weiterhin an diesem Verhalten festzuhalten?

Nachdem du dich gefragt hast, welchen Gewinn oder Nutzen dein Overthinking für dich hat – ob es nun Sicherheit, Kontrolle oder etwas anderes ist –, kannst du dich dafür entscheiden, dieses Bedürfnis auf gesündere Weisen zu erfüllen.

Selbsthilfestrategien: Wie man Overthinking überwinden kann

Du kennst nun die Ursachen und den Preis des Overthinkings, und bist bereit, dieses destruktive Verhaltensmuster endlich abzulegen. Folgende einfache, aber effektive Selbsthilfestrategien helfen dir dabei:

- **Halte deine Augen still:** Fokussiere einen Punkt im Raum und bewege deine Augen nicht. Wenn dein Gehirn übermäßig aktiv ist und sich in Gedankenschleifen verliert, sorgt es dafür, dass du deine Augen bewegst. Indem du deine Augenbewegung stoppst, unterbrichst du in dem Moment auch den Gedankenkreislauf, und dein Kopf wird »leer«.

- **Nutze die »5-4-3-2-1-Methode«:** Diese Methode hilft dir durch das Fokussieren auf konkrete Sinneswahrnehmungen, dich von belastenden Gedanken abzulenken und dich auf das Hier und Jetzt zu konzentrieren.
  Schritt 1 Sehen: Schau dich um und identifiziere fünf Dinge, die du in diesem Moment siehst. Es kann sich um Gegenstände, Menschen, Tiere oder Landschaften handeln. Nimm sie in all ihrer Farbenpracht, Form und Textur wahr.
  Schritt 2 Fühlen: Lenke deine Aufmerksamkeit auf vier physische Empfindungen. Es können Dinge sein, die du gerade spürst – zum Beispiel die Kleidung auf deiner Haut, der Ring an deinem Finger oder das Gewicht deines Körpers auf dem Stuhl.
  Schritt 3 Hören: Fokussiere dich auf drei Geräusche, die du in deiner Umgebung hören kannst. Es könnten der Klang des Windes, das Zwitschern der Vögel oder der Fernseher im Hintergrund sein.

Schritt 4 Riechen: Konzentriere dich auf zwei Gerüche, die du gerade wahrnehmen kannst. Vielleicht ist es der Duft deines Parfüms oder der Geruch der frisch gemähten Wiese vor deinem Fenster.

Schritt 5 Schmecken: Zum Schluss lenke deine Aufmerksamkeit auf einen Geschmack. Vielleicht ist es der Nachgeschmack deines letzten Kaffees oder der Geschmack von Minze von deiner Zahnpasta.

- **Nutze die »Countdown-Methode«:** Räume dir bewusst einen definierten Zeitraum zum Grübeln frei. Stelle dir einen Wecker oder die Timerfunktion deines Smartphones auf genau 5 Minuten. In dieser Zeit beschäftigst du dich gedanklich intensiv mit dem Ereignis bzw. Thema, das in deinem Kopf kreist. Wenn der Timer klingelt, brichst du den Gedankenstrom bewusst ab und tust etwas, was dir das Nachdenken darüber unmöglich macht. Ob du singst, dich mit jemandem unterhältst oder einkaufen gehst, ist egal ... Das Zeitfenster zum Grübeln wird deinen Verstand beruhigen und dafür sorgen, dass du dich nicht stundenlang in deinem Gedankenkarussell verlierst.

- **Atemtechnik bei nächtlichem Grübeln:** Nächtliches Grübeln kann den Schlaf erheblich stören und zu Schlaflosigkeit führen. Die folgende Atemtechnik zielt darauf ab, deinen Geist zu beruhigen und den Schlaf zu fördern.
  Schritt 1: Finde eine bequeme Position. Die Rückenlage hilft oft dabei, das Atmen zu erleichtern.
  Schritt 2: Fokussiere dich auf deine Atmung und konzentriere dich auf die Worte »Ruhe« oder »Entspannung«. Atme tief durch die Nase ein, zähle dabei bis drei und stelle dir vor, wie du diese positiven Worte einatmest.

Schritt 3: Halte den Atem für drei Sekunden an und versuche, dich nur darauf zu konzentrieren.

Schritt 4: Atme langsam aus und zähle dabei bis fünf. Stelle dir vor, wie belastende Gedanken mit deinem Atem ausgeblasen werden.

Schritt 5: Wiederhole diese Technik so oft wie nötig, bis du einschläfst. Jede Wiederholung hilft dir, dich mehr auf deine Atmung zu konzentrieren und negative Gedanken loszulassen. Mit dieser Übung schaffst du einen beruhigenden Rhythmus, der dein Bewusstsein vom nächtlichen Grübeln ablenkt und auf den gegenwärtigen Moment, deine Atmung, konzentriert. Dadurch wirst du ruhiger und bereitest deinen Körper und Geist auf einen erholsamen Schlaf vor.

- **Gedankenstopp-Technik:** Diese Technik ist besonders hilfreich, wenn du feststellst, dass du dich in negativen Gedankenspiralen verlierst. Wenn du merkst, dass du anfängst zu grübeln, sagst du dir selbst (laut oder in deinem Kopf) »Stopp!«. Visualisiere dann ein rotes Stoppschild. Dies signalisiert deinem Gehirn, dass es Zeit ist, diese Gedanken zu beenden. Danach leite deine Aufmerksamkeit bewusst auf etwas Positives oder Neutraleres um. Diese Technik kann helfen, das ständige Grübeln zu unterbrechen.

- **Der »Entscheidungsbaum«:** Die Tendenz zur Überanalyse von Entscheidungen kann lähmend sein. Der Entscheidungsbaum hilft dir dabei, Optionen und potenzielle Konsequenzen zu visualisieren und dadurch eine Wahl zu treffen.

  Schritt 1: Zunächst musst du die Entscheidung, die du treffen musst, klar definieren. Das kann von einer einfachen täglichen Entscheidung («Heute Abend italienisch oder vietnamesisch?«) bis hin zu komplexeren Lebensentscheidungen («Soll ich den Job annehmen?«) reichen.

Schritt 2: Erstelle eine Liste aller möglichen Optionen oder Wege, die du in Bezug auf die anstehende Entscheidung gehen könntest. Lass deinen Gedanken freien Lauf und notiere alle Optionen.

Schritt 3: Zeichne einen Stamm, der deine aktuelle Situation darstellt. Von diesem Stamm zeichnest du Äste, die die verschiedenen Optionen symbolisieren. An jedem Ast hängen kleinere Äste, die potenzielle Konsequenzen oder Ergebnisse jeder Option darstellen. Während du diesen Baum zeichnest, stelle dir folgende Fragen:

»Welche unmittelbaren und langfristigen Auswirkungen könnte jede Option haben?«

»Welche Risiken sind mit jeder Option verbunden und wie kann ich diese Risiken managen oder mindern?«

Schritt 4: Jetzt ist es an der Zeit, jeden Ast (Option) und die dazugehörigen kleineren Äste (potenzielle Konsequenzen) genauer zu betrachten und zu bewerten. Überlege auch, wie jede Option und deren mögliche Konsequenzen verschiedene Bereiche deines Lebens beeinflussen, z.B. Gesundheit, Beziehungen, Karriere usw.

• Wie gut passt jede Option zu deinen aktuellen Zielen und Werten?

• Wie würde sich jede Option auf deine persönliche Lebensqualität auswirken?

• Welche Option würde dich am ehesten dazu bringen, in der Zukunft auf deine Entscheidung zurückzublicken und zu sagen: »Das war die richtige Entscheidung«?

Mit den Antworten auf diese Fragen kannst du jede Option und deren mögliche Konsequenzen bewerten und einordnen.

Schritt 5: Nachdem du alle Optionen und deren Konsequenzen analysiert und bewertet hast, ist es an der Zeit, deine Entscheidung zu treffen. Wähle die Option, die, basierend auf der Analyse und deinen Prioritäten, das beste Gesamtergebnis verspricht.

Denke daran: Die perfekte Entscheidung gibt es nicht, sondern nur die beste Entscheidung basierend auf den derzeit verfügbaren Informationen und deinen individuellen Umständen.

Abschließende EFT-Tapping-Session
(Siehe Abbildung der Klopfpunkte auf Seite 73)

1. **Bewerte dein Stressempfinden:** Bewerte die Belastung durch das Overthinking auf einer Skala von 0–10, wobei 0 keinen Stress und 10 maximalen Stress bedeutet. Indem du die Intensität im Vorfeld einschätzt, kannst du den Fortschritt und die Wirksamkeit deiner EFT-Tapping-Praxis feststellen.

2. **Selbstakzeptanz-Formel**: Beklopfe mit zwei Fingern den Handkantenpunkt und sprich folgenden Satz dreimal:

   »Auch wenn mich mein nerviges Gedankenkarussell quält, achte und schätze ich mich, so wie ich bin.«

3. **Annehmen, was ist:** Beklopfe die sieben Klopfpunkte mit Aussagen, die den momentan negativen Zustand als Folge des Overthinkings, beschreiben.

   Augenbrauenpunkt: »Dieses endlose Gedankenkarussell ...«
   Schläfe: »Es hält mich wach und lenkt mich ab ...«

Unter dem Auge: »Es ist so ermüdend und überwältigend …«

Unter der Nase: »Ich fühle mich gefangen in meinen Gedanken …«

Kinnpunkt: »Es ist schwer, einen klaren Kopf zu behalten …«

Schlüsselbeinpunkt: »Ich wünschte, ich könnte es einfach abschalten …«

Auf dem Brustbein: »Ich akzeptiere, dass ich gerade in diesem Zustand des Overthinkings bin.«

4. **Positive Affirmationen:** Wiederhole den Prozess wie in Punkt 3, diesmal aber mit positiven Affirmationen als Klopfsätze.

Augenbrauenpunkt: »Ich bin mehr als meine Gedanken …«

Schläfe: »Ich habe die Kontrolle über mein Denken …«

Unter dem Auge: »Ich kann meine Gedanken auf positive Dinge lenken …«

Unter der Nase: »Ich bin der Meister meiner Gedanken …«

Kinnpunkt: »Ich kann loslassen, was mich belastet …«

Schlüsselbeinpunkt: »Ich entscheide, mich auf das Hier und Jetzt zu konzentrieren …«

Auf dem Brustbein: »Ich bin friedlich und ruhig, auch inmitten meiner Gedanken.«

5. **Body Check-in:** Spüre nach jedem Klopfdurchgang in deinen Körper hinein und überprüfe, ob sich etwas verändert hat. Bewerte die Intensität deines Stressempfindens erneut auf einer Skala von 0 bis 10, wo sie jetzt steht. Mache so viele Klopfdurchgänge wie nötig, bis die Intensität deines Stressempfindens auf 0 oder einen akzeptablen Wert gesunken ist.

Mit diesen Übungen lernst du, deine Gedanken zu kontrollieren – ein Zustand, den du viel mehr brauchst, als die Dinge um dich herum kontrollieren zu können. Wenn du es schaffst, aus dem Gedankenkarussell auszusteigen, wirst du ein Meister der konstruktiven Selbstreflexion werden. Wiederhole die Übungen und das Tapping, so oft du es brauchst, um dich auf deinem Weg dahin zu unterstützen.

Manchmal ist es ganz leicht, wer hätte das gedacht: *SHIFT* happens!

Selbstsabotage durch SELBSTZWEIFEL

> *Selbstzweifel zerstören mehr Träume,*
> *als Misserfolge es jemals könnten.*
> *– Suzy Kassem*

Wenn dir jemand ein Kompliment macht und sagt: »Du siehst gut aus!«, dann denkst du: »Und die vier Kilo zu viel, sieht man die etwa nicht? Das kann doch nicht ernst gemeint sein . . .«

Wenn du Lob erhältst wie: »Wow, das hast du toll gemacht, das war wirklich beeindruckend!«, denkst du: »Aber diese eine Sache, habe ich doch total vermasselt . . . ›Toll‹ sieht wirklich anders aus . . .«

Wenn dich jemand ermutigt: »Komm, pack es an. Du kannst das«, dann denkst du: »Gar nichts kann ich, ich sollte es lieber bleiben lassen . . .«

Wenn dir jemand gesteht: »Ich liebe dich und finde dich großartig«, denkst du: »Wie kannst du nur . . .? Mit dir kann wohl etwas nicht stimmen, wenn du mich liebst . . .«

Was sind Selbstzweifel?

Selbstzweifel bezeichnen die Unsicherheit und das Misstrauen, die eine Person gegenüber ihren eigenen Fähigkeiten und Erfolgen, ihrem Wert und ihren Entscheidungen empfindet. Sie drücken sich in Gedanken aus wie: »Ich kann das nicht«, »Ich bin nicht gut genug« etc. Betroffene glauben oft, sich für eine Aufgabe oder einen Job nicht zu eignen und ihre Ziele nicht erreichen zu können. Sie kritisieren sich selbst und sind vor allem auf ihre Schwächen oder Misserfolge konzentriert anstatt auf ihre Stärken und Erfolge. Um sich dieser eigenen inneren Abwertung zu entziehen, vermeiden oder schieben Betroffene Entscheidungen auf, nur um keine Fehler zu machen oder zu scheitern.

Statt sich entsprechend den eigenen Fähigkeiten und Begabungen in bestimmten Situationen hervorzutun und zu engagieren, ziehen sie sich von ihren Selbstzweifeln gelähmt zurück. Kritik und Ablehnung von außen, Misserfolge oder andere negative Erfahrungen lösen manchmal diesen Zweifel aus, in jedem Fall aber verstärken sie dieses Verhalten.

Eine intensivere Form von Selbstzweifel ist die Selbstentwertung. Menschen, die sich selbst entwerten, sehen sich selbst als wertlos oder unwürdig an. Sie haben das Gefühl, sie verdienten keine Wertschätzung oder Anerkennung und ihre Meinungen, Gefühle oder Wünsche seien unwichtig.

Es ist wichtig zu betonen, dass Selbstzweifel per se nicht pathologisch sind. Sie regen zur Reflexion an und motivieren uns dazu, uns persönlich weiterzuentwickeln und unsere Fertigkeiten zu verbessern. Doch wenn Selbstzweifel zu einem ständigen Begleiter im Alltag werden, lähmen sie uns und beeinträchtigen unser Wohlbefinden und die Lebensqualität.

Selbsttest: Leide ich unter Selbstzweifel?

Wenn du dich fragst, ob du unter Selbstzweifeln leidest, dann könnten folgende Anhaltspunkte hilfreich sein, die einige typische Eigenschaften von »Selbstzweiflern« beschreiben.

- Du zweifelst oft an deiner Kompetenz, auch wenn du die erforderlichen Fähigkeiten und Kenntnisse besitzt.
- Du bist oft überkritisch mit dir selbst und neigst dazu, deine Fehler und Schwächen überzubetonen.
- Du gehst oft mit einer Art inneren Stimme in den Dialog, die sehr hart und kritisch dir gegenüber ist.
- Du neigst dazu, Komplimente oder Anerkennung abzulehnen oder herunterzuspielen, weil du glaubst, sie nicht verdient zu haben.
- Du stellst deine Intuition oder dein Urteilsvermögen in Frage und verlässt dich mehr auf die Meinung anderer.
- Du fühlst dich häufig nervös oder unsicher, wenn du neue Dinge ausprobierst, aus Angst zu versagen.
- Du fühlst dich blockiert oder gelähmt, wenn du vor einer Herausforderung stehst, aus Angst, dass du sie nicht bewältigen kannst.
- Du neigst dazu, dir Sorgen zu machen, was andere von dir denken könnten, und fühlst dich schnell kritisiert.
- Du fühlst dich unwohl dabei, Risiken einzugehen oder deine Komfortzone zu verlassen, weil du befürchtest, nicht gut genug zu sein.
- Du neigst dazu, dich mit anderen zu vergleichen, und fühlst dich dann minderwertig.
- Du fühlst dich unsicher, wenn du Entscheidungen treffen musst, und hinterfragst sie im Nachhinein.

- Du vermeidest Situationen, in denen du im Mittelpunkt der Aufmerksamkeit stehst, weil du befürchtest, dass andere deine Unzulänglichkeiten erkennen könnten.

Falls du dich in diesen Aussagen wiederfindest, könnte es sein, dass Selbstzweifel dich daran hindern, dein volles Potenzial zu entfalten.

Diese Liste ist nicht vollständig, und es gibt viele andere Anzeichen für Selbstzweifel. Wie bei allen Selbsttests ist es wichtig zu beachten, dass dies kein Ersatz für eine professionelle Diagnose ist. Hast du das Gefühl, Selbstzweifel beeinflussen dein Leben negativ, kann es hilfreich sein, Unterstützung von einem Therapeuten oder Coach zu suchen.

Warum hat man Selbstzweifel?

Du hast im Selbsttest festgestellt, dass Selbstzweifel einen starken Einfluss auf dein Leben haben, und möchtest wissen, worin die Ursachen dafür liegen? Sie sind vielfältig und individuell verschieden. Einige der häufigsten Ursachen werden wir hier nun näher betrachten.

Erste Lebenserfahrungen tragen maßgeblich dazu bei, wie wir uns selbst und die Welt um uns herum wahrnehmen. Negative Erfahrungen in der Kindheit und Jugend können einen erheblichen Einfluss auf das Selbstvertrauen haben. Insbesondere kritische, abwertende oder ignorante Bezugspersonen schaffen den Nährboden für Selbstzweifel. Wird das Streben nach Anerkennung und Lob nicht erfüllt oder werden Kinder ständig mit unrealistischen Erwartungen konfrontiert, erschüttert das ihr Selbstvertrauen und schafft Platz für Selbstzweifel. Sie verinnerlichen diese negativen Botschaften als eigene innere Stimme, die die Betroffenen auch im Erwachsenenalter strenger Selbstkritik und Selbstzweifel aussetzt. Traumatische Erfahrungen wie Missbrauch, Vernachlässigung, Mobbing oder emotionale Manipulation sind Erlebnisse, die Selbstzweifel auslösen und verstärken, selbst wenn diese Erfahrungen erst spät im Leben gemacht wurden.

Negative Ereignisse – ganz allgemein und unabhängig davon, in welchem Alter sie stattfinden – können das Selbstwertgefühl und das Vertrauen in die eigenen Fähigkeiten beeinträchtigen. Insbesondere Misserfolge in wichtigen Lebensbereichen beeinflussen das Selbstbild eventuell stark und führen dann zu ständigen Selbstzweifeln. Das geschieht, wenn diese Erfahrungen verallgemeinert und als Beweis für die eigene generelle Unfähigkeit interpretiert werden, anstatt sie als spezifische Ereignisse zu sehen, die durch eine Vielzahl von Umständen verursacht wurden. Derartig negative Interpretationen können sich zu einem Muster verfestigen. Dann bringen jedes neue Scheitern oder jede neue negative Erfahrung den Betroffenen dazu, sich noch stärker zu hinterfragen und sein Selbstvertrauen noch weiter zu untergraben.

Personen mit Selbstzweifeln und geringem Selbstwertgefühl haben Schwierigkeiten, ihre eigenen Fähigkeiten und Talente zu erkennen. Sie neigen dazu, ihre Erfolge zu unterschätzen und im Gegenzug ihre Fehler überzubewerten. Das lässt sie sich unzulänglich und minderwertig fühlen, auch wenn das objektiv gar nicht zutrifft.

In der Kategorie der Selbstzweifler tummeln sich gern auch die Perfektionisten. Ihr ständiges Streben nach Perfektion geht in den meisten Fällen Hand in Hand mit dem Gefühl, nie gut genug zu sein, um Anerkennung und Respekt zu verdienen.

Jedes kleine Missgeschick oder jeder Fehler werden als ein persönliches Scheitern wahrgenommen, das ihre Selbstzweifel noch verstärkt.

In unserem Alltag, in dem wir uns vor allem durch soziale Medien ständig mit anderen vergleichen, wirken alle schnell klüger, erfolgreicher, attraktiver und sowieso glücklicher. Diese Vergleiche sind ein Nährboden für Selbstzweifel und wenig produktiv, wenn es darum geht, sich Ziele zu setzen, die mit den eigenen Werten übereinstimmen.

Der erste Schritt, seine Selbstzweifel zu überwinden und in Vertrauen auf sich selbst seinen eigenen Weg zu gehen, ist zu verstehen, worin die Ursachen von Selbstzweifel liegen.

Selbstreflexion – Preis und Gewinn

Wenn du dich in dem hier beschriebenen Verhaltensmuster wiedererkennst und du dich verändern möchtest, ist das möglich, vor allem nach all der Arbeit, die du bis hierhin geleistet hast.

Für diese Veränderung ist es notwendig, das Problem, das mit deinen Selbstzweifeln einhergeht, nach seinem verdeckten Gewinn oder Zweck für dich zu befragen und zu ermitteln, was du auf einer unbewussten Ebene mit deinem Verhalten erreichen oder vermeiden möchtest. Erinnere dich daran, dass diese Erkenntnis ein wesentlicher Schritt ist, um die Selbstsabotage zu überwinden. Nur wenn du verstehst, warum du bestimmte Muster beibehältst, hast du die Wahl und die Macht, sie zu ändern.

- Wozu dienen dir deine Selbstzweifel? Welchen Zweck verfolgst du damit? Was erhoffst du dir dadurch oder was möchtest du damit vermeiden?

- Für welche Absichten bzw. Ziele in deinem Leben wäre es kontraproduktiv, weiterhin an diesem Verhalten festzuhalten?

Jetzt, nachdem du dich gefragt hast, welchen Gewinn oder Nutzen deine Selbstzweifel für dich haben – ob es nun der Erhalt der Komfortzone, Selbstschutz oder etwas anderes ist –, kannst du dich dafür entscheiden, dieses Bedürfnis auf gesündere und produktivere Weisen zu erfüllen.

Selbsthilfestrategien: Wie man Selbstzweifel überwinden kann

Du kennst nun die Ursachen und den Preis deiner Selbstzweifel und bist bereit, diese destruktiven Verhaltensmuster endlich abzulegen. Folgende einfache, aber effektive Selbsthilfestrategien helfen dir dabei:

1. **Erfolgs- und Kompetenzjournal führen:** Die tägliche Fokussierung auf Erfolge und eigene Fähigkeiten ist eine effektive Methode. Mit dem Führen eines Erfolgs- und Kompetenzjournals lenkst du deine Aufmerksamkeit auf deine Stärken und Errungenschaften und trainierst dein Bewusstsein für deine Ressourcen.

   Schritt 1: Halte ein Notizbuch oder ein digitales Dokument bereit, das als Erfolgsjournal dient. Lege es an einen Ort, an dem du es jeden Abend vor dem Schlafengehen sehen kannst, um dich an die Übung zu erinnern.

   Schritt 2: Denke über den Tag nach und suche nach Situationen, in denen du erfolgreich warst, in denen du etwas gut ge-

macht hast oder in denen du dich trotz Selbstzweifeln durch-
gesetzt hast. Es kann sich um etwas Kleines handeln wie das
erfolgreiche Bewältigen einer Herausforderung bei der Arbeit
oder das Überwinden der Angst, jemanden um Hilfe zu bitten.

Schritt 3: Wenn du etwas erreicht hast, notiere es in deinem
Journal. Anstatt nur zu schreiben: »Ich habe gute Arbeit geleistet«, versuche, spezifisch zu sein. Zum Beispiel: »Ich habe
das Projekt fristgerecht abgeschlossen und positives Feedback
von meinem Chef erhalten«. So kannst du ein konkretes und
greifbares Bild deiner Errungenschaften bekommen.

Schritt 4: Neben Erfolgen notiere auch deine Fähigkeiten. Vielleicht hast du heute bemerkt, dass du gut im Organisieren von
Meetings bist, oder du hast festgestellt, dass du eine komplizierte Aufgabe schneller gelöst hast als erwartet. Auch solche
Erkenntnisse sind wertvolle Einträge für dein Journal.

Schritt 5: Nimm dir am Ende jeder Woche etwas mehr Zeit und
lies deine Einträge durch. Welche Fähigkeiten und Kompetenzen haben dir besonders geholfen, deine Ziele zu erreichen?
Wodurch hast du Erfolge erzielt? Wie kannst du diese Stärken
weiter ausbauen und in anderen Lebensbereichen einsetzen?
Mit der Zeit wächst dieses Journal zu einer wertvollen Samm-
lung deiner Triumphe und Fähigkeiten. Sieh es als deine
persönliche Schatzkiste. Jeder Eintrag ist ein Beweis dafür, dass
du über die Fähigkeiten und Kompetenzen verfügst, um Erfolge
zu erzielen und Herausforderungen zu meistern.

2. **Selbstmitgefühl entwickeln:** Stelle dir vor, wie du mit einem
   guten Freund oder einer guten Freundin sprechen würdest,
   der/die eine schwierige Zeit durchmacht. Du würdest wahrscheinlich für ihn/sie Verständnis aufbringen, Mitgefühl zeigen, ihn/sie ermutigen. Nun versuche, dich selbst auf die glei-

che Weise zu behandeln. Sprich mit dir selbst mit der gleichen Freundlichkeit und Geduld, die du einem Freund oder einer Freundin entgegenbringen würdest. Mit der Zeit wirst du feststellen, dass du beginnst, deine Zweifel und Misserfolge mit mehr Verständnis und weniger Selbstkritik zu betrachten. Du wirst dir eher vergeben und das Gefühl haben, dass es in Ordnung ist, unvollkommen zu sein. Dieser *SHIFT* deiner Perspektive trägt dazu bei, Selbstzweifel zu reduzieren und ein positiveres Selbstbild zu fördern.

3. **»Power-Posen« einnehmen:** Unsere Körperhaltung kann unsere mentale und emotionale Verfassung stark beeinflussen. Das Einnehmen von sogenannten Power-Posen, also selbstbewussten und starken Körperhaltungen, kann unser Gehirn dazu veranlassen, sich selbstbewusster und stärker zu fühlen:
Schritt 1: Wähle eine Power-Pose, die ein Gefühl von Stärke und Selbstsicherheit verleiht. Das kann die Superman-Pose sein (Hände in die Hüften, Brust herausgestreckt), die Siegespose (Arme über dem Kopf zu einem V geformt) oder eine andere Haltung, die dir ein Gefühl von Macht und Zuversicht vermittelt.
Schritt 2: Halte diese Pose für mindestens eine Minute und konzentriere dich dabei auf deinen Atem. Stelle dir vor, wie mit jedem Einatmen Selbstbewusstsein in dich hineinströmt und mit jedem Ausatmen Selbstzweifel und Unsicherheit herausfließen.
Schritt 3: Während du in dieser Haltung stehst, stelle dir vor, wie du eine Herausforderung meisterst, die dir normalerweise Selbstzweifel bereitet. Visualisiere, wie du souverän und selbstbewusst diese Situation bewältigst.

4. **Vertiefende »Grounding«-Übungen:** Grounding-Übungen können dazu beitragen, dich in deinem Körper und in der Gegenwart zu verankern, was Selbstsicherheit stärken und Selbstzweifel abmildern kann:

Schritt 1: Nimm eine bequeme und stabile Haltung ein, entweder sitzend oder stehend. Achte darauf, dass deine Füße fest auf dem Boden stehen und deine Wirbelsäule gerade ist.

Schritt 2: Stelle dir vor, dass aus der Sohle deiner Füße starke, stabile Wurzeln in den Boden unter dir wachsen und dich fest und sicher mit der Erde verbinden.

Schritt 3: Atme tief ein und aus. Stelle dir vor, dass bei jedem Einatmen Selbstvertrauen in dich hineinströmt, dich von innen heraus stärkt und alle Selbstzweifel verdrängt, und mit jedem Ausatmen lässt du Selbstzweifel und Unsicherheit los.

Schritt 4: Beginne, positive Affirmationen zu wiederholen, wie: »Ich bin stark« oder »Ich habe Vertrauen in mich selbst«. Sprich diese Worte entweder laut oder innerlich aus und spüre, wie sie mit jedem Atemzug stärker in dir verankert werden.

Schritt 5: Nach mehreren Minuten oder wenn du dich bereit fühlst, stelle dir vor, wie sich die Wurzeln langsam zurück in deine Füße ziehen, und bringe dich wieder in deinen normalen Bewusstseinszustand zurück.

5. **Stressbewältigung: Progressive Muskelentspannung:** Diese Technik kann helfen, den emotionalen und körperlichen Stress abzubauen, der oft mit Selbstzweifeln einhergeht.

Schritt 1: Suche dir einen ruhigen Ort, an dem du ungestört bist und dich wohlfühlst. Setze oder lege dich in einer bequemen Position hin.

Schritt 2: Konzentriere dich auf eine Muskelgruppe, wie z. B. deine Hände. Spanne diese Muskeln für etwa fünf Sekunden an, während du tief einatmest.

Schritt 3: Atme aus und lasse die Muskelspannung abrupt los. Spüre die Entspannung und das Wohlgefühl, das sich dort ausbreitet. Verweile für etwa 15 Sekunden in diesem Zustand der Entspannung.

Schritt 4: Wiederhole diesen Prozess mit der nächsten Muskelgruppe, wie z. B. deinen Armen. Durchlaufe so deinen gesamten Körper von den Füßen bis zum Kopf.

Schritt 5: Wenn du alle Muskelgruppen durchgegangen bist, verweile noch einige Minuten in diesem Zustand der Entspannung. Konzentriere dich auf deinen Atem und lass Selbstzweifel und negative Gedanken los.

Abschließende EFT-Tapping-Session:

(Siehe Abbildung der Klopfpunkte auf Seite 73)

1. **Bewerte dein Stressempfinden:** Bewerte die Belastung deiner Selbstzweifel auf einer Skala von 0–10, wobei 0 keinen Stress und 10 maximalen Stress bedeutet. Indem du die Intensität im Vorfeld einschätzt, kannst du den Fortschritt und die Wirksamkeit deiner EFT-Tapping-Praxis feststellen.

2. **Selbstakzeptanzformel:** Beklopfe mit zwei Fingern den Handkantenpunkt und sprich folgenden Satz dreimal:

»Auch wenn ich gerade an mir selbst zweifle, akzeptiere und schätze ich mich so, wie ich bin.«

3. **Annehmen, was ist:** Beklopfe die sieben Klopfpunkte mit Aussagen, die den negativen Zustand als Folge von Selbstzweifeln beschreiben.

Augenbrauenpunkt: »Diese ständigen Selbstzweifel belasten mich ...«

Schläfe: »Ich frage mich oft, ob ich gut genug bin ...«

Unter dem Auge: »Es ist anstrengend, immer wieder an mir und meinen Fähigkeiten zu zweifeln ...«

Unter der Nase: »Ich bin oft zu hart zu mir selbst und kritisiere mich zu viel ...«

Kinnpunkt: »Diese ständige Angst, Fehler zu machen und zu versagen.«

Schlüsselbeinpunkt: »Ich wünschte, ich könnte mehr an mich glauben ...«

Auf dem Brustbein: »Ich akzeptiere, dass ich gerade diese Selbstzweifel habe.«

4. **Positive Affirmationen:** Wiederhole den Prozess wie in Punkt 3, diesmal aber mit positiven Affirmationen als Klopfsätze.

Augenbrauenpunkt: »Ich bin genug und wertvoll, genau so wie ich bin ...«

Schläfe: »Ich glaube an meine Fähigkeiten und konzentriere mich auf meine Stärken ...«

Unter dem Auge: »Es ist okay, Fehler zu machen. Ich lerne aus ihnen und wachse als Person ...«

Unter der Nase: »Ich bin kompetent und wertvoll ...«

Kinnpunkt: »Ich wähle jetzt, Selbstzweifel mit Selbstliebe und Akzeptanz zu ersetzen ...«

Schlüsselbeinpunkt: »Ich erlaube mir, an mich selbst und meine Fähigkeiten zu glauben...«

Auf dem Brustbein: »Ich akzeptiere und liebe mich, mit all meinen Stärken und Schwächen...«

5. **Body Check-in:** Spüre nach jedem Klopfdurchgang in deinen Körper hinein und überprüfe, ob sich etwas verändert hat. Bewerte die Intensität deines Stressempfindens erneut auf einer Skala von 0 bis 10. Wo steht sie jetzt? Mache so viele Klopfdurchgänge wie nötig, bis die Intensität deines Stressempfindens auf 0 oder einen akzeptablen Wert gesunken ist.

Es wird Zeit, dass du erhobenen Hauptes stehst und akzeptierst, dass du gut bist, so wie du bist – und mehr als das: Du bist einzigartig, und das macht dich besonders! – Irgendwie logisch, oder? Wann immer dich Zweifel überkommen, übe dich in diesem Vertrauen, nutze dafür die Selbsthilfestrategien und das Tapping. Du weißt es längst: *SHIFT* happens!

Selbstsabotage durch PERFEKTIONISMUS

Wenn du Kritik vermeiden willst:
Sag nichts, tu nichts, sei nichts.
— Aristoteles

Es ist 1 Uhr 30, und morgen steht die mündliche Prüfung an. Du hast viel zu spät mit den Vorbereitungen angefangen, weil dir alleine der Gedanke daran Magenschmerzen bereitet hat. Eigentlich hast du alles fertig, doch jedes Mal, wenn du einen Blick auf deine Arbeit wirfst, entdeckst du pozentielle Schwachstellen. Du schaffst es einfach nicht, deine hohen Ansprüche runterzuschrauben, obwohl du schon komplett überfordert bist und deine Müdigkeit dich überrollt. »Gut« ist eben nicht »gut genug«, du strebst nach »perfekt«, du musst morgen eine 1,0 kriegen, um dir selbst zu beweisen, dass du es draufhast.

Was ist Perfektionismus?

Perfektionismus ist ein Persönlichkeitsmerkmal, das sich durch das Streben nach Fehlerlosigkeit und Perfektion auszeichnet. Perfektionisten legen hohe oder sogar unrealistische Standards fest, sowohl für sich selbst als auch für andere. Sie möchten ihre Handlungen fehlerfrei und vollkommen ausführen, um sich unangreifbar, sicher und zur Gruppe zugehörig zu fühlen. Dabei geht es weniger um die Freude an der Vollkommenheit, sondern vielmehr um die Angst vor Ablehnung.

Perfektionisten bewerten sich selbst kritisch und machen sich Sorgen hinsichtlich der Bewertungen anderer. Sie neigen dazu, Fehler stark überzubewerten und Erfolge zu unterschätzen oder sogar zu übersehen. Weil sie mit sich selbst so übermäßig kritisch sind, bewerten sie auch andere entsprechend streng. Sie denken intensiv über Fehler oder Misserfolge nach und haben oft Schwierigkeiten, Gedanken daran loszulassen.

Es ist wichtig, zwischen produktivem und unproduktivem Perfektionismus zu unterscheiden. Während produktiver Perfektionismus dazu führt, dass eine Person hohe Anforderungen an sich selbst stellt und dadurch in der Lage ist, herausragende Leistungen zu erbringen, kann unproduktiver Perfektionismus erheblichen psychischen Druck erzeugen. So kann der Betroffene ständig das Gefühl haben, nicht gut genug zu sein, was häufig zu psychischen und physischen Störungen wie Angstzuständen, Depression oder Burnout führen kann.

Es ist entscheidend, dieses Verhalten frühzeitig zu erkennen und gegenzusteuern, um eine gesunde Balance zwischen dem Streben nach Bestleistung und Selbstakzeptanz zu fördern. Dazu ist es sinnvoll, realistischere Erwartungen an sich und andere zu entwickeln. Auch das Erlernen von Entspannungstechniken und die Suche nach Unterstützung können helfen, unproduktiven Perfektionismus zu überwinden.

Selbsttest: Bin ich ein Perfektionist?

Wenn du dich fragst, ob du unter Perfektionismus leidest, dann könnten folgende Anhaltspunkte hilfreich sein, die einige typische Eigenschaften von »Perfektionisten« beschreiben:

- Du setzt sehr hohe Standards für dich selbst, die oft unrealistisch oder unerreichbar sind.
- Du fühlst dich erschöpft oder überwältigt durch den Druck, ständig hohe Leistungen zu erbringen.

- Du hast Angst vor Kritik und Ablehnung, wenn deine Leistungen nicht perfekt sind.
- Du verschiebst Entscheidungen oder Aufgaben, weil du befürchtest, einen Fehler zu machen.
- Du meidest Situationen oder Aufgaben, bei denen du glaubst, nicht perfekt sein zu können.
- Du zweifelst an der Qualität deiner Arbeit, auch wenn du positives Feedback erhältst.
- Du neigst dazu, Kritik persönlich zu nehmen und sie als Zeichen deiner Unzulänglichkeit zu interpretieren.
- Du beurteilst andere oft nach denselben hohen Standards, die du dir selbst auferlegst.
- Du zögerst, mit neuen Projekten oder Aufgaben zu beginnen, aus Angst, nicht perfekt zu sein.
- Du vermeidest, neue Dinge auszuprobieren oder Risiken einzugehen, aus Angst vor dem Scheitern.
- Du glaubst, es sei besser, lieber nichts zu tun als etwas Unvollkommenes.

Wenn mehrere dieser Aussagen auf dich zutreffen, könnte es sein, dass du ein Perfektionist bist.

Diese Liste ist nicht vollständig, und es gibt viele andere Anzeichen für Perfektionismus. Wie bei allen Selbsttests ist es wichtig zu beachten, dass dies kein Ersatz für eine professionelle Diagnose ist. Hast du das Gefühl, Perfektionismus beeinflusst dein Leben negativ, kann es hilfreich sein, Unterstützung von einem Therapeuten oder Coach zu suchen.

Warum wird man zum Perfektionisten?

Du hast dich im Selbsttest als Perfektionist identifiziert und möchtest wissen, worin die Ursachen dafür liegen? Sie sind vielfältig und individuell verschieden. Einige der häufigsten Ursachen werden wir hier nun näher betrachten.

Ein bedeutender Faktor für perfektionistisches Verhalten kann die Erziehung sein. Eltern, die kritisch und kontrollierend sind, legen oft viel Wert auf Leistung und sozialen Rang und betrachten den Erfolg ihrer Kinder als direktes Maß für ihre eigene Kompetenz als Eltern. Das Kind lernt dadurch, dass es nur durch makellose Leistungen und Errungenschaften Anerkennung und Liebe erhält. Eine derartige Erziehung kann dazu führen, dass sich das Kind zu einem Perfektionisten entwickelt, der ständig versucht, hohe Standards zu erfüllen, um Zustimmung zu bekommen und akzeptiert zu werden.

Die daraus resultierenden Verhaltensmuster setzen sich im Erwachsenenalter fort. Viele Perfektionisten haben einen starken Drang, ständig andere zu übertreffen. Sie messen ihren Selbstwert an ihrem Erfolg und vergleichen ihre Leistungen ständig mit anderen. Können sie sich nicht als »besser« oder »erfolgreicher« betrachten, löst das eventuell intensive Selbstzweifel und Unsicherheiten in ihnen aus. Damit geraten sie in ein Verhaltensmuster, das zu einem Teufelskreis von Hochleistung, Stress und Erschöpfung führt, der schwer zu durchbrechen ist.

Gesellschaftliche Erwartungen verstärken diese Problematik oft noch zusätzlich. Wir leben in einer Leistungsgesellschaft, in der Erfolg oft als die wichtigste Maßeinheit für den Wert eines Individuums angesehen wird. Dieser Druck in vielen Bereichen des Lebens – ob Beruf, Bildung, Aussehen oder sozialen Beziehungen – zwingt viele Menschen dazu, unrealistisch hohe Ziele und Standards für sich selbst zu setzen. Dies führt häufig zu ungesunden oder selbstsabotierenden Verhaltensweisen, wie zwanghafter Arbeit, sozialem Rückzug oder übermäßiger Selbstkritik, die letztlich noch mehr Stress und Selbstzweifel erzeugt. Die Angst vor Ablehnung oder Kritik führt dann zu noch größerem Druck, da es unmöglich ist, immer perfekt zu sein. Jeder Fehler oder jede Kritik, selbst wenn sie konstruktiv gemeint sind, können als bedrohlich wahrgenommen und mit starken negativen Emotionen wie Scham und Schuldgefühl verbunden werden.

Perfektionismus wird zu einer Art Rüstung, die dazu dient, sich vor negativen Urteilen und der Kritik anderer zu schützen. Betroffene sind oftmals in ihrer Persönlichkeitsentwicklung eingeschränkt, weil sie die Chance verpassen, aus ihren Fehlern zu lernen und dadurch zu wachsen.

Daher ist es für Perfektionisten oft hilfreich zu lernen, mit Kritik und Ablehnung umzugehen und sie als Gelegenheit zur Erkenntnis und zur Verbesserung zu betrachten, anstatt sie als Bedrohungen für ihr Selbstbild wahrzunehmen. Sie müssen lernen, dass es okay ist, Fehler zu machen, weil es unmöglich ist, perfekt zu sein. Sie sollten es schaffen, ihren Selbstwert unabhängig von ihren Leistungen oder dem Urteil anderer zu definieren.

Selbstreflexion – Preis und Gewinn

Wenn du dich in dem hier beschriebenen Verhaltensmuster wiedererkennst und du dich verändern möchtest, ist das möglich, vor allem nach all der Arbeit, die du bis hierhin geleistet hast.

Für diese Veränderung ist es notwendig, das Problem, das

mit deinem Perfektionismus einhergeht, nach seinem verdeckten Gewinn oder Zweck für dich zu befragen und zu ermitteln, was du auf einer unbewussten Ebene mit deinem Verhalten erreichen oder vermeiden möchtest. Erinnere dich daran, dass diese Erkenntnis ein wesentlicher Schritt ist, um die Selbstsabotage zu überwinden. Nur wenn du verstehst, warum du bestimmte Muster beibehältst, hast du die Wahl und die Macht, sie zu ändern.

- Wozu dient dein Perfektionismus? Welchen Zweck verfolgst du damit? Was erhoffst du dir dadurch oder was möchtest du damit vermeiden?
- Für welche Absichten bzw. Ziele in deinem Leben wäre es kontraproduktiv, weiterhin an diesem Verhalten festzuhalten?

Jetzt, nachdem du dich gefragt hast, welchen Gewinn oder Nutzen dein Perfektionismus für dich hat – ob es nun Anerkennung, Schutz oder etwas anderes ist – kannst du dich entscheiden, dieses Bedürfnis auf gesündere und produktivere Weise zu erfüllen.

Selbsthilfestrategien: Wie man Perfektionismus überwinden kann

Du kennst nun die Ursachen und den Preis deines Perfektionismus und bist bereit, dieses destruktive Verhaltensmuster endlich abzulegen. Folgende einfache, aber effektive Selbsthilfestrategien helfen dir dabei.

1. **Das »Pareto-Prinzip«:** Perfektionisten neigen dazu, viel Zeit und Energie in Details zu investieren, die oft einen minimalen Einfluss auf das Endergebnis haben. Das Pareto-Prinzip, auch als 80/20-Regel bekannt, kann hierbei helfen. Die Regel besagt, dass 80 Prozent der Ergebnisse aus 20 Prozent des Aufwands resultieren.

Schritt 1: Schreibe zunächst alle Aufgaben oder Ziele auf, die du erreichen möchtest. Das könnten alltägliche Aufgaben bei der Arbeit oder zu Hause sein, aber auch langfristige Ziele oder Projekte.

Schritt 2: Analysiere dann jede Aufgabe und versuche herauszufinden, welche 20 Prozent des Aufwands zu 80 Prozent der gewünschten Ergebnisse führen. Vielleicht entdeckst du, dass einige Stunden konzentrierter Arbeit einen Großteil der Resultate liefern, während die zusätzlichen Stunden des Feinabstimmens und »Perfektionierens« nur marginale Verbesserungen bewirken.

Schritt 3: Basierend auf deiner Analyse, priorisiere die Aufgaben, die den größten Einfluss auf das Ergebnis haben. Konzentriere deine Energie und Zeit auf diese 20 Prozent, und lasse die restlichen 80 Prozent der Aufgaben los mit der Aufforderung: Übe dich in der »Gut-genug«-Mentalität!

Eine der größten Herausforderungen für Perfektionisten besteht darin, den Punkt zu akzeptieren, an dem etwas »gut genug« ist. Versuche, dich daran zu erinnern, dass Perfektion nicht immer das Ziel sein muss und dass »gut genug« oft ausreicht, um das gewünschte Ergebnis zu erreichen und effektiv zu sein. Indem du dich auf die wichtigsten und effektivsten Aspekte einer Aufgabe konzentrierst, kannst du das Gefühl deutlich reduzieren, überfordert und gestresst zu sein, das oft mit Perfektionismus einhergeht.

2. **Umgang mit Kritik:** Perfektionisten haben oft hohe Erwartungen an sich selbst und nehmen Kritik sehr persönlich, was zu negativen Emotionen wie Schuldgefühlen, Frustration oder einem Gefühl der Unzulänglichkeit führen kann. Du kannst jedoch lernen, Kritik als Chance zu sehen, deine Fertigkeiten zu verbessern und persönlich zu wachsen, anstatt sie als einen Angriff auf dich zu interpretieren. Versuche, Kritik so objektiv wie möglich zu betrachten. Frage dich: »Was ist das konkrete Feedback in dieser Kritik und was kannst du daraus lernen, um deine Fähigkeiten oder dein Verhalten zu verbessern?« Lerne, Kritik in den richtigen Kontext zu setzen. Ein Fehler bedeutet nicht, dass du insgesamt versagt hast oder dass du nicht gut genug bist. Kritik zeigt nur, dass es Raum für Verbesserungen gibt, was völlig normal und menschlich ist. Mit jedem Feedback, das du erhältst, hast du die Möglichkeit, etwas Neues zu lernen und deine Fähigkeiten zu verbessern.
Es braucht Zeit und Übung, um diese neue Sichtweise auf Kritik zu entwickeln. Aber mit der Zeit wirst du besser darin werden, damit umzugehen und den emotionalen Druck zu verringern.

3. **»Perfektionismus-Detox«-Übung:** Die »Perfektionismus-Detox-Übung« ist eine tolle Methode, um die Angst vor dem Scheitern und die Anforderungen des Perfektionismus zu überwinden.
Schritt 1: Suche dir eine Freizeitaktivität aus, wie zum Beispiel einen Tanzkurs, Reiten oder Gesangsunterricht, die du schon immer einmal probieren wolltest, aber bisher vermieden hast aus Angst, es nicht perfekt zu machen. Diese Aktivität sollte außerhalb deiner Komfortzone liegen, damit du die Erfahrung des »Nicht-perfekt-Seins« in allen Facetten machen kannst.
Schritt 2: Bevor du mit der neuen Aktivität beginnst, nimm dir

bewusst vor, sie zu genießen, ohne irgendein spezifisches Ergebnis herbeiführen zu müssen. Du bist hier, um Spaß zu haben und zu lernen, nicht um perfekt zu sein. Diese Einstellung hilft, den Druck zu mindern, und ermöglicht, neue Entdeckungen und Erfahrungen zu machen.

Schritt 3: Überlege dir im Vorfeld Strategien, wie du perfektionistischen Gedanken begegnen willst. Zum Beispiel könntest du eine Pause einlegen und tief durchatmen, dich daran erinnern, warum du diese Aktivität unternimmst – nämlich um zu lernen und Spaß zu haben, nicht um perfekt zu sein. Oder du könntest dich selbst liebevoll daran erinnern, dass Fehler Teil des Lernprozesses sind. Du könntest auch einen ermutigenden Satz haben, wie: »Ich bin hier, um zu lernen, nicht um perfekt zu sein« oder »Fehler sind Chancen zu wachsen«.

Schritt 4: Nimm dir Zeit, um deine Erfahrungen zu reflektieren. Was hast du gelernt? Was hat dir Spaß gemacht? Wie hast du auf Fehler oder Herausforderungen reagiert? Was könntest du beim nächsten Mal anders machen? Diese Reflexion hilft dir, deine Fortschritte zu erkennen und zu lernen, wie du in der Zukunft mit ähnlichen Situationen umgehen kannst.

Schritt 5: Egal wie klein oder groß dein Erfolg ist, feiere ihn. Du hast etwas Neues ausprobiert, das ist bereits ein großer Schritt. Lobe dich selbst dafür, dass du den Mut hattest, eine Herausforderung anzunehmen und dich deinem Perfektionismus zu stellen.

4. **Wege aus der Vergleichsfalle:** Perfektionisten neigen oft dazu, sich ständig mit anderen zu vergleichen, was zu Unsicherheit und Frustration führen kann. Diese Übung hilft dir dabei, dieses Muster zu durchbrechen und einen konstruktiveren Umgang mit dem eigenen Selbstbild zu fördern.

a. Schaffe Bewusstsein:

Achte darauf, wann und wie oft du dich mit anderen vergleichst. Erkenne, in welchen Situationen das passiert und welche Gedanken und Gefühle dabei entstehen. Ein Tagebuch oder eine Notizapp auf deinem Handy hilft dir, diese Beobachtungen zu dokumentieren. Die Bewusstwerdung ist der erste Schritt, um Gewohnheiten zu verändern, weil sich in der Reflexion unbewusste Muster, in diesem Fall des Vergleichens, erst offenbaren. Sobald du dir dieser Gewohnheit bewusst bist, kannst du aktiv eingreifen und aufhören, dich zu vergleichen.

b. Erkenne deine Einzigartigkeit:

Sobald du merkst, dass du dich mit jemandem vergleichst, halte kurz inne und erinnere dich daran, dass jeder Mensch einzigartig ist und seinen eigenen Weg hat. Formuliere positive Affirmationen, die deine Einzigartigkeit und deinen eigenen Wert betonen, eine Affirmation wie: »Ich bin einzigartig und wertvoll, genau so wie ich bin.« Dies stärkt dein Selbstbild und kann das Bedürfnis, dich zu vergleichen, reduzieren.

c. Dankbarkeit:

Vergleiche entstehen oft aus einem Gefühl der Unzufriedenheit und dem Eindruck, dass andere Menschen mehr oder Besseres haben. Indem wir lernen, dankbar zu sein, für das, was wir haben und was wir sind, verlagern wir unseren Fokus weg von dem, was fehlt, hin zu dem, was bereits vorhanden ist. Ein Dankbarkeitstagebuch, in dem du täglich aufschreibst, wofür du dankbar bist, hilft dir dabei. Diese Verschiebung der Perspektiven führt dazu, dass du dich weniger darauf konzentrierst, was andere Menschen haben und du nicht, und stattdessen deine eigenen Erfahrungen, Eigenschaften und Besitztümer mehr wertschätzt. Dadurch erlangst du mehr Zufriedenheit und Erfüllung und vergleichst dich nicht mehr so stark mit anderen.

d. Wertschätze den Erfolg anderer:

Anstatt dich mit anderen zu vergleichen oder sie als Konkurrenz zu betrachten, respektiere und schätze sie für ihre Erfolge. Mit Missgunst entwertest du nicht nur den Erfolg der anderen, sondern speicherst ihn als etwas »Negatives« ab und verwehrst ihn dir dadurch unbewusst selbst. Denn Negatives wollen wir in unserem Leben grundsätzlich vermeiden. Sieh stattdessen den Erfolg der anderen als Inspiration und Möglichkeit zum Lernen. Dies hilft dir zu erkennen, dass der Erfolg von anderen dein eigenes Leben und deine Erfolge nicht schmälert.

5. **Stressbewältigung durch Progressive Muskelentspannung:**
Progressive Muskelentspannung kann helfen, den Stress abzubauen, der oft mit Perfektionismus einhergeht.

Schritt 1: Suche dir einen ruhigen Ort, an dem du ungestört bist und dich wohlfühlst. Setze oder lege dich in einer entspannten Position hin.

Schritt 2: Konzentriere dich auf eine bestimmte Muskelgruppe, wie z. B. deine Hände. Spanne sie für etwa fünf Sekunden an, während du tief einatmest.

Schritt 3: Atme aus und lasse die Muskelspannung abrupt los. Spüre die Entspannung und das Wohlgefühl, das sich dort ausbreitet. Verweile für etwa 15 Sekunden in diesem Zustand.

Schritt 4: Wiederhole diesen Prozess mit der nächsten Muskelgruppe, wie z. B. deinen Armen. Durchlaufe so deinen gesamten Körper von den Füßen bis zum Kopf.

Schritt 5: Nachdem du alle Muskelgruppen entspannt hast, verweile noch kurz in diesem Zustand der vollen Entspannung. Achte auf deinen Atem und lass alle Gedanken an Perfektion und unrealistische Erwartungen los. Erinnere dich daran, dass niemand perfekt ist und es in Ordnung ist, Fehler zu machen.

Abschließende EFT-Tapping-Session

(Siehe Abbildung der Klopfpunkte auf Seite 73)

---

1. **Bewerte dein Stressempfinden:** Bewerte die Belastung durch deinen Perfektionismus auf einer Skala von 0–10, wobei 0 keinen Stress und 10 maximalen Stress bedeutet. Indem du die Intensität im Vorfeld einschätzt, kannst du den Fortschritt und die Wirksamkeit deiner EFT-Tapping-Praxis messen.

2. **Selbstakzeptanzformel:** Beklopfe mit zwei Fingern den Handkantenpunkt und sprich folgenden Satz dreimal:

   »Auch wenn ich glaube, immer perfekt sein zu müssen, achte und schätze ich mich, so wie ich bin.«

3. **Annehmen, was ist:** Beklopfe die sieben Klopfpunkte mit Aussagen, die den momentan negativen Zustand als Folge von deinem Perfektionismus beschreiben:

- **Augenbrauenpunkt:** »Dieser ständige Druck, immer perfekt sein zu müssen ...«
- **Schläfe:** »Ich habe das Gefühl, nie gut genug zu sein ...«
- **Unter dem Auge:** »Es ist so anstrengend ...«
- **Unter der Nase:** »Diese ständige Selbstkritik ...«
- **Kinnpunkt:** »Ich wünschte, ich könnte dieses Bedürfnis, perfekt zu sein, loslassen und mich selbst so akzeptieren, wie ich bin ...«
- **Schlüsselbeinpunkt:** »Ich bin so erschöpft ...«
- **Auf dem Brustbein:** »Ich erkenne, dass mein Perfektionismus mir nicht dient ...«

4. **Positive Affirmationen:** Wiederhole den Prozess wie in Punkt 3, diesmal aber mit positiven Affirmationen als Klopfsätze.

* **Augenbrauenpunkt:** »Es ist okay, nicht perfekt zu sein ...«
* **Schläfe:** »Ich kann zufrieden sein, auch wenn nicht jedes Detail stimmt ...«
* **Unter dem Auge:** »Ich bin gut genug, so wie ich bin ...«
* **Unter der Nase:** »Fehler sind Möglichkeiten, um zu lernen und um zu wachsen ...«
* **Kinnpunkt:** »Ich muss nichts leisten, um geliebt zu werden ...«
* **Schlüsselbeinpunkt:** »Mein Wert hängt nicht von meinem Aussehen oder meiner Leistung ab ...«
* **Auf dem Brustbein:** »Alles, was ich tun kann, ist, mein Bestes zu geben, und das reicht aus ...«

5. **Body Check-in:** Spüre nach jedem Klopfdurchgang in deinen Körper hinein und überprüfe, ob sich etwas verändert hat. Bewerte die Intensität deines Stressempfindens erneut auf einer Skala von 0 bis 10, wo sie jetzt steht. Mache so viele Klopfdurchgänge wie nötig, bis die Intensität deines Stressempfindens auf 0 oder einen akzeptablen Wert gesunken ist.

Du möchtest weiterkommen in deinem Leben? Dafür musst du etwas wagen und Risiken eingehen. Sobald du bemerkst, dass dich deine perfektionistischen Verhaltensmuster abhalten, Dinge zu Ende zu bringen oder Neues zu wagen, erinnere dich an diese Übungen und wiederhole das Tapping. Wenn du dranbleibst, wirst du es erleben: Wer wagt, gewinnt! *SHIFT* happens!

Selbstsabotage durch PROKRASTINATION

*Prokrastination ist die Kunst,
den Stress von heute auf morgen zu verschieben.*
– Mark Twain

Ein Termin drückt, und die Arbeit wartet. Die leere Seite auf deinem Monitor blinkt dir immer noch strahlend weiß entgegen und erinnert dich ständig daran, dass du noch einen Bericht schreiben musst, der bis morgen auf dem Schreibtisch deiner Chefin liegen soll. Du schaffst es einfach nicht, dich aufzuraffen, und findest keine Motivation – nicht mal in Gedanken an den bevorstehenden Stress, der dir blüht. Um dich herum ist alles voller Ablenkungen und wird lieber erledigt als das, was eigentlich Priorität haben sollte. Alles, sogar das Telefonat mit deiner Mutter, scheint plötzlich attraktiver als die Arbeit, die du eigentlich erledigen solltest.

Was ist Prokrastination?

Wenn von Prokrastination die Rede ist, dann spricht man davon, dass wichtige Dinge aufgeschoben und stattdessen weniger wichtige oder einfachere Dinge getan werden, obwohl man sich bewusst ist, dass das zu Problemen führen könnte.

Die sogenannte Aufschieberitis dieser Art ist für viele nicht nur im Berufsleben, sondern auch im privaten Alltag eine Herausforderung. Das Verhalten führt nicht nur zu persönlichen Problemen, sondern bringt auch andere im sozialen Umfeld an die Grenze der Gelassenheit. Dabei handelt es sich bei diesem Verhaltensmuster nicht notwendigerweise um Faulheit oder fehlende Motivation und auch nicht unbedingt um fehlendes Verantwortungsbewusstsein. Jeder, der prokrastiniert, weiß das. Oft liegt das Problem eher darin, dass es an der notwendigen Willenskraft mangelt, die anstehenden Aufgaben anzugehen.

Es ist wichtig, Prokrastination nicht mit dem bewussten Entscheidungsprozess zu verwechseln, Aufgaben manchmal aufzuschieben, um »noch mal eine Nacht darüber zu schlafen«. Insbesondere in Situationen der Überforderung oder wenn man sich selbst zu viel Druck macht, kann es eine gesunde Strategie sein, um Stress zu reduzieren und bessere Lösungen zu finden.

Allerdings wird Prokrastination dann problematisch, wenn das Aufschieben von Aufgaben zu einer gewohnheitsmäßigen Reaktion wird, die Unzufriedenheit, Stress und in einigen Fällen auch ernsthafte Auswirkungen auf die berufliche oder persönliche Entwicklung hat.

Daher ist es wichtig, dieses Verhalten zu erkennen und Strategien zur Bewältigung der Prokrastination zu erlernen, um produktiver und zufriedener im Alltag zu sein.

Selbsttest: Bin ich ein Prokrastinierer?

Wenn du dich fragst, ob du ein Prokrastinierer bist, dann könnten folgende Anhaltspunkte hilfreich sein, die einige typische Eigenschaften von »Prokrastinierern« beschreiben.

- Du verschiebst Aufgaben, bis der Druck der Frist unvermeidbar wird.
- Du verbringst viel Zeit mit unwichtigen Aktivitäten, um deine eigentlichen Aufgaben zu vermeiden.
- Du fühlst dich schnell überwältigt vom Umfang oder

der Komplexität einer Aufgabe und zögerst daher, sie zu beginnen.

- Du sagst dir oft, dass du »besser unter Druck arbeitest«, obwohl du weißt, dass dies zu Stress und suboptimalen Ergebnissen führt.
- Du fühlst dich schuldig oder ängstlich, wenn du an die Aufgaben denkst, die du noch erledigen musst.
- Du stellst die Bedürfnisse und Forderungen anderer vor deine eigenen Aufgaben und Prioritäten.
- Du bist oft von dir selbst enttäuscht, weil du Möglichkeiten oder Fristen verpasst hast.
- Du zweifelst häufig an deiner Fähigkeit, eine Aufgabe erfolgreich abzuschließen, bevor du überhaupt angefangen hast.
- Du neigst dazu, dich auf die Details zu konzentrieren und das größere Bild aus den Augen zu verlieren, was dich davon abhält, eine Aufgabe abzuschließen.
- Du verbringst mehr Zeit mit der Planung einer Aufgabe als mit ihrer eigentlichen Ausführung.

Wenn mehrere dieser Aussagen auf dich zutreffen, könnte es sein, dass du ein Prokrastinierer bist.

Diese Liste ist nicht vollständig, und es gibt viele andere Anzeichen für Prokrastination. Wie bei allen Selbsttests ist es wichtig, zu beachten, dass dies kein Ersatz für eine professionelle Diagnose ist. Hast du das Gefühl, Prokrastination beeinflusst dein Leben negativ, kann es hilfreich sein, Unterstützung von einem Therapeuten oder Coach zu suchen.

Warum prokrastiniert man?

Die Ursachen, Aufgaben aufzuschieben, sind vielfältig und können von Person zu Person unterschiedlich sein. Als ein Grund für Prokrastination lässt sich häufig ein Mangel an Selbstkontrolle ausmachen. Diese Fähigkeit, gegenwärtige Bedürfnisse und Impulse zugunsten zukünftiger Ziele zu kontrollieren, ist entscheidend, um Aufgaben effizient anzugehen. Fehlt es an dieser Selbstkontrolle, kann die Versuchung groß sein, unmittelbare Befriedigung oder Bequemlichkeit dem langfristigen Nutzen der Aufgabenerledigung vorzuziehen.

Eine weitere psychologische Ursache für Prokrastination ist die offene Entscheidungslähmung. Manchmal stehen Menschen vor so vielen Möglichkeiten oder einer so großen Aufgabe, dass sie sich überfordert fühlen und Schwierigkeiten haben, eine Entscheidung zu treffen oder mit der Aufgabe zu beginnen.

Auch ein geringes Selbstwertgefühl kann zur Prokrastination führen. Wenn Menschen an ihren Fähigkeiten zweifeln, neigen sie dazu, Aufgaben zu vermeiden, um potenzielles Versagen zu verhindern. Es ist eine Art von Selbstschutzmechanismus, um negative Gefühle zu vermeiden. Eine konkrete Form davon ist Versagensangst, die Erfolg unbewusst vermeidet. Der Betroffene befürchtet, dass Erfolg ihm zusätzliche Verantwortung bringen würde oder dass er nicht in der Lage sein wird, den Erwartungen anderer gerecht zu werden. Um diese Ängste zu vermeiden, schiebt er Aufgaben auf, um potenzielle (Miss-)Erfolge zu umgehen.

Grundsätzlich liegen die Ursachen von Prokrastination meist nicht in fehlender Organisation und schlechtem Zeitmanagement, sondern sind oft emotional bedingt und können von Sorgen und Versagensängsten bis hin zu Entscheidungslähmung und geringem Selbstwertgefühl reichen. Es ist wichtig, diese eigentlichen unbewussten Ursachen zu erkennen, um sie gezielt anzugehen.

Selbstreflexion – Preis und Gewinn

Wenn du dich in dem hier beschriebenen Verhaltensmuster wiedererkennst und du dich verändern möchtest, ist das möglich, vor allem nach all der Arbeit, die du bis hierhin geleistet hast.

Für diese Veränderung ist es notwendig, das Problem, das mit deiner Prokrastination einhergeht, nach seinem verdeckten Gewinn oder Zweck für dich zu befragen und zu ermitteln, was du auf einer unbewussten Ebene mit deinem Verhalten erreichen oder vermeiden möchtest. Erinnere dich daran, dass diese Erkenntnis ein wesentlicher Schritt ist, um die Selbstsabotage zu überwinden. Nur wenn du verstehst, warum du bestimmte Muster beibehältst, hast du die Wahl und die Macht, sie zu ändern.

- Wozu dient dir dein Prokrastinieren? Welchen Zweck verfolgst du damit? Was erhoffst du dir dadurch oder was möchtest du damit vermeiden?
- Für welche Absichten bzw. Ziele in deinem Leben wäre es kontraproduktiv, weiterhin an diesem Verhalten festzuhalten?

Jetzt, nachdem du reflektiert hast, welchen Gewinn oder Nutzen deine Prokrastination für dich hat – ob es nun Sicherheit, Komfort oder etwas anderes ist –, kannst du dich dafür entscheiden, dieses Bedürfnis auf gesündere und produktivere Weisen zu erfüllen.

Selbsthilfestrategien: Wie man Prokrastination überwinden kann

Du kennst nun die Ursachen und den Preis deiner Prokrastination und bist bereit, dieses destruktive Verhaltensmuster endlich abzulegen. Folgende einfache, aber effektive Selbsthilfestrategien unterstützen dich dabei.

1. **Nutze die 5-Minuten-Regel:** Diese Regel zielt darauf ab, den Widerstand zu überwinden, der häufig mit dem Beginn einer Aufgabe verbunden ist.

   Schritt 1: Wähle eine Aufgabe aus, die du regelmäßig aufschiebst. Es ist wichtig, mit einer Aufgabe zu beginnen, die du tatsächlich erledigen musst und die dich normalerweise stresst oder belastet.

   Schritt 2: Stelle einen Timer auf fünf Minuten ein und beginne mit der Arbeit. Während dieser Zeit solltest du dich ausschließlich auf die Aufgabe konzentrieren.

   Schritt 3: Sobald der Timer abläuft, triff eine bewusste Entscheidung, ob du weitermachen oder aufhören willst. Es ist völlig in Ordnung, an diesem Punkt eine Pause einzulegen, besonders wenn die Aufgabe sehr stressig ist.

   Schritt 4: Wiederhole diesen Prozess regelmäßig. Du wirst überrascht sein, wie viel du in nur fünf Minuten erreichen kannst, und oft wirst du feststellen, dass du motivierter bist weiterzumachen, nachdem du den ersten Schritt getan hast.

Feiere deine Erfolge: Jede abgeschlossene »5-Minuten-Einheit« ist ein Fortschritt und trägt dazu bei, dir neue Gewohnheiten zu schaffen und Aufgaben anzugehen, anstatt sie aufzuschieben!

2. **Nutze das Parkinson'sche Gesetz:** Wie Cyril Northcot Parkinson sagt: »Arbeit dehnt sich in genau dem Maß aus, wie Zeit für ihre Erledigung zur Verfügung steht« – und nicht in dem Maße, wie viel Zeit man tatsächlich dafür bräuchte! Wir neigen dazu, unsere Arbeit an die verfügbare Zeit anzupassen, anstatt sie in der ihr angemessenen Zeit zu erledigen.
Erzeuge künstlich Dringlichkeit, indem du dir selbst bewusst knappe Deadlines setzt. So wirst du produktiver und handelst zielgerichteter. Behalte im Hinterkopf, dass bei dieser Methode ein Gleichgewicht wichtig ist – unrealistisch enge Deadlines können zusätzlichen Stress verursachen.

3. **Nutze die Pomodoro-Technik:** Diese Technik, die von Francesco Cirillo in den 1980er Jahren entwickelt wurde, dient dem effektiven Zeitmanagement, mit dem du erheblich produktiver sein kannst. So funktioniert's:
Schritt 1: Wähle eine Aufgabe aus, die du erledigen musst. Wenn sie umfangreich oder komplex ist, unterteile sie in kleinere, handhabbare Teilaufgaben. Ordne diese nach Priorität.
Schritt 2: Stelle einen Timer auf 25 Minuten ein. Während dieser Zeit konzentriere dich ausschließlich auf die ausgewählte Teilaufgabe.
Schritt 3: Klingelt der Timer, mache einen Haken hinter die erledigte Aufgabe und lege eine 5-minütige Pause ein.
Schritt 4: Wiederhole diesen Vorgang (25 Minuten + 5 Minuten = »1 Pomodoro«) viermal und lege dann eine längere Pause von 15 bis 30 Minuten ein.

Wenn du die Pomodoro-Technik regelmäßig anwendest, wirst du wahrscheinlich schnell erkennen, welche Fortschritte du machst und welche Erfolge du erzielst. Außerdem helfen die eingebauten Pausen dabei, deine Konzentrations- und Leistungsfähigkeit über einen längeren Zeitraum hinweg aufrechtzuerhalten.

4. **Sozialer Druck gegen Prokrastination:** Wenn du Schwierigkeiten hast, dich selbst zu motivieren oder eine Aufgabe zu erledigen, kann sozialer Druck ein effektives Werkzeug sein, um Prokrastination zu bekämpfen.

   Schritt 1: Wähle eine Aufgabe oder ein Ziel aus, das du oft aufschiebst. Dies könnte ein berufliches oder privates Projekt oder ein Arbeits- oder Lernziel sein.

   Schritt 2: Mache dein Ziel öffentlich, indem du es einer Person mitteilst, der du vertraust. Es könnte ein Freund, ein Familienmitglied oder ein Mentor sein. Teile ihnen dein Ziel mit und bitte sie, dich dabei zu unterstützen und dich zur Rechenschaft zu ziehen, indem du zum Beispiel sagst: »Ich versuche, jeden Tag 30 Minuten zu lesen. Könntest du mich daran erinnern oder mich fragen, wie es läuft?«

   Für einen zusätzlichen Ansporn kannst du dein Ziel auch in sozialen Medien bzw. in einer Gruppe von Freunden teilen. Dies erzeugt einen größeren Druck und schafft eine Erwartungshaltung von anderen, die dir als Anreiz dient, am Ball zu bleiben.

   Schritt 3: Führe regelmäßige Check-ins durch, in denen du deine Fortschritte überprüfst, und halte deine Sparringspartner auf dem Laufenden. Dies schafft nicht nur ein Gefühl der Verantwortlichkeit, sondern motiviert dich auch, kontinuierlich daran zu arbeiten, dein Ziel zu erreichen.

5. **Belohne dich mit »Ablenkung«:**

   Schritt 1: Bestimme eine spezifische Arbeitszeit, zum Beispiel eine Stunde, und verwende einen Timer, um die Frist zu überwachen. Sei dabei realistisch und berücksichtige deine individuelle Arbeitskapazität, ohne dich zu überfordern.

   Schritt 2: Wähle eine »Belohnungsaktivität« aus, die du wirklich genießt und die normalerweise als Ablenkung wirkt. Das könnte eine Episode deiner Lieblingsserie, ein Videospiel oder Zeit in den sozialen Medien sein.

   Schritt 3: Nachdem du die festgelegte Arbeitszeit erfolgreich und ohne Ablenkung absolviert hast, belohne dich mit einer entsprechenden Zeit, die du mit deiner »Belohnungsaktivität« verbringst.

   Schritt 4: Wiederhole diesen Prozess für jede Arbeitseinheit. Ziel ist es, die Belohnungszeit schrittweise zu reduzieren, um die Fokussierungszeit zu verlängern. Beispielsweise könntest du dich nach einer Stunde Arbeit beim nächsten Mal nur mit 45 Minuten Ablenkung belohnen statt mit einer Stunde.

   Feiere deine Fortschritte, unabhängig von ihrer Größe. Jede erledigte Aufgabe ist solch ein Fortschritt, den du anerkennen solltest, denn er bringt dich deinem Ziel näher.

Abschließende EFT-Tapping-Session

(Siehe Abbildung der Klopfpunkte auf Seite 73)

1. **Bewerte dein Stressempfinden:** Bewerte die Belastung durch deine Prokrastination auf einer Skala von 0–10, wobei 0 keinen Stress und 10 maximalen Stress bedeutet. Indem du die Intensität im Vorfeld einschätzt, kannst du den Fortschritt und die Wirksamkeit deiner EFT-Tapping-Praxis feststellen.

2. **Selbstakzeptanzformel**: Beklopfe mit zwei Fingern den Handkantenpunkt und sprich folgenden Satz dreimal:

   »Auch wenn ich ständig Dinge aufschiebe, achte und schätze
   ich mich, so wie ich bin.«

3. **Annehmen, was ist**: Beklopfe die sieben Klopfpunkte mit Aussagen, die den momentan negativen Zustand als Folge des Prokrastinierens beschreiben:

- **Augenbrauenpunkt:** »Ich bin schon wieder so unmotiviert
  und antriebslos …«
- **Schläfe:** »Ich müsste das jetzt eigentlich erledigen, aber da ist
  dieser Widerstand in mir …«
- **Unter dem Auge:** »… und diese starke Unwilligkeit loszu-
  legen …«
- **Unter der Nase:** »Ich weiß einfach nicht, wo ich anfangen
  soll …«
- **Kinnpunkt:** »Das ist alles zu viel für mich! Ich schaff das
  nicht …!«
- **Schlüsselbeinpunkt:** »Ich bin so ein/e Versager/in …«
- **Auf dem Brustbein:** »Ich akzeptiere, dass ich gerade in diesem
  Zustand des Prokrastinierens bin …«

4. **Positive Affirmationen:** Wiederhole den Prozess wie in Punkt
   3, diesmal aber mit positiven Affirmationen als Klopfsätze.

- **Augenbrauenpunkt:** »Was wäre, wenn ich trotz meines Wider-
  stands einfach beginne …?«
- **Schläfe:** »… und mir danach sogar dankbar dafür wäre …?«
- **Unter dem Auge:** »Auch kleine Schritte sind ein Erfolg …!«

- **Unter der Nase:** »Denn kleine Schritte sind besser als keine Schritte ...«
- **Kinnpunkt:** »Ich bin dazu in der Lage, meine Aufgaben in Angriff zu nehmen und zu bewältigen ...«
- **Schlüsselbeinpunkt:** »Ich wähle Produktivität statt Prokrastination ...«
- **Auf dem Brustbein:** »Ich zähle jetzt von 5 bis 1 runter und lege dann los! 5-4-3-2-1, los!«

5. **Body Check-in:** Spüre nach jedem Klopfdurchgang in deinen Körper hinein und überprüfe, ob sich etwas verändert hat. Bewerte die Intensität deines Stressempfindens erneut auf einer Skala von 0 bis 10. Mache so viele Klopfdurchgänge wie nötig, bis die Intensität deines Stressempfindens auf 0 oder einen akzeptablen Wert gesunken ist.

Deine Angst davor, die erreichten Ziele und Erfolge nicht halten zu können, ist unbegründet. Du kannst das, was du dir vorgenommen hast! Übe dich darin, dich und deinen eigenen Fortschritt nicht länger durch Prokrastination zu behindern. Bleibe dran und wiederhole die Selbsthilfestrategien und das Tapping so oft wie nötig. Vertraue dabei einfach darauf: *SHIFT happens!*

Selbstsabotage durch SOZIALE ANGST

Die Hölle, das sind die anderen.
– Jean-Paul Sartre

Du hast dich breitschlagen lassen, deine Schwester zur Party zu begleiten. Nur der Gedanke an das bevorstehende Event macht dich schon seit Tagen nervös. Viele Mensch auf engem Raum – das ist deine persönliche Vorstellung von einem Albtraum, aber genau das ist es, was Hauspartys so mit sich bringen. Das letzte Mal endete so eine Party fast mit einem Kreislaufkollaps, als du nach nur einer Stunde vor lauter Beklemmungsgefühlen fliehen musstest. Dieses Mal droht die Party noch schwieriger zu werden. Er wird auch da sein, der selbsternannte »Mr. Wichtig«, der Journalist, der alle immer in komplizierte Diskussionen verstrickt, oder zumindest dich. Wie die anderen immer so locker bleiben, weißt du nicht. Dich macht der Typ furchtbar nervös, und du bekommst Schweißausbrüche und Herzrasen, da kann er noch so »supernett« sein. In Gesellschaft fühlst du dich selten wohl, es ist, als ob eine unsichtbare Wand dich von den anderen trennt. Während sie scheinbar mühelos Spaß haben, kämpfst du gegen eine innere Unruhe, die dich hindert, den Moment zu genießen. Du würdest am liebsten allein sein, die Stille und Ruhe deines Zimmers sind dir viel lieber. Leider musst du deine Schwester schon wieder enttäuschen und absagen.

Was ist soziale Angst?

Soziale Angst, im Extremfall als soziale Angststörung oder Sozialphobie bezeichnet, ist eine Art von Angststörung, die durch übermäßige und unangemessene Angst vor sozialen Situationen gekennzeichnet ist. Menschen mit sozialer Angst fürchten sich vor Situationen, in denen sie mit anderen interagieren müssen, und befürchten, in peinliche oder demütigende Situationen zu geraten, in denen sie beobachtet, beurteilt oder kritisiert werden könnten. Die Angst davor kann zur Vermeidung von sozialen Situationen führen, was den Alltag, die Arbeit und die Schul- oder Studienleistung erheblich beeinflussen kann.

Soziale Angst geht oft über normale Schüchternheit oder Nervosität hinaus. Sie kann zu starkem Stress führen und die alltäglichen Aktivitäten, die Arbeit, die Schule oder die sozialen Beziehungen beeinträchtigen. Interessanterweise erkennen die meisten Menschen mit sozialer Angst, dass ihre Ängste übertrieben oder unvernünftig sind, sie können sie dennoch nicht einfach abschalten oder ignorieren.

Soziale Angst kann in zwei Haupttypen unterteilt werden: spezifische soziale Angst, die sich auf bestimmte Situationen bezieht, wie öffentliches Sprechen oder essen in Gesellschaft, und generalisierte soziale Angst, bei der eine Person eine breite Palette von sozialen Situationen fürchtet und vermeidet. Beide Typen haben oft zur Folge, dass eine Person ihr wahres Selbst verbirgt, Risiken meidet und damit die Chance verpasst, neue Erfahrungen zu machen.

Selbstsabotage durch soziale Angst kann das Selbstwertgefühl langfristig untergraben und zu Gefühlen von Isolation und Einsamkeit führen. Wenn soziale Angst unbehandelt bleibt, kann sie die Lebensqualität des Betroffenen erheblich beeinträchtigen und zu psychischen Problemen wie Depressionen oder weiteren Angststörungen führen. Es ist daher wichtig, Bewältigungsstrategien zu lernen und ggf. eine Behandlung durch z.B. kognitive Verhaltenstherapie in Betracht zu ziehen, um mit sozialer Angst umzugehen und sie zu überwinden.

Selbsttest: Leide ich unter sozialer Angst?

Wenn du dich fragst, ob du unter sozialer Angst leidest, dann könnten folgende Anhaltspunkte hilfreich sein, die einige typische Eigenschaften von »sozialer Angst« beschreiben.

- Du fühlst dich sehr unwohl oder ängstlich in Situationen, in denen du mit anderen Menschen interagieren musst.
- Du hast starke Angst davor, in sozialen Situationen beobachtet, beurteilt oder kritisiert zu werden.
- Du vermeidest Situationen, in denen du im Mittelpunkt der Aufmerksamkeit stehen könntest.
- Du hast Schwierigkeiten, vor Gruppen zu sprechen, in der Öffentlichkeit zu essen oder zu trinken.
- Du machst dir Sorgen darüber, dich peinlich zu verhalten.
- Du bist nervös oder angespannt, bevor du dich in eine soziale Situation begibst.
- Du fühlst dich in sozialen Situationen körperlich unwohl, das zeigt sich z.B. durch Zittern, Schwitzen, Übelkeit oder Herzrasen.
- Du hast das Gefühl, dass du ständig aufpassen musst, was du sagst oder tust, um nicht negativ aufzufallen oder beurteilt zu werden.
- Du fühlst dich in sozialen Situationen fehl am Platz oder unerwünscht, selbst wenn es keinen konkreten Anlass dafür gibt.

Wenn mehrere dieser Aussagen auf dich zutreffen, könnte es sein, dass du unter sozialer Angst leidest.

Diese Liste ist nicht vollständig, und es gibt viele andere Anzeichen für soziale Angst. Wie bei allen Selbsttests ist es wichtig zu beachten, dass dies kein Ersatz für eine professionelle Diagnose ist. Hast du das Gefühl, Perfektionismus beeinflusst dein Leben negativ, kann es hilfreich sein, Unterstützung von einem Therapeuten oder Coach zu suchen.

Warum entwickelt man soziale Angst?

Du hast im Selbsttest festgestellt, dass soziale Angst einen starken Einfluss auf dein Leben hat, und möchtest wissen, worin die Ursachen dafür liegen? Sie sind vielfältig und individuell verschieden. Einige der häufigsten Faktoren werden wir hier nun näher betrachten.

Temperament und Persönlichkeitszüge spielen oft eine wichtige Rolle bei sozialen Ängsten. Personen, die von Natur aus eher schüchtern, introvertiert oder hochsensibel sind, sind anfälliger für soziale Ängste. Sie können leicht von intensiven sensorischen Eindrücken oder emotionalen Erlebnissen überwältigt werden und soziale Situationen als überfordernd oder bedrohlich empfinden. Das löst Unbehagen und Ängstlichkeit aus.

Ein niedriges Selbstwertgefühl und Unsicherheit sind oft eng mit sozialer Angst verknüpft. Personen, die wenig Selbstvertrauen haben oder unsicher sind, neigen dazu, ihre eigenen Fähigkeiten zu unterschätzen, und befürchten Ablehnung oder Kritik. Derartige Befürchtungen können zu einer ständigen Besorgnis über die Meinungen anderer führen und die Angst vor negativen Beurteilungen verstärken, was zu sozialer Angst führt.

Einer der Hauptauslöser für soziale Ängste allerdings liegt oft in traumatischen Ereignissen in der Vergangenheit, vor allem in der Kindheit oder Jugend. Negative Erfahrungen wie Mobbing, öffentliche Demütigungen oder andere schmerzhafte Vorfälle haben tiefgreifende Emotionen hervorgerufen, die dazu führten, dass das Gehirn eine starke Angstreaktion entwickelt hat, die in ähnlichen sozialen Situationen getriggert wird – eine Schutzfunktion, um zukünftige Verletzungen zu vermeiden.

Eine weitere wesentliche Rolle bei der Entwicklung und dem Umgang mit sozialen Ängsten spielen Eltern. Ihre Erziehungsmethoden, ihre eigene soziale Angst und die Art und Weise, wie sie ihr Kind durch die Welt begleiten, haben erhebliche Auswirkungen.

Eine Erziehung, bei der das Kind ständig kritisiert wird, kann dazu führen, dass es Angst davor entwickelt, Fehler zu machen oder abgelehnt zu werden. Auf der anderen Seite kann eine übermäßig beschützende Erziehung dazu führen, dass das Kind die Welt als gefährlich und voller potenzieller Bedrohungen wahrnimmt. Darüber hinaus können Eltern mit sozialen Ängsten – bewusst oder unbewusst – ihre Ängste auf ihre Kinder übertragen. Wenn Kinder sehen, dass ihre Eltern in sozialen Situationen ängstlich reagieren, beurteilen auch sie infolgedessen diese Situationen womöglich als bedrohlich, auch wenn sie sie selbst nicht als gefährlich erlebt haben. Die Beobachtung der negativen sozialen Konsequenzen, die andere aufgrund ihrer Fehltritte erfahren, kann die Entwicklung sozialer Ängste im Erwachsenenleben dann noch weiter fördern.

Selbstreflexion – Preis und Gewinn

Wenn du dich in dem hier beschriebenen Verhaltensmuster wiedererkennst und du dich verändern möchtest, ist das möglich, vor allem nach all der Arbeit, die du bis hierhin geleistet hast.

Für diese Veränderung ist es notwendig, das Problem, das mit deiner sozialen Angst einhergeht, nach seinem verdeckten Gewinn oder Zweck für dich zu befragen und zu ermitteln, was du auf einer unbewussten Ebene mit deinem Verhalten erreichen oder vermeiden möchtest. Erinnere dich daran, dass diese Erkenntnis ein wesentlicher Schritt ist, um die Selbstsabotage zu überwinden. Nur wenn du verstehst, warum du bestimmte Muster beibehältst, hast du die Wahl und die Macht, sie zu ändern.

- Wozu dient deine soziale Angst? Welchen Zweck verfolgst du damit? Was versuchst du damit zu erreichen? Was erhoffst du dir dadurch oder was möchtest du damit vermeiden?
- Für welche Absichten bzw. Ziele in deinem Leben wäre es kontraproduktiv, weiterhin an diesem Verhalten festzuhalten?

Nachdem du erkannt hast, welchen Gewinn oder Nutzen deine soziale Angst für dich hat – sei es Angst vor Kritik und Ablehnung oder etwas anderes –, kannst du dich entscheiden, dieses Bedürfnis auf gesündere und produktivere Weisen zu erfüllen.

Selbsthilfestrategien: Wie man soziale Angst überwinden kann

Du kennst nun die Ursachen und den Preis deiner sozialen Angst und bist bereit, dieses destruktive Verhaltensmuster abzulegen. Folgende einfache, aber effektive Selbsthilfestrategien unterstützen dich dabei.

1. **Akzeptiere die Ungewissheit und stelle dich deinen Ängsten »aktiv«:** Soziale Angst wurzelt oft in der Furcht vor Ungewissheit und Ablehnung. Um diese Ängste zu überwinden, solltest du dich aktiv mit ihnen auseinandersetzen und deine Komfortzone erweitern. Dies beginnt damit, dich bewusst in Situationen zu begeben, die Unsicherheit hervorrufen, z. B. indem du ein neues Restaurant ausprobierst oder dich mit jemandem triffst, den du noch nicht so gut kennst. Sobald du dich mit kleineren unbekannten Situationen wohlfühlst, kannst du dich größeren Herausforderungen stellen, wie eine Präsentation vor einer Gruppe zu halten oder endlich die Person anzusprechen, die du näher kennenlernen möchtest.

   Darüber hinaus gilt es, sich Situationen, die soziale Ängste auslösen, zu stellen. Der Schlüssel hierbei ist die regelmäßige Konfrontation mit solchen angstauslösenden Situationen, was mit der Zeit dazu führt, dass die Angst abnimmt. Dieser Prozess erfordert Geduld und Ausdauer, da Fortschritte oft nur nach und nach erfolgen.

   Wichtig ist, dass du dir selbst gegenüber nachsichtig bist. Denke daran, dass es in Ordnung ist, Fehler zu machen, und dass jede Erfahrung eine Chance zum Lernen ist.

2. **Angst als Freund:** Eine hilfreiche Strategie kann es sein, die Angst als einen wohlmeinenden Freund zu betrachten. Stell dir vor, deine Angst ist wie ein Freund, der dich ein wenig zu sehr behütet. Er versucht, dich vor potenziellen Gefahren oder unangenehmen Situationen zu schützen, aber manchmal übertreibt er es einfach. Indem du deine Angst anerkennst und ihr dankst, aber ihr auch mitteilst, dass es dir gut geht und sie nicht dermaßen stark eingreifen muss, kannst du beginnen, sie zu mildern. Es ist ein Weg, Mitgefühl und Verständnis für dich selbst zu entwickeln, anstatt gegen deine Gefühle anzukämpfen.

3. **Lenke deine Aufmerksamkeit nach »außen«:** Eine Hauptquelle sozialer Angst liegt oft in der gebündelten Aufmerksamkeit auf die eigene Person. Das bedeutet, dass du dazu neigst, dich stark auf deine eigenen Gedanken, Gefühle und Handlungen zu konzentrieren, besonders auf die Art und Weise, wie du glaubst, dass andere dich wahrnehmen. Oft ist diese erhöhte Selbstbewusstheit ein akuter Auslöser für soziale Angst. Eine Strategie, um diese Art von Selbstfokussierung zu überwinden, ist, die Aufmerksamkeit bewusst von dir selbst (innen) zur Umgebung und anderen Menschen (außen) zu lenken. Mit folgenden Angeboten kannst du diese Strategie umsetzen:

   a. **Achtsamkeitsübungen:** Befindest du dich in einer sozialen Situation und bemerkst, dass du beginnst, dich auf deine eigenen Gedanken und Gefühle zu konzentrieren, versuche, dich bewusst auf etwas in deiner Umgebung zu fokussieren. Das könnte ein interessantes Objekt wie das Muster eines Teppichs sein oder eine Aufgabe, die du in diesem Kontext erledigen kannst, wie zum Beispiel das Ordnen von Unterlagen während einer Besprechung oder das Mixen von Getränken bei einer Party. Oder konzentriere dich auf das, was du gerade siehst, hörst, riechst oder fühlst. Achte zum Beispiel auf die Farben um dich herum, auf Geräusche oder auf das Gefühl deiner Füße auf dem Boden. Diese Achtsamkeitsübungen helfen dir, im gegenwärtigen Moment zu bleiben, anstatt dich in Gedanken über dich selbst zu verlieren.

b. Aktives Zuhören: Wenn du in einem Gespräch bist, konzentriere dich darauf, wirklich zuzuhören, was die andere Person sagt, anstatt um deine eigenen Gedanken und Gefühle zu kreisen. Versuche, dich darauf zu fokussieren, was du an der anderen Person vielleicht magst oder über sie herausfinden und lernen kannst, anstatt dich darum zu sorgen, was sie von dir denkt.

4. **Smalltalk meistern:** Smalltalk kann anfangs beängstigend sein, besonders wenn du unter sozialen Ängsten leidest. Sieh es jedoch als eine Fertigkeit an, die sich mit der Zeit und etwas Übung verbessern lässt. Diese Tipps helfen dir dabei:

Schritt 1: Stelle Fragen zu den Interessen, Erfahrungen oder Meinungen deines Gegenübers. Bleibe auf dem Laufenden über aktuelle Ereignisse und informiere dich über Themen, die dich interessieren. So hast du immer ein Repertoire an Gesprächsthemen parat. Denke daran, dass Smalltalk oft dazu dient, Gemeinsamkeiten zu entdecken.

Schritt 2: Hast du den Einstieg ins Gespräch geschafft, so ist die nächste Herausforderung, es am Laufen zu halten. Offene Fragen sind hierbei dein bester Freund. Sie laden zur Diskussion ein und verhindern kurze, abgehackte Antworten. Offene Fragen beginnen mit Wörtern wie »Wer«, »Wie?«, »Was?«, »Warum?« usw. Sie fördern eine eingehendere Unterhaltung, da sie mehr als nur eine einfache Ja-Nein-Antwort erfordern.

Schritt 3: Trainiere deine Fähigkeit, wirklich zuzuhören und auf das zu reagieren, was die andere Person sagt. Zeige Interesse und frage nach. Aufrichtige Komplimente können auch dazu beitragen, das Gespräch in eine positive Richtung zu lenken.

Schritt 4: Lerne, den Druck aus Smalltalk-Situationen herauszunehmen. Smalltalk ist dazu gedacht, leicht und unverbindlich zu sein, nicht perfekt. Jede Unterhaltung ist eine Gelegenheit zum Üben und Lernen. Sei also geduldig mit dir selbst und erkenne deine Fortschritte an. Versuche, jede Begegnung als Chance zu sehen, deine Fähigkeiten zu verbessern, anstatt sie als Test deiner sozialen Fähigkeiten zu sehen.

Übung macht den Meister! Nutze jede Gelegenheit zum Smalltalk, sei es beim Einkaufen, auf einer Party oder bei der Arbeit. Je mehr du übst, desto sicherer wirst du.

5. **Mentales Einüben:** Visualisierung ist eine effiziente Methode, die dazu beitragen kann, positive Erfahrungen und Ergebnisse in deinem Geist zu »üben« und zu verstärken. Bei regelmäßiger Anwendung kann sie dazu beitragen, dein Selbstvertrauen in sozialen Situationen zu stärken.

Schritt 1: Setze oder lege dich bequem hin und schließe deine Augen. Beginne mit tiefen Atemzügen, um dich zu entspannen und auf die Übung vorzubereiten.

Schritt 2: Stelle dir eine soziale Situation vor, die du normalerweise als herausfordernd empfinden würdest. Stell dir vor deinem inneren Auge vor, wie du in dieser Situation mit Selbstvertrauen und Leichtigkeit agierst. Lasse dieses Bild in deinem Inneren so lebendig wie möglich werden.

Schritt 3: Vertiefe deine Visualisierung, indem du auf die Details eingehst: Was trägst du? Wer ist da? Wie sieht die Umgebung aus? Wie riecht es dort? Welche Geräusche sind zu hören?

Schritt 4: Visualisiere dich selbst, wie du Augenkontakt hältst, lächelst, in einer aufrechten Haltung stehst und aktiv am Gespräch teilnimmst.

Schritt 5: Stelle dir die positiven Reaktionen der anderen Menschen vor – sie hören dir zu, lächeln zurück, reagieren positiv auf das, was du sagst. Fühle die positive Energie und Anerkennung in diesem Moment.

Schritt 6: Beende die Übung mit ein paar tiefen Atemzügen und öffne dann langsam die Augen. Wiederhole diese Übung regelmäßig, dabei kannst du verschiedene Szenarien visualisieren und sogar vorhersagen, wie du mit möglichen Herausforderungen umgehen wirst.

Abschließende EFT-Tapping-Session

(Siehe Abbildung der Klopfpunkte auf Seite 73)

1. **Bewerte dein Stressempfinden:** Bewerte die Belastung deiner sozialen Angst auf einer Skala von 0–10, wobei 0 keinen Stress und 10 maximalen Stress bedeutet. Indem du die Intensität im Vorfeld einschätzt, kannst du die Wirksamkeit deiner EFT-Tapping-Praxis messen und feststellen.

2. **Selbstakzeptanzformel:** Beklopfe mit zwei Fingern den Handkantenpunkt und sprich folgenden Satz dreimal:

    »Auch wenn mich meine soziale Angst extrem einschränkt, achte und schätze ich mich, so wie ich bin.«

3. **Annehmen, was ist:** Beklopfe die sieben Klopfpunkte mit Aus-

sagen, die den momentan negativen Zustand als Folge der sozialen Angst beschreiben.

Augenbrauenpunkt: »Meine Angst, dass mich andere negativ beurteilen könnten …«

Schläfe: »Ich muss perfekt sein …«

Unter dem Auge: »Meine Angst, peinlich aufzufallen und mich zu blamieren …«

Unter der Nase: »Meine starken Selbstzweifel …«

Kinnpunkt: »Meine Trauer, dass ich mich immer mehr zurückziehe und isoliere …«

Schlüsselbeinpunkt: »Ich fühle mich gefangen in meiner Angst …«

Auf dem Brustbein: »Ich akzeptiere, dass ich gerade diese Angst empfinde …«

4. **Positive Affirmationen:** Wiederhole den Prozess wie in Punkt 3, diesmal aber mit positiven Affirmationen als Klopfsätze.

Augenbrauenpunkt: »Ich bin mehr als meine Angst …«

Schläfe: »Ich habe die Kontrolle über meine Emotionen …«

Unter dem Auge: »Die Angst und Unsicherheit, die ich spüre, gehen vorbei …«

Unter der Nase: »Ich bin sicher und ruhig, auch inmitten sozialer Situationen …«

Kinnpunkt: »Ich kann loslassen, was mich belastet …«

Schlüsselbeinpunkt: »Ich wähle, mich auf das Hier und Jetzt zu konzentrieren …«

Auf dem Brustbein: »Ich bin es wert, gesehen, gehört und geliebt zu werden …«

5. **Body Check-in:** Spüre nach jedem Klopfdurchgang in deinen Körper hinein und überprüfe, ob sich etwas verändert hat. Bewerte die Intensität deines Stressempfindens erneut auf einer Skala von 0 bis 10, wo sie jetzt steht. Mache so viele Klopfdurchgänge wie nötig, bis die Intensität deines Stressempfindens auf 0 oder einen akzeptablen Wert gesunken ist.

Mit diesen Übungen wirst du es schaffen, deiner sozialen Angst entgegenzuwirken. Wiederhole sie, wann immer es nötig ist. Lerne, dir zu vertrauen, dass du die Herausforderungen, die dir das Leben stellt, bewältigen kannst. Andere Menschen können dabei mit ihrem Interesse an dir eine wunderbare Bereicherung sein, wenn du es zulässt: *SHIFT* happens!

Selbstsabotage durch PEOPLE PLEASING

Man kann nicht allen gefallen,
ohne sich selbst zu verlieren.
– Bilge Arik

Eigentlich wolltest du »Nein« sagen, als deine Freundin anrief und dich bat, heute Abend bei ihr babyzusitten. Du bist gerade enorm überlastet. Auf der Arbeit ist es unfassbar anstrengend, weil ihr gerade nur zu zweit seid und du diejenige bist, die eigentlich alles macht. Irgendwer muss schließlich übernehmen ... Und du willst wirklich niemanden enttäuschen, nicht mal deinen Chef, obwohl er bei jeder Gelegenheit sexistische Sprüche abfeuert. Aber damit musst du leben, etwas zu sagen wäre dir wirklich zu heikel. Und eine alleinerziehende Mutter lässt man schon gar nicht hängen, sie braucht nun mal Unterstützung. Also sagst du »Ja«. Die Aussicht auf einen entspannten Abend opferst du ohne weiteres Nachdenken. Sowieso bist du der Meinung, dass man sich selbst nicht so wichtig nehmen sollte. Doch während du dich in die Bedürfnisse der anderen verstrickst, verlierst du langsam die Verbindung zu deinen eigenen Bedürfnissen und Wünschen. Du beginnst zu vergessen, wer du wirklich bist und was du für dich brauchst. Du verlierst dich im ständigen Versuch, das Leben anderer zu meistern, und vergisst dabei, dein eigenes zu leben.

Was ist People Pleasing?

People Pleasing ist ein Verhaltensmuster, bei dem der Betroffene ständig versucht, anderen zu gefallen oder deren Erwartungen zu erfüllen, oft auf Kosten seiner eigenen Bedürfnisse und Wünsche oder seines eigenen Wohlbefindens. Es handelt sich dabei um ein anerzogenes oder erlerntes Verhalten, das dazu dient, Zustimmung, Anerkennung oder Liebe von anderen zu gewinnen oder Konflikte und Ablehnung zu vermeiden.

People Pleaser haben Schwierigkeiten, »Nein« zu sagen, selbst wenn dies bedeutet, dass sie sich übermäßig anstrengen oder ihre eigenen Grenzen überschreiten müssen. Sie neigen dazu, den Bedürfnissen anderer Priorität einzuräumen und ihre eigenen Bedürfnisse oder Wünsche zu vernachlässigen oder zu ignorieren. In extremen Fällen können sie darüber ihre Identität und Selbstachtung verlieren, indem sie ständig versuchen, den Erwartungen anderer gerecht zu werden.

Das ständige Bemühen, anderen zu gefallen, kann zu erheblichen emotionalen und psychischen Belastungen führen, einschließlich Stress, Erschöpfung, Ängstlichkeit und in schweren Fällen sogar Depressionen. Darüber hinaus können People

Pleaser aufgrund ihrer Angst vor Ablehnung oder Konflikten Schwierigkeiten haben, gesunde Beziehungen aufzubauen und aufrechtzuerhalten.

Es ist wichtig, People Pleasing von Co-Abhängigkeit zu unterscheiden. Beide Verhaltensweisen weisen zwar Gemeinsamkeiten auf, insbesondere weil es bei beiden eine Tendenz gibt, die Bedürfnisse anderer über die eigenen zu stellen. Es gibt jedoch Unterschiede: Co-abhängige Menschen setzen oft ihre Gesundheit und ihr Wohlbefinden aufs Spiel, um für andere da zu sein. Dieses Verhalten ist meist tief verwurzelt und geht oft auf traumatische Erfahrungen in der Kindheit zurück.

People Pleaser hingegen versuchen einfach, Konflikte zu vermeiden und Harmonie zu schaffen. Sie wollen anderen gefallen und deren Erwartungen erfüllen, um Anerkennung und Zustimmung zu gewinnen. Dabei überschreiten sie manchmal ihre Grenzen, aber sie sind in der Regel nicht in der gleichen Art in belastenden Beziehungen gefangen wie co-abhängige Menschen. Man könnte sagen, dass einige co-abhängige Menschen zu People Pleasing neigen, aber nicht jeder, der ein People Pleaser ist, ist auch co-abhängig. Einfach gesagt: Alle Äpfel sind Früchte, aber nicht alle Früchte sind Äpfel.

People Pleasing ist klar von gesunder Beziehungsarbeit zu trennen. In gesunden Beziehungen gibt es einen Ausgleich, bei dem Kompromisse ausgehandelt werden, um sowohl die eigenen als auch die Bedürfnisse des anderen erfüllen zu können. People Pleaser jedoch neigen dazu, ihre eigenen Bedürfnisse und Wünsche zu opfern. Das führt oft zu einem Ungleichgewicht in der Beziehung und zu Unzufriedenheit, weil die Bedürfnisse des Betroffenen unerfüllt bleiben. Es ist wichtig zu verstehen, dass wahre Anerkennung und Zustimmung nicht durch Selbstaufopferung, sondern durch Authentizität, gegenseitigen Respekt und Kompromissbereitschaft erreicht werden können.

Selbsttest: Bin ich ein People Pleaser?

Wenn du dich fragst, ob du ein People Pleaser bist, dann könnten folgende Anhaltspunkte hilfreich sein, die einige typische Eigenschaften von People Pleasing beschreiben.

- Du hast Schwierigkeiten, »Nein« zu sagen, auch wenn du eigentlich nicht zustimmst oder keine Zeit oder Energie hast.
- Du fühlst dich unwohl, wenn jemand verärgert oder enttäuscht von dir ist, und bemühst dich sofort, die Situation zu »reparieren«.
- Du vernachlässigst oft deine eigenen Bedürfnisse und Wünsche, um anderen zu helfen oder sie glücklich zu machen.
- Du vermeidest Konflikte, indem du deine Meinung zurückhältst oder dich den Wünschen der anderen anpasst.
- Du machst dir Sorgen, dass andere dich weniger mögen oder ablehnen könnten, wenn du deine eigenen Bedürfnisse äußerst.
- Du bist immer zur Stelle, wenn andere um einen Gefallen bitten, selbst wenn dies deine eigenen Pläne oder Prioritäten stört.
- Du fühlst dich unwohl dabei, um Hilfe zu bitten, weil du niemanden belasten willst.
- Du hast Schwierigkeiten, Grenzen zu setzen und diese zu kommunizieren.

- Du gibst oft nach, auch wenn du weißt, dass du im Recht bist, nur um einen Streit zu vermeiden.
- Du fühlst dich oft ausgelaugt oder erschöpft, weil du so viel Zeit und Energie darauf verwendest, anderen zu gefallen.

Wenn mehrere dieser Aussagen auf dich zutreffen, könnte es sein, dass du ein People Pleaser bist.

Diese Liste ist nicht vollständig, und es gibt viele andere Anzeichen für People Pleasing. Wie bei allen Selbsttests ist es wichtig zu beachten, dass dies kein Ersatz für eine professionelle Diagnose ist. Hast du das Gefühl, People Pleasing beeinflusst dein Leben negativ, kann es hilfreich sein, Unterstützung von einem Therapeuten oder Coach zu suchen.

Warum wird man zum People Pleaser?

Du hast dich im Selbsttest als People Pleaser identifiziert und möchtest wissen, worin die Ursachen dafür liegen? Sie sind vielfältig und individuell verschieden. Einige der häufigsten Ursachen werden wir hier nun näher betrachten.

Menschen mit einem geringen Selbstwertgefühl oder einem Mangel an Selbstvertrauen sind besonders anfällig für People Pleasing. Sie messen ihren Wert oft anhand der Akzeptanz und Bestätigung durch andere. Sie glauben, dass sie wertvoll, liebenswert oder akzeptabel sind, wenn sie die Bedürfnisse und Wünsche anderer erfüllen und dabei ihre eigenen Bedürfnisse und Gefühle ignorieren. Das kann zu einem Teufelskreis führen: Sie suchen ständig nach externer Bestätigung, um sich gut zu fühlen, während dieser »positive Effekt« das Verhalten immer weiter verstärkt. Langfristig führt das zu erhöhtem Stress und in extremen Fällen zu Angstzuständen.

Ein weiterer Faktor für People Pleasing kann eine Über-identifikation mit der Rolle des Helfers oder Retters sein. In diesem Fall meint der Betroffene, dass er immer für andere da sein und ihnen helfen muss. Er fühlt sich für das Glück und das Wohl-befinden der anderen verantwortlich und meint zu versagen, wenn er nicht in der Lage ist, anderen zu helfen oder ihre Probleme zu lösen. Dieses Verhalten geht meistens auf Kosten der eigenen Gesundheit und des eigenen Wohlbefindens.

People Pleasing hat seine tiefer liegenden Ursachen vor allem auch in der frühen, kindlichen Erfahrung, die Bedürfnisse anderer vor den eigenen erfüllen zu müssen und auf keinen Fall »Ärger« zu machen, um Liebe und Bestätigung zu bekommen. Selbst in der scheinbar normalsten Erziehung kann es vorkommen, dass zum Beispiel viel Wert auf Gehorsam gelegt wird. Kinder lernen auf diese Weise, dass Anpassung und Unterordnung unter die Wünsche anderer der sicherste Weg ist, um Zuneigung und Anerkennung zu erhalten. Um Konflikte zu vermeiden, ignorieren sie eigene Bedürfnisse und Gefühle. Ihr Selbstwert wird schon früh in Abhängigkeit zu anderen definiert und hat keine eigene Geltung. Entsprechend wird Selbst-fürsorge nicht erlernt.

In vielen Fällen ist People Pleasing auch ein erlerntes Verhalten durch die Beobachtung und Nachahmung der Verhaltens-weisen der Eltern oder anderer wichtiger Bezugspersonen. Beobachtet ein Kind, dass die Eltern die Bedürfnisse anderer immer vor ihre eigenen stellen, lernt es dadurch, dass dies die »normale« oder »richtige« Art ist, sich zu verhalten.

All diese Faktoren können dazu führen, dass Menschen im Erwachsenenleben zu People Pleasern werden. Es ist wichtig, sich dessen bewusst zu sein und zu lernen, wie man seine eigenen Bedürfnisse und Grenzen setzt, um ein gesundes Gleichgewicht zwischen der Erfüllung der Bedürfnisse anderer und Selbstfürsorge zu finden.

Selbstreflexion – Preis und Gewinn

Wenn du dich in dem hier beschriebenen Verhaltensmuster wiedererkennst und du dich verändern möchtest, ist das möglich, vor allem nach all der Arbeit, die du bis hierhin geleistet hast.

Für diese Veränderung ist es notwendig, das Problem, das mit deinem People Pleasing einhergeht, nach seinem verdeckten Gewinn oder Zweck für dich zu befragen und zu ermitteln, was du auf einer unbewussten Ebene mit deinem Verhalten erreichen oder vermeiden möchtest. Erinnere dich daran, dass diese Erkenntnis ein wesentlicher Schritt ist, um die Selbstsabotage zu überwinden. Nur wenn du verstehst, warum du bestimmte Muster beibehältst, hast du die Wahl und die Macht, sie zu ändern.

- Wozu dient dir das People Pleasing? Welchen Zweck verfolgst du damit? Was erhoffst du dir dadurch oder was möchtest du damit vermeiden?
- Für welche Absichten bzw. Ziele in deinem Leben wäre es kontraproduktiv, weiterhin an diesem Verhalten festzuhalten?

Jetzt, nachdem du dich gefragt hast, welchen Gewinn oder Nutzen People Pleasing für dich hat – ob es nun Anerkennung, Konfliktvermeidung oder etwas anderes ist –, kannst du entscheiden, dieses Bedürfnis auf gesündere und produktivere Weisen zu erfüllen.

Selbsthilfestrategien: Wie man People Pleasing überwinden kann

Du kennst nun die Ursachen und den Preis von People Pleasing und bist bereit, dieses Verhaltensmuster abzulegen. Folgende einfache, aber effektive Selbsthilfestrategien unterstützen dich dabei.

1. **Spüre deine Bedürfnisse:** Deine Gefühle sind Wegweiser zu deinen Bedürfnissen, nutze sie.
   Schritt 1: Beginne damit, dich auf das zu konzentrieren, was du gerade fühlst. Sei präsent und aufmerksam. Es ist okay, wenn mehrere Gefühle gleichzeitig auftreten. Versuche, sie alle wahrzunehmen und zuzulassen.
   Schritt 2: Versuche, jedes Gefühl zu benennen. Ob es nun Wut, Angst, Traurigkeit oder etwas anderes ist. Es kann hilfreich sein, dieses Gefühl aufzuschreiben oder laut auszusprechen.
   Schritt 3: Stelle dir die Frage: »Was könnte dieses Gefühl mir über mein Bedürfnis sagen?« Denke daran, dass jedes Gefühl mit einem Bedürfnis verknüpft ist. Wut weist auf ein Bedürfnis nach Respekt oder Gerechtigkeit hin. Angst signalisiert ein Bedürfnis nach Sicherheit oder Stabilität, Traurigkeit ein Bedürfnis nach Trost oder Verbindung.
   Schritt 4: Anstatt diese Bedürfnisse zu ignorieren, erlaube dir, sie zu erkennen und anzunehmen. Sage dir: »Ich habe das Recht, meine Bedürfnisse zu haben und sie auszudrücken.« Schreibe diese Aussage auf oder sage sie laut.

Schritt 5: Wenn du merkst, dass du gestresst, müde oder über-fordert bist, frage dich, was du tun könntest, um dich besser zu fühlen. Vielleicht brauchst du z. B. eine Pause, eine Mahlzeit, Bewegung, Ruhe oder Zeit mit Freunden.

Führe diese Übung regelmäßig durch, um ein tieferes Bewusst-sein für deine eigenen Bedürfnisse zu entwickeln. Mit der Zeit wirst du besser darin werden, sie zu erkennen und dafür einzu-stehen. Denke daran: Deine Bedürfnisse sind genauso wichtig wie die der anderen.

2. **Erwartungsmanagement als Taktik gegen People Pleasing:**
Wenn du dazu neigst, es anderen ständig recht machen zu wollen, setzt du dich unter Druck, um deren Erwartungen zu erfüllen. Die folgende Strategie hilft dir, damit besser umzu-gehen.

Schritt 1: Frage dich, welche spezifischen Erwartungen dir Stress bereiten. Sind es Erwartungen, von denen du glaubst, dass andere sie an dich haben, oder solche, die du dir selbst auf-erlegst, um Zustimmung zu gewinnen? Sind diese Erwartungen wirklich real oder setzt du sie selbst, in dem Glauben, dass du die Bedürfnisse anderer vor deine eigenen stellen musst?

Schritt 2: Nachdem du die Erwartungen identifiziert hast, überlege dir, ob diese selbstauferlegten oder vermeintlich von anderen gestellten Erwartungen realistisch und erfüllbar sind. Versuchst du nur, diese Erwartungen wegen der anderen zu erfüllen, oder haben sie tatsächlich einen Wert für dich und dein persönliches Wohlbefinden? Beispiele für unrealistische Erwartungen: »Ich muss immer für jeden verfügbar sein« oder »Ich darf nie einen Fehler machen«. Realistische Erwartungen könnten lauten: »Ich kann helfen, wenn ich die Kapazität dazu habe« oder »Es ist in Ordnung, Fehler zu machen und daraus zu lernen«.

Versuche zu erkennen, ob du diese Erwartungen lediglich angenommen hast, um andere zufriedenzustellen.

Schritt 3: Erkennst du, dass die Erwartungen unrealistisch sind, sei mutig genug, um entsprechend zu handeln. Das kann beinhalten, dass du um klare Rückmeldung bittest, Grenzen setzt oder nach Unterstützung fragst. Es ist völlig in Ordnung, »Nein« zu sagen, wenn du etwas nicht tun kannst oder willst. Mit dieser Strategie lernst du, besser mit den Erwartungen hinsichtlich des People Pleasing umzugehen. Dadurch reduzierst du Stress und schaffst mehr Raum für deine eigenen Bedürfnisse.

Es ist okay, nicht immer den Erwartungen anderer gerecht zu werden. Dein Wert als Person hängt nicht davon ab, wie sehr du es anderen recht machst. Du bist mehr als deine Fähigkeit, anderen zu gefallen.

3. **Kritik als Feedback:** People Pleaser neigen dazu, Kritik persönlich zu nehmen, was zu Schuldgefühlen oder einem Gefühl der Unzulänglichkeit führen kann. Du kannst jedoch lernen, Kritik als Möglichkeit zu sehen, persönlich zu wachsen, anstatt sie als einen Angriff auf dich zu interpretieren.

   Versuche Kritik so objektiv wie möglich zu betrachten. Frage dich: Was war das konkrete Feedback in dieser Kritik? Was kannst du daraus lernen, um deine Fertigkeiten oder dein Verhalten zu verbessern? Fängst du in konkreten Situationen an, Kritik auf diese Weise einzuordnen, kannst du sie anders verarbeiten und sie für deine persönliche und berufliche Weiterentwicklung nutzen. Es ist ein Lernprozess, und mit der Zeit wirst du feststellen, dass du besser mit Kritik umgehst und dass sie dich nicht weniger emotional belastet.

4. **Üben, »Nein« zu sagen:** Viele Menschen haben Schwierigkeiten, »Nein« zu sagen, besonders wenn sie dazu neigen, es anderen recht machen zu wollen. Das kann zu Stress und Überforderung führen, da sie oft mehr Aufgaben übernehmen, als sie bewältigen können.

Beginne damit, »Nein« in weniger bedeutenden, weniger angstauslösenden Alltagssituationen zu sagen. Das könnten Gelegenheiten sein, bei denen du normalerweise aus Gewohnheit oder aus Höflichkeit »Ja« sagst, obwohl du es nicht meinst. Bietet dir jemand beispielsweise eine Tasse Kaffee an und du möchtest eigentlich keinen, sage einfach: »Nein, danke.«

Sobald du dich in diesen kleineren Situationen sicherer fühlst, kannst du anfangen, das »Nein« auch in bedeutungsvolleren Situationen zu üben. Sag das nächste Mal »Nein«, wenn du um einen Gefallen gebeten wirst, den du eigentlich nicht erfüllen möchtest oder kannst.

Formuliere bei Bedarf positive Alternativen oder Kompromisse. Statt einfach »Nein, ich kann nicht« zu sagen, könntest du sagen: »Ich kann diese Woche nicht, aber wie wäre es mit nächster Woche?« oder »Ich habe gerade keine Zeit dafür, aber ich könnte dir helfen, jemand anderen zu finden, der kann« oder »Ich fühle mich nicht wohl dabei, das zu tun, aber ich kann dir bei etwas anderem helfen«.

Biete nur Alternativen an, die du auch wirklich einhalten kannst und möchtest. Es ist wichtig, dass du deine eigenen Grenzen respektierst und dich nicht überfordert oder ausgenutzt fühlst. Du musst dich mit deinen Entscheidungen wohlfühlen, nur dann bist du authentisch.

5. **Mini-Meditation gegen Schuldgefühle:** Wenn du dich oft schuldig fühlst, weil du die Bedürfnisse anderer vor deine eigenen stellst, hilft diese Meditation dabei, diese Schuldgefühle loszulassen und deine Fähigkeit zu stärken, für dich selbst einzustehen:

Schritt 1: Setze oder lege dich in eine angenehme Position, in der du für ein paar Minuten ungestört bist. Schließe deine Augen und atme tief ein und aus.

Schritt 2: Stelle dir vor, dass du bei jedem Einatmen positive Energie einatmest und bei jedem Ausatmen die negativen Gefühle von Schuld und Selbstvorwurf ausatmest. Wiederhole das einige Male.

Schritt 3: Nun visualisiere die Schuldgefühle, die du hast, weil du etwas abgelehnt oder die Erwartungen von anderen nicht erfüllt hast, als eine Wolke. Stelle sie dir klar vor.

Schritt 4: Schau diese Wolke an und akzeptiere ihre Existenz. »Ich erkenne meine Schuldgefühle an, und ich erlaube ihnen, da zu sein. Es ist in Ordnung, diese Gefühle zu haben.«

Schritt 5: Nun stelle dir vor, wie sich die Wolke vor deinen Augen langsam auflöst. Sie beginnt, kleiner zu werden, und verschwindet schließlich ganz. Während sie verschwindet, wiederhole: »Ich lasse diese Schuldgefühle los. Ich muss sie nicht mehr tragen. Es ist okay, ›Nein‹ zu sagen.«
Wiederhole diesen Prozess so oft wie nötig.

Schritt 6: Beende die Meditation, indem du wieder ein paarmal tief ein- und ausatmest. Öffne die Augen. Nimm dir einen Moment Zeit, um die Erfahrung zu verarbeiten. Du hast das Recht, Grenzen zu setzen, und bist nicht dafür verantwortlich, die Erwartungen aller anderen zu erfüllen.

6. **Selbstfürsorge praktizieren:** Oft vergessen People Pleaser,

auf sich selbst zu achten, während sie versuchen, es allen anderen recht zu machen. Dabei ist Selbstfürsorge ein wichtiger Prozess, in dem man sich wieder auf seine eigenen Bedürfnisse besinnt. Du musst deine Batterien regelmäßig aufladen, um wirklich für andere da sein zu können.

Plane bewusst Zeiten der Entspannung und Aktivitäten, die dir Spaß machen, in deinen Alltag ein: zum Beispiel Lesen, Spazierengehen, Sport, Kunst, Musik hören oder einfach nur ein entspannendes Bad nehmen. Je mehr du dich daran gewöhnst, dir selbst Zeit und Raum für die Dinge, die dir guttun, einzuräumen, desto einfacher wird es dir fallen, Nein zu sagen, wenn du merkst, dass du dich übernimmst.

Selbstfürsorge ist nicht egoistisch! Sie ist notwendig, um dich mental und emotional zu stärken. Nur so kannst du auch für andere da sein, ohne dich selbst zu vernachlässigen.

Abschließende EFT-Tapping-Session
(Siehe Abbildung der Klopfpunkte auf Seite 73)

1. **Bewerte dein Stressempfinden:** Bewerte die Belastung durch das People Pleasing auf einer Skala von 0–10, wobei 0 keinen Stress und 10 maximalen Stress bedeutet. Indem du die Intensität im Vorfeld einschätzt, kannst du den Fortschritt und die Wirksamkeit deiner EFT-Tapping-Praxis feststellen.

2. **Selbstakzeptanzformel:** Beklopfe mit zwei Fingern den Handkantenpunkt und sprich folgenden Satz dreimal:

»Auch wenn ich das Bedürfnis habe, es ständig allen recht

machen zu müssen, akzeptiere und schätze ich mich, so wie ich bin.«

3. **Annehmen, was ist:** Beklopfe die sieben Klopfpunkte mit Aussagen, die den momentan negativen Zustand als Folge von People Pleasing beschreiben.

- **Augenbrauenpunkt:** »Dieses ständige Bedürfnis, es jedem recht zu machen …«
- **Schläfe:** »Ich fühle mich erschöpft und überfordert …«
- **Unter dem Auge**: »Es ist so anstrengend, ständig die Erwartungen anderer zu erfüllen …«
- **Unter der Nase:** »Ich vernachlässige meine eigenen Bedürfnisse und Wünsche …«
- **Kinnpunkt:** »Es ist schwer, Grenzen zu setzen und Nein zu sagen …«
- **Schlüsselbeinpunkt:** »Ich wünschte, ich könnte mich selbst mehr priorisieren …«
- **Auf dem Brustbein:** »Ich akzeptiere, dass ich gerade in diesem Zustand des People Pleasings bin …«

4. **Positive Affirmationen:** Wiederhole den Prozess wie in Punkt 3, diesmal aber mit positiven Affirmationen als Klopfsätze.

- **Augenbrauenpunkt:** »Ich bin genug, so wie ich bin …«
- **Schläfe:** »Ich habe das Recht, meine eigenen Bedürfnisse und Wünsche zu erfüllen …«
- **Unter dem Auge:** »Ich kann ›Nein‹ sagen, ohne Schuldgefühle zu haben …«
- **Unter der Nase:** »Ich setze gesunde Grenzen für mein Wohlbefinden …«

- **Kinnpunkt:** »Ich kann anderen gefallen, ohne mich selbst zu vernachlässigen ...«
- **Schlüsselbeinpunkt:** »Ich wähle, mich selbst so sehr zu respektieren, wie ich andere respektiere ...«
- **Auf dem Brustbein:** »Ich bin ruhig und selbstsicher in meiner Entscheidung, mich selbst zu priorisieren ...«

5. **Body Check-in:** Spüre nach jedem Klopfdurchgang in deinen Körper hinein und überprüfe, ob sich etwas verändert hat. Bewerte die Intensität deines Stressempfindens erneut auf einer Skala von 0 bis 10. Wo steht sie jetzt? Mache so viele Klopfdurchgänge wie nötig, bis die Intensität deines Stressempfindens auf 0 oder einen akzeptablen Wert gesunken ist.

Es ist völlig in Ordnung, deine eigenen Bedürfnisse anzuerkennen und für sie einzustehen. Du bist mehr als nur eine Person, die anderen zu gefallen hat. Es ist an der Zeit, dich selbst zu feiern und die Selbstsabotage durch People Pleasing zu beenden. Wiederhole die Übungen und das Tapping je nach Bedarf. Du wirst sehen: *SHIFT* happens!

Selbstsabotage durch BINDUNGSANGST

> *Aus Angst, verletzt zu werden,*
> *denkst du schon ans Ende, bevor es überhaupt angefangen hat.*
> *– Unbekannt*

Seitdem ihr zusammen seid, überkommt dich immer wieder ein Gefühl von Beklemmung. Eigentlich verbringt ihr eine wunderschöne Zeit miteinander, aber die Nähe ist so groß, dass du sie kaum aushältst. Irgendwie ist dir das alles zu intensiv, *er* ist dir zu intensiv. Du bist überzeugt davon, dass es nur eine Frage der Zeit ist, bis er dich wieder fallenlässt oder sich zumindest nur noch halb so aufmerksam und liebevoll verhält. Neulich war er nicht ganz auf der Höhe, und schon war sein Verhalten schlagartig anders. Er begründete es mit dem Stress im Job, aber du vermutest, dass du ihm vielleicht einfach eine zu große Belastung bist. »Vielleicht sollte ich mich trennen, bevor es zu sehr weh tut.« Zudem stellst du fest, dass du kaum noch Zeit hast für die Dinge, die du sonst so gerne machst und die dir guttun.

Was ist Bindungsangst?

Bindungsangst ist ein psychologischer Begriff, der die Angst bezeichnet, sich auf eine engere Beziehung einzulassen. Das Phänomen kann sowohl in romantischen als auch in freundschaftlichen oder familiären Beziehungen zum Tragen kommen. Personen, die unter Bindungsangst leiden, haben Schwierigkeiten, langfristige, intime Beziehungen einzugehen oder aufrechtzuerhalten, obwohl sie in vielen Fällen einen starken Wunsch nach Nähe und Verbindung verspüren. Es ist nicht unbedingt die Angst vor Liebe oder einer Beziehung an sich, sondern vielmehr die Angst vor den Konsequenzen, die eine solche Bindung mit sich bringen könnte, wie zum Beispiel der Verlust von Unabhängigkeit und Selbstbestimmung oder die Konfrontation mit intensiven Gefühlen.

Bindungsangst kann auf unterschiedliche Weise in Erscheinung treten und äußert sich in Verhaltensweisen, die Nähe und emotionale Bindungen vermeiden. Typisch ist das ständige Hin und Her zwischen dem Bedürfnis nach Nähe und dem Wunsch, Distanz zu wahren – trotz eines grundlegenden Bedürfnisses nach Intimität und Verbindung. So kann sich Bindungs-angst etwa darin äußern, sich übermäßig in Arbeit oder Hobbys einzubringen, körperliche Nähe zu vermeiden oder nicht in der Lage zu sein, langfristige Pläne oder Ziele mit einem Partner zu definieren, um »zu viel« Nähe zu vermeiden.

Bindungsangst hat unterschiedliche Ausprägungen. Bei der »aktiven« Bindungsangst kämpfen die Betroffenen um eine Be-ziehung, gehen dann jedoch kurz danach wieder auf Distanz. Dieses Muster kann sich in einer Abfolge von intensiven, kurz-lebigen Beziehungen äußern. Auf der anderen Seite treten Per-sonen mit »passiver« Bindungsangst eher zurückhaltend auf, und lassen sich auf Beziehungen ein, scheuen sich aber innerlich davor. In Konfliktsituationen ziehen sie sich häufig zurück und neigen dazu, eine emotionale Mauer um sich herum zu errich-ten, um ihre inneren Ängste und Unsicherheiten zu verbergen.

Das Paradox, den Wunsch nach Nähe zu verspüren und gleichzeitig Angst davor zu haben, kann zu Verwirrung und Frustration führen. Etabliert sich ein Muster von Anziehung und Distanzierung kann das sowohl für die betroffene Person selbst als auch für ihren Partner belastend sein.

Häufig verstärkt sich Bindungsangst von selbst. Die be-troffene Person baut Bindungen auf und geht dann auf Distanz, was in einer Art selbsterfüllenden Prophezeiung die Angst vor Intimität und Verlust weiter intensiviert.

Diese Art Angst stellt eine ernsthafte emotionale Heraus-forderung für beide Seiten der Beziehung dar. Um eine gesunde und erfüllende Beziehung aufbauen zu können, ist es daher wichtig, dass sowohl Betroffene als auch ihre Gegenüber diese Angst reflektieren und Strategien für den Umgang damit ent-wickeln.

Selbsttest: Habe ich Bindungsangst?

Wenn du dich fragst, ob du unter Bindungsangst leidest, dann könnten folgende Anhaltspunkte hilfreich sein, die einige typische Eigenschaften von Personen mit »Bindungsangst« beschreiben:

- Du fühlst dich unwohl, wenn dein Gegenüber dir emotional zu nahekommt, und ziehst dich dann zurück.
- Du hast das Gefühl, deine Unabhängigkeit oder Freiheit zu verlieren, wenn du in einer engen Beziehung bist.
- Du verspürst Unbehagen bei dem Gedanken, langfristige Pläne in einer Partnerschaft zu machen.
- Du konzentrierst dich übermäßig auf Arbeit oder Hobbys, um dich von deiner Beziehung abzulenken.
- Du hast das Gefühl, dass du in deiner Beziehung nicht »du selbst« sein kannst.
- Du gehst auf Distanz, wenn eine Beziehung zu ernst oder zu intensiv wird.
- Du hast Angst vor Zurückweisung oder dem Verlassenwerden, wenn du dich emotional auf jemanden einlässt.
- Du bist unsicher, ob dein Gegenüber deine Gefühle erwidert, selbst wenn es dir das ausdrücklich versichert.
- Du ziehst dich häufig zurück und meidest den engen Kontakt zu anderen, aus Angst vor Ablehnung oder Kritik.
- Du hast eine Geschichte von kurzlebigen Beziehungen und hast Schwierigkeiten, eine Beziehung über eine längere Zeitspanne aufrechtzuerhalten.
- Du neigst dazu, nach Fehlern oder Mängeln in einer

Partnerschaft zu suchen, die als Rechtfertigung dienen könnten, die Beziehung zu beenden.

- Du fühlst dich bei dem Gedanken an eine feste Bindung oder das Zusammenleben in einer Partnerschaft unwohl oder ängstlich.
- Du neigst dazu, vor Konflikten wegzulaufen, anstatt sie zu lösen.
- Du hast das Gefühl, dass du »zu viel Raum« in der Beziehung einnimmst oder dass du eine Belastung bist.
- Du hast Schwierigkeiten, dich emotional zu öffnen und deine Gefühle oder Bedürfnisse mit deinem Gegenüber zu teilen.

Falls du dich in diesen Aussagen wiedererkennst, könnte es sein, dass deine Bindungsangst dich daran hindert, eine erfüllende und stabile Beziehung einzugehen.

Diese Liste ist lang, aber nicht vollständig, und es gibt viele andere Anzeichen für Bindungsangst. Wie bei allen Selbsttests ist es wichtig zu beachten, dass dies kein Ersatz für eine professionelle Diagnose ist. Hast du das Gefühl, Bindungsangst beeinflusst dein Leben negativ, kann es hilfreich sein, Unterstützung von einem Therapeuten oder Coach zu suchen.

Warum entwickelt man Bindungsangst?

Du hast im Selbsttest festgestellt, dass Bindungsangst einen starken Einfluss auf dein Leben hat, und möchtest wissen, worin die Ursachen dafür liegen? Sie sind vielfältig und individuell verschieden. Einige der häufigsten Faktoren werden wir hier nun näher betrachten.

Bindungsangst ist eine komplexe Emotion, die oft auf unsere frühesten Erfahrungen mit Bindung und Nähe zurückgeht. Eine der Hauptursachen lässt sich auf den Bindungsstil im Kindesalter zurückführen. Bei Kindern, deren Bezugspersonen ihre emotionalen und physischen Bedürfnisse stets auf beständige und vorhersehbare Weise erfüllt haben, entwickelt sich ein gesunder Bindungsstil. Wurden diese Bedürfnisse jedoch abgelehnt, ignoriert oder nur sporadisch erfüllt, kann ein unsicherer Bindungsstil entstehen, der sich später eventuell als Bindungsangst manifestiert.

Zusätzlich dazu können traumatische Ereignisse erheblichen Einfluss auf die Entstehung von Bindungsangst haben. Das können emotionaler, physischer oder sexueller Missbrauch, Vernachlässigung, der Verlust eines Elternteils oder die Scheidung der Eltern sein. Der Schmerz und das Misstrauen, die durch diese traumatischen Erfahrungen entstehen, können das Vertrauen in andere und die Bereitschaft, sich emotional zu öffnen und verletzlich zu sein, beeinträchtigen.

Darüber hinaus wird Bindungsangst gegebenenfalls durch die Angst vor Ablehnung oder Verlassenwerden verstärkt. Besonders bei Menschen, die in der Vergangenheit häufig von wichtigen Personen zurückgewiesen oder verlassen wurden, ist das der Fall. Um weitere Verletzungen zu vermeiden, neigen sie eventuell dazu, enge Beziehungen zu sabotieren.

Darüber hinaus trägt Angst vor emotionaler Nähe und Intimität zur Bindungsangst bei. Betroffene haben möglicherweise gelernt, dass Nähe Schmerz, Enttäuschung oder Verlust bedeutet, und versuchen daher, sich vor solchen Emotionen zu schützen, indem sie Nähe vermeiden.

Ein negatives Selbstbild und ein geringes Selbstwertgefühl können ebenfalls eine wesentliche Rolle bei der Entstehung von Bindungsangst spielen. Menschen, die glauben, sie seien nicht liebenswert, sobald andere ihre Mängel wahrnähmen, vermeiden deswegen möglicherweise emotionale Nähe, um sich vor dem Schmerz der Ablehnung zu schützen.

Einige Betroffene setzen Beziehungen auch mit dem Verlust von Unabhängigkeit und Freiheit gleich, was sie dann dazu veranlasst, sich nicht zu binden.

Die verschiedenen Ursachen zu verstehen ist ein erster Schritt hin zur Bewältigung dieses Gefühls. Es ist wichtig, sich daran zu erinnern, dass eine Verbesserung möglich ist und oft professionelle Hilfe, Selbstreflexion und Geduld erfordert. Mit der richtigen Unterstützung und den richtigen Strategien können Betroffene lernen, sich auf gesunde Weise auf andere einzulassen und erfüllende Beziehungen aufzubauen.

Selbstreflexion – Preis und Gewinn

Wenn du dich in dem hier beschriebenen Verhaltensmuster wiedererkennst und du dich verändern möchtest, ist das möglich, vor allem nach all der Arbeit, die du bis hierhin geleistet hast.

Für diese Veränderung ist es notwendig, das Problem, das mit deiner Bindungsangst einhergeht, nach seinem verdeckten Gewinn oder Zweck für dich zu befragen und zu ermitteln, was du auf einer unbewussten Ebene mit deinem Verhalten erreichen oder vermeiden möchtest. Erinnere dich daran, dass diese Erkenntnis ein wesentlicher Schritt ist, um die Selbstsabotage zu überwinden. Nur wenn du verstehst, warum du bestimmte Muster beibehältst, hast du die Wahl und die Macht, sie zu ändern.

- Wozu dient dir deine Bindungsangst? Welchen Zweck verfolgst du damit? Was erhoffst du dir dadurch oder was möchtest du damit vermeiden?
- Für welche Absichten bzw. Ziele in deinem Leben wäre es kontraproduktiv, weiterhin an diesem Verhalten festzuhalten?

Jetzt, nachdem du dich gefragt hast, welchen Gewinn oder Nutzen deine Bindungsangst für dich hat – ob es Unabhängigkeit, Schutz vor Verletzungen oder etwas anderes ist –, kannst du dich entscheiden, dieses Bedürfnis auf gesündere und produktivere Weise zu erfüllen.

Selbsthilfestrategien: Wie man Bindungsangst überwinden kann

Dir sind die Ursachen und der Preis deiner Bindungsangst bewusst, und du möchtest dieses destruktive Verhaltensmuster endlich ablegen. Folgende einfache, aber effektive Selbsthilfestrategien unterstützen dich dabei:

1. **Zurück zu den Wurzeln – Deine Bindungsgeschichte verstehen:** Das Ziel dieser Übung ist es, dein Verständnis für deine Bindungsmuster zu schärfen und Wege zu finden, die negativen Verhaltensweisen zu überwinden.
   Schritt 1: Nimm dir einen Stift und ein Blatt und teile es in drei Spalten. In der ersten Spalte schreibst du deine Bindungserfahrungen aus der Kindheit auf. Wer waren deine wichtigsten Bezugspersonen? Wie würdest du diese Beziehungen beschreiben? Gab es Konflikte oder Probleme oder besondere

Ereignisse, die deine Bindung beeinflusst haben könnten? Welche Rolle hast du in deiner Familie gespielt? Hast du spezielle Verantwortlichkeiten gehabt? Welche Erwartungen wurden an dich gestellt und wie haben sie deine Beziehungen geprägt?

Schritt 2: In der zweiten Spalte reflektierst du über deine vergangenen Liebesbeziehungen. Versuche, Muster und Gefühlsreaktionen zu identifizieren, die sich wiederholt haben. Wie haben diese Muster deine Beziehungen beeinflusst? Was waren die Höhepunkte und Tiefpunkte der Beziehungen? Welche Bindungen hast du als besonders herausfordernd oder erfüllend empfunden?

Schritt 3: Die dritte Spalte dient dazu, Verbindungen zwischen deinen Kindheitserfahrungen, deinen vergangenen Beziehungen und deiner aktuellen Bindungsangst herzustellen. Gibt es Parallelen zwischen deinem

Verhalten in deinen vergangenen Beziehungen und

deinen Kindheitserfahrungen? Welche Muster zeichnen sich

ab?

Schritt 4: Analysiere deine Erkenntnisse und leite daraus konkrete Handlungspläne ab. Was sind Beispiele für negative Muster in deinen Beziehungen und welche Konsequenzen hatten diese Muster? Was könnten alternative, gesündere Verhaltensweisen sein? Welche konkreten Schritte tragen dazu bei, diese Veränderungen zu bewirken?

Welche Ressourcen (z.B. Selbsthilfebücher, Unterstützung von Freunden oder Familie, Therapie) könnten dir dabei helfen?

2. **Erkenne Anzeichen von Flucht oder Vermeidung:** Beginne damit, deine emotionalen Reaktionen in Situationen zu beobachten, in denen du den Drang verspürst, dich zurückzuziehen. Frage dich, in welchen Momenten und warum du dich

dazu gedrängt fühlst, dich von deinem Partner zu entfernen oder zu fliehen. Kommt dieses Gefühl auf, wenn er oder sie dir emotional zu nahkommt? Wenn Konflikte entstehen? Oder wenn du dich besonders verletzlich fühlst? Statt sofort zu reagieren, halte inne: Ist dies möglicherweise dein automatischer Fluchtmechanismus, der hier aktiviert wird? Könnte deine Bindungsangst der Auslöser dieser Reaktion sein?

Es ist völlig normal, solche Gefühle zu haben. Sie sind oft ein Indikator dafür, dass du in der Vergangenheit wahrscheinlich verletzt wurdest und dein Verstand jetzt versucht, dich zu schützen. Gleichzeitig ist es wichtig zu erkennen, dass solche Mechanismen in einer gesunden und liebevollen Beziehung nicht mehr nötig sind. Indem du lernst, diese Muster zu erkennen und zu hinterfragen, anstatt ihnen blind zu folgen, beginnst du, sie zu verändern.

3. **Selbstmitgefühl entwickeln:** Stell dir vor, eine nahestehende Person erzählt dir, dass sie unter Bindungsangst leidet, genau wie du. Sie teilt dir ihre Befürchtungen und Sorgen mit, spricht über ihre Angst vor Nähe, vor Ablehnung oder das Gefühl, in Beziehungen erdrückt zu werden. Wie würdest du auf diese Person reagieren? Du würdest ihr wahrscheinlich mit Mitgefühl und Verständnis begegnen, oder? Du würdest ihr sagen, dass es okay ist, Ängste zu haben, und ihr raten, sich Zeit zu geben und nicht so hart mit sich selbst ins Gericht zu gehen. Versuche, dir gegenüber das gleiche Mitgefühl und Verständnis aufzubringen. Sei geduldig, akzeptiere, dass deine Ängste da sind und dass es in Ordnung ist, sie zu haben. Du könntest damit beginnen, dir selbst zu sagen: »Unsicherheit ist menschlich. Es ist völlig in Ordnung, wenn ich manchmal Zweifel und Ängste habe. Das heißt nicht, dass ich weniger wertvoll bin.

Beziehungen sind nicht immer einfach – und das ist völlig in Ordnung. Jeder kleine Schritt, den ich unternehme, um meine Bindungsangst besser zu verstehen und anzugehen, macht mich stärker. Dann bin ich besser in der Lage, mich anderen gegenüber zu öffnen.« Dieser Perspektivwechsel hilft dir dabei, Mitgefühl für dich zu entwickeln. Das ist ein entscheidender Schritt, um die harten Urteile, die du vielleicht über dich fällst, abzuschwächen. Erlaube dir, dich selbst so zu sehen, wie du bist – ein Mensch, der fähig ist, zu lieben und geliebt zu werden, trotz aller Ängste und Unsicherheiten.

4. **Das Dialog-Ritual in einer Partnerschaft:** Diese Übung zielt darauf ab, Betroffene dabei zu unterstützen, offen über ihre Ängste und Sorgen zu sprechen. Regelmäßiger Austausch hilft, Bindungsängste zu mindern, und stärkt das Vertrauen.
   Schritt 1: Vereinbare mit deinem Partner einen regelmäßigen Termin für eure Gespräche. Wähle einen Zeitpunkt, an dem ihr beide nicht gestresst oder abgelenkt seid, damit ihr euch auf das Gespräch konzentrieren könnt.
   Schritt 2: Beginne das Gespräch immer mit etwas Positivem. Es könnte eine Eigenschaft sein, die du an deinem Partner besonders schätzt, oder ein positives Ereignis, das in der vergangenen Woche stattgefunden hat. Dadurch schaffst du eine konstruktive Atmosphäre für das Gespräch, um deine Ängste und Sorgen zu teilen.
   Schritt 3: Jetzt kommt der entscheidende Teil. Erzähle deinem Partner deine Sorgen, die durch deine Bindungsangst entstanden sind, sei dabei so ehrlich wie möglich. Hier ist es wichtig, bei deinen eigenen Gefühlen zu bleiben und Vorwürfe zu vermeiden. Du könntest zum Beispiel sagen: »Ich habe Angst, wenn wir über unsere Zukunft sprechen. Ich bin mir nicht si-

cher, warum das so ist, und es ist nicht einfach für mich, dir das zu sagen. Aber ich wünsche mir, dass wir gemeinsam eine Lösung finden, wie wir am besten damit umgehen.« Indem du dich öffnest und deine Gefühle preisgibst, ermöglichst du es deinem Partner, deine Perspektive zu verstehen.

Schritt 4: Gib deinem Partner die Möglichkeit, auf deine Aussage zu reagieren und seine Gefühle und Bedürfnisse zu äußern. Indem du aktiv zuhörst und Mitgefühl zeigst, vermittelst du ihm, dass du seine Emotionen wichtig nimmst und dass ihr an einem Strang zieht. »Danke, dass du mir zugehört hast. Wie siehst du das? Wie fühlst du dich dabei?«

Schritt 5: Überlegt zum Abschluss des Gesprächs, welche Schritte ihr unternehmen könnt, um besser auf die Ängste des anderen einzugehen. Indem ihr konkrete Verhaltensmuster identifiziert, könnt ihr eure Beziehung vertiefen.

Abschließende EFT-Tapping-Session
(Siehe Abbildung der Klopfpunkte auf Seite 73)

1. **Bewerte dein Stressempfinden:** Bewerte die Belastung durch deine Bindungsangst auf einer Skala von 0–10, wobei 0 keinen Stress und 10 maximalen Stress bedeutet. Indem du die Intensität im Vorfeld einschätzt, kannst du den Fortschritt und die Wirksamkeit deiner EFT-Tapping-Praxis feststellen.

2. **Selbstakzeptanzformel:** Beklopfe mit zwei Fingern den Handkantenpunkt und sprich folgenden Satz dreimal:

»Auch wenn ich gerade Bindungsangst habe, achte und schätze ich mich so, wie ich bin.«

3. **Annehmen, was ist:** Beklopfe die sieben Klopfpunkte mit Aussagen, die den momentan negativen Zustand als Folge der Bindungsangst beschreiben.

Augenbrauenpunkt: »Diese ständige Angst, mich zu sehr zu binden …«

Schläfe: »Ich fühle mich oft gezwungen, Distanz zu schaffen …«

Unter dem Auge: »Ich zweifle, ob ich wirklich Nähe zulassen kann …«

Unter der Nase: »Die ständige Sorge, verletzt oder verlassen zu werden …«

Kinnpunkt: »Es fällt mir schwer, mich zu öffnen und zu vertrauen …«

Schlüsselbeinpunkt: »Ich wünschte, ich könnte mich mehr öffnen und vertrauen …«

Auf dem Brustbein: »Ich akzeptiere, dass ich gerade diese Bindungsangst habe …«

5. **Positive Affirmationen:** Wiederhole den Prozess wie in Punkt 3, diesmal aber mit positiven Affirmationen als Klopfsätze.

Augenbrauenpunkt: »Ich bin sicher, auch wenn ich Nähe zulasse …«

Schläfe: »Ich erlaube mir, Nähe zuzulassen und zu vertrauen …«

Unter dem Auge: »Ich öffne mich für die Möglichkeit, tiefgehende, erfüllende Bindungen zu erleben …«

Unter der Nase: »Ich habe es verdient, in liebevollen, gesunden Beziehungen zu sein …«

Kinnpunkt: »Ich bin fähig, Bindungen einzugehen und zu erhalten, ohne meine Individualität zu verlieren...«

Schlüsselbeinpunkt: »Ich nehme mein Bedürfnis nach Bindung und Nähe an...«

Auf dem Brustbein: »Ich akzeptiere und schätze mich selbst, auch in meinem Prozess, Bindungsangst zu überwinden...«

5. **Body Check-in:** Spüre nach jedem Klopfdurchgang in deinen Körper hinein und überprüfe, ob sich etwas verändert hat. Bewerte die Intensität deines Stressempfindens erneut auf einer Skala von 0 bis 10. Wo steht sie jetzt? Mache so viele Klopfdurchgänge wie nötig, bis die Intensität deines Stressempfindens auf 0 oder einen akzeptablen Wert gesunken ist.

Wenn du in der Vergangenheit Dinge erlebt hast, die es dir erschweren, dich anderen Menschen gegenüber zu öffnen und Nähe zuzulassen, ist es umso wichtiger, dich mit deiner Angst auseinanderzusetzen. Deine Partnerschaft ist ein Feld der Weiterentwicklung und darauf angelegt, sich zu verändern und zu wachsen, und das gemeinsam mit deinem Partner. Die Selbsthilfeangebote und das Tapping sind dafür hilfreich. Du wirst feststellen, dass eine Beziehung gelingen kann. Und das bedeutet: *SHIFT* happens!

Der *shift* deiner Gegenwart — Raus aus der Komfortzone, rein ins Vertrauen

Selbstsabotierende Verhaltensmuster sind ein weitverbreitetes Problem, und es ist normal, hin und wieder in diese Falle zu tappen. Wichtig ist jedoch, dass du nicht aufgibst und dich immer wieder motivierst, dein Problem anzugehen. Das Vertrauen in dich selbst und eine klare Zielsetzung helfen dir, alte Muster zu überwinden und Veränderung zu bewirken. Die genannten Definitionen der selbstsabotierenden Verhaltensmuster und die damit verbundenen Selbsthilfestrategien sind Angebote, um dich dabei zu unterstützen. Wenn du dich dem 1. Teil dieses Buches mit Aufmerksamkeit gewidmet und den 2. Teil zur Vergangenheit durchgearbeitet hast, kannst du darauf vertrauen, dass du die Probleme, mit denen du immer wieder in deinem Leben konfrontiert warst, meistern kannst. Du hast dich in die Lage versetzt, tiefgreifende Veränderungen zu erreichen. Dich in eine Sicherheitszone zurückzuziehen und Veränderungen zu scheuen hast du nicht mehr nötig. Du hast an dieser Stelle voll und ganz Verantwortung für dein Leben übernommen und dich dadurch selbst ermächtigt. Der *SHIFT* ist im Gange!

Merkst du, dass du trotz deiner Bemühungen immer wieder

in alte Verhaltensmuster zurückfällst, kann es dennoch hilfreich sein, professionelle Unterstützung in Anspruch zu nehmen. Eine Therapie oder ein Coaching können dich, individuell auf dich abgestimmt, dabei unterstützen, nicht aufzugeben und deine Selbstsabotage nach und nach abzulegen. Es ist ein Prozess, den *SHIFT* zu manifestieren und Probleme, vor die man sich gestellt sieht, aus dieser neuen Perspektive des *SHIFTS* zu betrachten.

Gib nicht auf und bleib dran! Mit der richtigen Einstellung und den passenden Strategien kannst du dein selbstsabotierendes Verhalten aufgeben und erfolgreich deine Ziele erreichen. Du kannst durchstarten in eine vielversprechende Zukunft, die noch unbeschreiblich viel für dich bereithält. Was das ist und wie viel du von ihr erwartest, liegt in deiner Hand.

BEWIRKE EINEN *shift* IN DEINER ZUKUNFT

Du bist mitten im Veränderungsprozess, du weißt jetzt, dass du am Steuer deines Lebens sitzt, hast eine Bestandsaufnahme dessen gemacht, was dir zur Verfügung steht, hast dein Navi neu programmiert, die Route aktualisiert und die Handbremse gelöst. Die Fahrt ist in vollem Gange, und du steuerst deinen Weg im Bewusstsein deiner Verantwortung. Großartig!

Doch bevor du aufs Gaspedal steigst und nach vorne preschst, musst du die Richtung und das Ziel deiner Reise festlegen. Du musst dich entscheiden, wo es hingehen soll – auch das fällt in den Rahmen deines neu gewonnenen Handlungsspielraums. Vergleiche es mit der Eingabe eines Ziels in dein Navigationssystem. Du hast deine persönliche Landkarte und deren Koordinaten, nach denen das Navi sich richtet, sorgfältig geprüft und gegebenenfalls korrigiert. Deswegen wirst du zukünftig auf deinem Weg einige tiefe Täler, steile Wege und finstere Sackgassen erfolgreich umgehen und schneller dorthingelangen, wo du wirklich hinwolltest. Das wird dir gelingen! Der Rückspiegel braucht dich nicht mehr abzulenken, sondern dient lediglich der Orientierung – wie der Schulterblick –, weil deine Vergangenheit dich nicht länger in ihren Bann ziehen wird. Dein Fokus liegt klar auf der Zukunft, während du vollkommen im

Hier und Jetzt verankert bist. Du musst nur noch deine Ausrichtung definieren. Wohin soll deine Reise gehen? Das zu beantworten gelingt dir, indem du Visionen und Ziele formulierst. Sie werden dich nach vorne in die Zukunft ziehen.

Um Ziele und Visionen zu formulieren, wirst du Entscheidungen treffen müssen: Wer möchtest du sein? Was willst du erreichen? Was ist dir wirklich wichtig? Deine Ziele dienen als Anker in der Zukunft. An diesem Anker kannst du dich festhalten, besonders wenn die Reise schwierig wird, um nicht vom Weg abzukommen. Sobald du die Richtung für dich bestimmt hast, heißt es: mit Vollgas in eine erfüllte Zukunft – genau so, wie du sie dir vorstellst.

VISIONEN — Warum sie so wichtig sind

In unserem hektischen Alltag kann es leicht passieren, dass man sich verloren oder ziellos fühlt. Ohne eine klare innere Richtung kommt schnell die Frage auf, ob das, was man tut, tatsächlich einen Sinn hat. Es ist dann ein wenig wie eine Spazierfahrt ohne Ziel. Man fährt mal hierhin, mal dorthin, es ist nicht wirklich von Bedeutung, ob man abbiegt oder nicht. Irgendwo wird man schon landen. Mit der Zeit, bei allem Spaß, den das bereiten kann, werden diese Ziellosigkeit und Monotonie einem irgendwann jegliches Vergnügen rauben. Wenn man sich nie überlegt hat, welchen Sinn oder Zweck und eventuell welches Ziel die Fahrt hat, verliert man nach und nach die Freude daran, unterwegs zu sein. Dann sehnt man sich nach einem Plan, der Orientierung gibt.

Um dein Leben bewusst und zielgerichtet zu leben, brauchst

du eine klare Vorstellung davon, was dir wichtig ist und was du erreichen willst. Dafür brauchst du Visionen. Damit gibst du deinem Leben Bedeutung und ermöglichst es dir, dich nach deinen Prioritäten auszurichten. Sie sind das »Wozu« hinter den Entscheidungen und Handlungen und lassen dich über den Tellerrand deines Alltags hinauszublicken.

Verschiedene Lebensbereiche benötigen verschiedene Visionen. Aber sie alle orientieren sich an deinen Werten, sie sind die Pfeiler deiner Visionen.

Auch wenn Visionen Orientierung bieten, sind sie keine festgelegten Konzepte, die eine starre Ausrichtung auf ein unverrückbares Ziel vorgeben. Stell sie dir vielmehr als diesen Anker vor, den du im Laufe des Lebens auch mal neu setzen und an den du persönliche Veränderungen und neue Lebensumstände anpassen kannst. Das Leben ist ständig in Bewegung, Menschen und Dinge um uns herum entwickeln sich, wachsen, kommen hinzu oder gehen, und wir verändern uns und wachsen mit ihnen. Eine starke Vision ist flexibel genug, um Wachstum und Veränderung zu ermöglichen, und dennoch stabil genug, um eine beständige Orientierung zu bieten.

Wenn du dich in diesem letzten Teil des Buches mit mir also deiner Zukunft widmest, geht es erst einmal darum, Visionen für dich zu erarbeiten. Auch hier empfehle ich, dir zunächst wieder nur einen Lebensbereich vorzunehmen, den du bearbeiten möchtest. Danach kannst du nach und nach die Übungen auch für die anderen Bereiche durchführen.

Um deine Visionen zu finden, wirst du tief in dich hineinhören müssen, was in den verschiedenen Bereichen wirklich für dich zählt: Was sind deine innersten Wünsche und Sehnsüchte?

Jeder Mensch hat seine eigenen Visionen, die auf den individuellen Erfahrungen, Hoffnungen und Zielen basieren.

Dabei gibt es kein »richtig« oder »falsch«, es geht vielmehr um Authentizität und individuelle Wahrheit. Jede Vision ist einzigartig und so unterschiedlich wie die Menschen selbst. Das Erschaffen einer eigenen Vision ist ein tiefgründiger Prozess, der Selbstreflexion, Ehrlichkeit und Mut von dir verlangt. Du musst deine Werte, Träume und Prioritäten erkennen, akzeptieren und daraus eine Vision entwickeln, die wirklich zu dir passt. Verfolge deswegen nicht vorgegebene Ideen von Erfolg oder Glück, sondern entdecke deine eigene Definition von Erfüllung und Zufriedenheit.

Deine Visionen sind der Startpunkt für dein Streben nach einer erfüllenden, bedeutungsvollen und glücklichen Zukunft, die in Einklang mit deinen Werten und Prinzipien steht.

Visionen entwickeln

Übung Nr. 1 – Die 5 Säulen einer Vision

Hier noch einmal die wichtigsten Aspekte, die Visionen ausmachen und warum sie so wichtig sind. Für die folgenden Übungen hilft dieser Überblick, um dir immer wieder zu vergegenwärtigen, worum es geht:

1. **Orientierung:** Deine Vision dient dir als Navigation, die dich auf deinem Weg zu deinem Ziel lenkt. Mit einer klar definierten Vision weißt du besser, wohin du möchtest, und kannst die Entscheidungen treffen, die dich diesem Ziel näher bringen. Das ist besonders wichtig, wenn du vor schwierigen Entscheidungen stehst oder unsicher bist, welchen Weg du einschlagen sollst.

2. Motivation: Deine Vision ist eine ständige Quelle der Inspiration und Motivation. Wenn du dir klar darüber bist, was du erreichen willst und warum, bist du motiviert und leidenschaftlich bei der Sache. Selbst in schwierigen Zeiten, wenn du mit Hindernissen oder Rückschlägen konfrontiert bist, hilft dir die Vision, den Mut und die Ausdauer zu entwickeln, um weiterzumachen.

3. Zielgerichtetes Handeln: Mit einer klaren Vision hast du ein definiertes Ziel, auf das du hinarbeitest. Du kannst deine Handlungen, Entscheidungen und Prioritäten so ausrichten, dass sie dich deiner Vision näher bringen. So kannst du Ablenkungen vermeiden, deine Zeit und Energie effizienter nutzen und deiner Vision immer einen Schritt näher kommen.

4. Potenzialentfaltung: Deine Vision hilft dir dabei, dein Potenzial zu entdecken und zu entfalten. Mit einer klaren Vorstellung davon, was du erreichen möchtest, kannst du gezielte Anstrengungen unternehmen, um deine Fähigkeiten zu verbessern, neue Fertigkeiten zu erlernen und auf persönlicher Ebene zu wachsen.

Deine Vision ermöglicht es dir, Grenzen zu erkennen und, wenn nötig, zu erweitern.

5. Lebensqualität: Schließlich können deine Visionen einen tiefgreifenden Einfluss auf deine allgemeine Lebensqualität haben. Sie geben dir ein Gefühl von Zweck und Erfüllung in deinem Leben. Du kannst dich auf das konzentrieren, was für dich am wichtigsten ist.

Mit klaren Visionen im Kopf und im Herzen kannst du ein Leben führen, das authentisch, bedeutungsvoll und erfüllend ist – ein Leben, das wirklich dein eigenes ist.

Mit den nächsten Übungen machst du eine Bestandsauf-

nahme deiner inneren Ausrichtung, an der du deine ganz individuelle Vision entwickelst.

Übung Nr. 2 – Dein Wertekompass

Im Alltag reflektieren wir nur selten über unsere Werte. Dabei
sind sie Leitlinien für unser Denken, Fühlen und Handeln.

Mit Hilfe dieser Übung entdeckst und reflektierst du deine
Werte. Hast du deine wichtigsten Werte (Kernwerte) bestimmt,
fällt es dir leichter, deine Visionen entsprechend dieser Werte
auszurichten.

Nutze dazu dein Notizbuch oder die Notizapp.

Teil 1: **Finde deine Werte**

Im ersten Teil der Übung geht es darum, zunächst deine Werte zu
identifizieren. Höre in dich hinein und notiere so viele Werte, wie
dir einfallen.

1. **Reflexion:** Nutze die folgenden Fragen als Ausgangspunkt, um
   deine eigenen Werte zu ergründen:
   Welche drei Eigenschaften oder Werte hältst du für die wichtigsten, um sie an die nächste Generation weiterzugeben, sei
   es an deine Kinder, Neffen, Nichten oder Schüler?
   - Wer sind deine Helden und Vorbilder? Was bewunderst du an
     ihnen und welche ihrer Eigenschaften hättest du gern?
   - Welche Eigenschaften oder Verhaltensweisen lehnst du bei an-
     deren besonders ab? (Hinweis: Die Werte, die du hoch schätzt,
     sind oft das genaue Gegenteil davon.)

   - Wie würde eine Person, die dir nahesteht, sei es dein bester

---

Freund, deine Eltern oder dein Partner, beschreiben, was dir im Leben wichtig ist?

- Denke an einen Moment oder eine Tätigkeit, in der du dich vollkommen zufrieden fühlst. Welche Werte werden in diesem Moment oder durch diese Tätigkeit erfüllt?

2. **Unerfüllte oder verletzte Werte:** Unsere für uns wichtigsten Werte und bedeutendsten Prinzipien kommen oft dann zum Vorschein, wenn sie nicht erfüllt oder respektiert werden. Starke emotionale Reaktionen wie Wut, Enttäuschung oder Traurigkeit können Hinweise darauf sein.

- Denke an eine Situation zurück, in der du dich besonders ungerecht behandelt oder verletzt und enttäuscht gefühlt hast. Welcher deiner Werte ist in dieser Situation verletzt worden?

- Erinnere dich an eine Situation, in der du besonders frustriert oder unzufrieden gewesen bist. Wie hing dies mit einem unerfüllten oder verletzten Wert zusammen?

- Betrachte einen Konflikt, den du kürzlich erlebt hast. Welcher Wert wurde dabei nicht respektiert und hat damit zur Entstehung des Konflikts beigetragen?

- Gab es Momente, in denen du das Gefühl hattest, dich selbst zu verraten oder Kompromisse einzugehen, so dass du dich unwohl gefühlt hast? Welchen deiner Werte hast du in dieser Situation missachtet?

- Gibt es wiederkehrende Themen in deinem Leben oder deinen Beziehungen, die dich stören oder verärgern? Welcher Wert spielt hier eine Rolle?

3. **Werteliste:** Um deine Werte zu ermitteln, kannst du auch das Internet nutzen. Dort findest du umfangreiche Auflistungen. Durchstöbere sie und markiere alle Werte, die dich auf irgendeine Weise ansprechen. Dabei geht es auch darum, möglicherweise potenzielle Werte zu erkennen, die bisher unentdeckte

oder unterbewertete Aspekte deiner Persönlichkeit oder deines Lebens repräsentieren.

Teil 2: **Erstelle deine Wertehierachie**

Gegebenenfalls liegt jetzt eine umfangreiche Liste mit Werten vor dir. Nun ist es an der Zeit, sie nach Wichtigkeit und Bedeutung zu ordnen. Diese Übung hilft dir, deine Kernwerte zu ermitteln.

Schritt 1: Schau dir deine Werteliste an und wähle intuitiv zehn Werte aus, die dir am wichtigsten sind. Vertraue dabei auf dein Bauchgefühl. Setze sie auf eine separate Liste.

Schritt 2: Um eine Hierarchie deiner Top-10-Werte zu erstellen, vergleiche nun jeden Wert jeweils mit den restlichen Werten auf deiner Liste. Starte mit dem ersten Wert und vergleiche ihn mit den anderen neun. Jedes Mal, wenn der erste Wert dir wichtiger erscheint als der Vergleichswert, mache einen Strich daneben. Wiederhole diesen Prozess für jeden deiner zehn Werte. Am Ende dieses Vergleichsprozesses hast du für jeden Wert eine bestimmte Anzahl von Strichen. Je mehr Striche ein Wert hat, desto wichtiger ist er dir im Vergleich zu den anderen. Ordne nun deine Werte, beginnend mit demjenigen mit den meisten Strichen.

Schritt 3: Betrachte die ersten drei oder vier Werte – dies sind deine Kernwerte. Sie repräsentieren deine wichtigsten Ideale und dienen dir als dein persönlicher Kompass, der dir hilft, Entscheidungen zu treffen und Ziele zu definieren. An diesen Werten richtest du deine Handlungen aus.

Überprüfe sie nochmals mit folgenden Fragen:

- Fühlst du eine starke emotionale Verbindung zu diesen Werten?
- In welchen konkreten Situationen hast du diese Werte in deinem Leben umgesetzt oder möchtest sie umsetzen?

- Kannst du dir vorstellen, dass diese Werte bei schwierigen Entscheidungen eine Richtlinie sind?
- Fühlst du dich durch diese Werte motiviert und inspiriert?

Gib dir genug Zeit, um diese Fragen zu reflektieren. Wenn du das Gefühl hast, dass ein Wert doch nicht ganz zu dir passt, zögere nicht, ihn zu ersetzen oder die Übung erneut durchzuführen.

Die Ermittlung und Anerkennung unserer Kernwerte ist von zentraler Bedeutung, da sie die Grundlage für ein authentisches, selbstbestimmtes Leben bilden. Sie formen unser Selbstbild, beeinflussen unsere Entscheidungen und bestimmen, wie wir uns in verschiedenen Situationen verhalten. Deshalb sind sie auch ein wesentlicher Bestandteil unseres emotionalen Wohlbefindens. Nun, da du deine Kernwerte herausgefunden hast, wollen wir einen Schritt weitergehen und schauen, wie deine Gefühle mit diesen Werten verbunden sind.

Übung Nr. 3 – Die Gefühlsinventur

Wie du dich im Allgemeinen fühlst, verrät dir einiges über deine Werte und wie sehr du mit ihnen in Übereinstimmung bist. Die Art und Weise, wie du durchs Leben gehst und dich Herausforderungen stellst – ob mit einer gewissen Gelassenheit und Leichtigkeit oder mit viel Mühe, Frust und Anstrengung –, gibt dir Auskunft über eine mögliche Diskrepanz zwischen deinen Werten und deinem Leben. Mit Hilfe der Gefühlsinventur kannst du überprüfen, ob die Werte, die du in der vorigen Übung für dich ermittelt hast, dein Handeln leiten und dein Leben entsprechend deiner Kernwerte ausgerichtet ist.

Die folgende Übung hilft dir dabei, dein gegenwärtiges Gefühl in Bezug auf deine Lebensbereiche zu ermitteln und herauszufinden, welches Gefühl du dir eigentlich wünschst (Wunschgefühl).

Nutze für diese Übung dein Notizbuch oder deine Notizapp.

Teil 1: **Erspüre und benenne deine Gefühle**

Schritt 1: **Identifiziere deine gegenwärtigen Gefühle**
Mache eine Bestandsaufnahme deiner gegenwärtigen emotionalen Zustände. Welche Gefühle treten in deinem Alltag am häufigsten auf? Sind sie überwiegend positiv oder negativ? Was sind die dominanten Gefühle, die du im Laufe eines Tages erlebst? Wie fühlst du dich in deinem Job? In deinen Beziehungen? Bei deinen Freizeitaktivitäten? Sei ehrlich und schreibe diese Gefühle auf.

Schritt 2: **Sammele und finde deine Wunschgefühle**
Vielleicht wünschst du dir eigentlich ein anderes Lebensgefühl. Frage dich: Wie möchtest du dich stattdessen fühlen? Welche Gefühle möchtest du häufiger in deinem Alltag haben? Sie lassen sich zum Beispiel mit Begriffen wie »verbunden«, »frei«, »kreativ« oder »kraftvoll« beschreiben. Notiere diese Gefühle.

Schritt 3: **Reflektiere**
Nutze die folgenden Fragen, um das Thema weiter zu ergründen:
- Wie möchtest du dich in deinen Beziehungen zu anderen fühlen?
- Wie möchtest du dich bei der Arbeit, hinsichtlich deiner Berufskarriere fühlen?
- Welche Gefühle möchtest du in deiner Freizeit erfahren?

- Welche Gefühle sind damit verbunden, wenn du an dein ideales Selbst denkst?

Teil 2: **Erstelle eine Hierarchie deiner Wunschgefühle**

Schritt 1: Betrachte nun deine Liste von Wunschgefühlen und wähle die zehn aus, die dir am wichtigsten erscheinen. Vertraue dabei auf dein Bauchgefühl und liste sie auf.

Schritt 2: Um eine Top-10-Liste deiner Wunschgefühle zu erstellen, vergleiche nun jedes Gefühl jeweils mit den anderen auf der Liste. Jedes Mal, wenn das erste Gefühl dir wichtiger erscheint als das Vergleichsgefühl, mache einen Strich daneben. Wiederhole diesen Prozess für jedes der zehn Gefühle. Am Ende dieses Vergleichsprozesses hast du für jedes Gefühl eine bestimmte Anzahl von Strichen. Ordne sie in absteigender Reihenfolge. So ergibt sich eine Reihenfolge deiner Wunschgefühle entsprechend ihrer Wichtigkeit.

Sehnsucht kommt ins Spiel, sofern du feststellen musst, dass deine Wunschgefühle noch zu wenig Raum in deinem Leben haben. Diese Diskrepanz ist ein Indikator dafür, dass du dich vielleicht neu orientieren musst. In jedem Fall helfen dir die ermittelten Wunschgefühle, um in Zukunft Entscheidungen zu treffen, die zu deiner Vision passen.

Mit den nächsten Übungen stellst du Schritt für Schritt Übereinstimmung zwischen deinen Wunschgefühlen und Kernwerten her, um eine darauf ausgerichtete Vision für dein Leben zu entwickeln.

Übung Nr. 4 – Vom Rad des Lebens zur Lebensvision

In dieser Übung wählst du einen bestimmten Lebensbereich aus und entwickelst für ihn eine lang-, mittel- und kurzfristige Vision. (Du kannst diese Übung nach und nach für alle Lebensbereiche anwenden.) Die langfristige Vision zeigt dir das endgültige Ziel, die mittelfristige Vision bestimmt wesentliche Meilensteine auf diesem Weg, und die kurzfristige Vision stellt den ersten direkt umsetzbaren Schritt dar. Alle diese Visionen beruhen auf deinen Kernwerten und Wunschgefühlen, damit die eingeschlagene Richtung auch wirklich Bedeutung für dich hat.

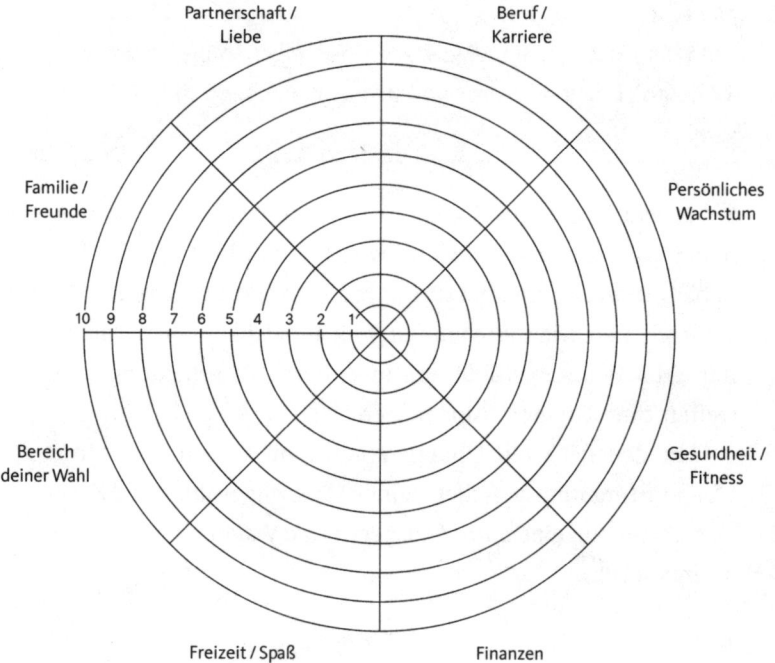

Nutze, wie immer, dein Notizbuch oder deine Notizapp.

Schritt 1: **Wähle einen Lebensbereich aus**

Schau dir dein »Rad des Lebens« an und entscheide dich für einen Bereich, der dir besonders wichtig ist und in dem du dich weiterentwickeln möchtest. Das könnte ein Bereich sein, in dem du momentan unzufrieden bist oder in dem du großes Potenzial für Verbesserungen siehst.

Schritt 2: **Formuliere deine Vision**

Jetzt ist es an der Zeit, deine lang-, mittel- und kurzfristige Vision für diesen Lebensbereich zu formulieren. Jede Vision sollte eine klare und inspirierende Darstellung dessen sein, was du in diesem Bereich erreichen möchtest. Sie sollte auf deinen Kernwerten und Wunschgefühlen basieren, die du in den vorangehenden Übungen identifiziert hast.

Orientiere dich bei der Formulierung deiner Vision an folgenden Schritten:

1. **Langfristige Vision:** Stell dir vor deinem inneren Auge vor, wo du in diesem Bereich deines Lebens in etwa fünf bis zehn Jahren stehen möchtest. Wie sieht dein idealer Tag aus? Stelle dir vor, alle deine Kernwerte und Wunschgefühle sind in diesem Bereich vollständig erfüllt. Wie sieht das aus? Wie fühlst du dich? Was tust du? Welche Art der Veränderungen bedeutet das in deinem Leben? Welche Erfolge hast du erzielt? Wie haben sich deine Beziehungen verändert? Was sagen andere über dich und deine Fortschritte? Welche deiner Kernwerte und Wunschgefühle kommen in dieser Vision besonders stark zum Ausdruck? Versuche, eine klare und detaillierte Beschreibung deiner langfristigen Vision zu formulieren. Beispiel: Langfristige Vision (5–10 Jahre): In zehn Jahren sehe

ich mich als Leiterin eines erfolgreichen Teams in einem internationalen Umweltunternehmen. Ich bin auf meinem Fachgebiet anerkannt und werde regelmäßig als Expertin zu Konferenzen und Veranstaltungen eingeladen. Ich verbringe meine Tage damit, kreative Lösungen für Umweltprobleme zu finden, zusammen mit meinem Team, das ich fördere und unterstütze. Meine Arbeit erfüllt mich, weil ich dazu beitrage, die Welt zu einem besseren Ort zu machen.

2. **Mittelfristige Vision:** Nachdem du deine langfristige Vision formuliert hast, überlege, welche Etappen oder Meilensteine auf dem Weg dorthin liegen. Wo möchtest du in ein bis drei Jahren in diesem Lebensbereich sein? Welche konkreten Schritte oder Veränderungen bringen dich deiner langfristigen Vision näher? Wie spiegeln sich deine Werte und Wünsche in diesem ersten Schritt wider? Überlege dir, welche Fortschritte du in den nächsten ein bis drei Jahren machen müsstest, um deiner langfristigen Vision näher zu kommen. Welche Fähigkeiten oder Ressourcen benötigst du, um diese Fortschritte zu erzielen? Wie sieht ein idealer Tag in diesem Lebensbereich in ein bis drei Jahren aus? Formuliere deine mittelfristige Vision so konkret wie möglich und notiere sie.

Beispiel: Mittelfristige Vision (1–3 Jahre): In den nächsten drei Jahren werde ich mein Fachwissen erweitern, indem ich einen Master in Umweltwissenschaften abschließe. Ich werde eine Position in einem Umweltunternehmen anstreben, bei dem ich die Möglichkeit habe, an bedeutenden Projekten mitzuwirken. Ich werde meine Führungsqualitäten verbessern und regelmäßig an Fortbildungen teilnehmen, um mich beruflich weiterzuentwickeln.

3. **Kurzfristige Vision:** Überlege schließlich, wie du dir die nächsten ein bis drei Monate vorstellst, wenn du den ersten Schritt

in Richtung deiner mittelfristigen Vision unternimmst. Wie gestaltet sich ein typischer Tag in dieser nahen Zukunft? Wie fühlt es sich an, bereits auf dem Weg zu deiner Vision zu sein, selbst wenn es erst der Anfang ist? Formuliere deine kurzfristige Vision lebendig und greifbar.

Beispiel: Kurzfristige Vision (1–3 Monate): In den nächsten Monaten bewerbe ich mich für die Zulassung für den Masterstudiengang Umweltwissenschaften. Ich recherchiere Unternehmen, die mit ihren Werten und ihrer Kultur zu meinen eigenen passen. Ich beginne, ein Netzwerk von Fachleuten auf diesem Gebiet aufzubauen, erkundige mich über mögliche Karrierewege und halte nach potenziellen Mentoren Ausschau.

Schritt 3: **Abschlussreflexion**
Nachdem du deine Vision formuliert hast, nimm dir mit den folgenden Fragen noch mal einen Moment Zeit, das Bild von deiner Zukunft auf dich wirken zu lassen. Diese Reflexion ist ein wesentlicher Schritt, um deine Vision in dir zu verankern und zu verstehen, wie sie sich verwirklichen lässt.

- Wie fühlt es sich an, wenn du deine Vision vor dir ausbreitest? Inspiriert sie dich? Freust du dich auf diese Zukunft?
- Gibt es Teile deiner Vision, die dir unrealistisch oder unerreichbar erscheinen? Wenn ja, was kannst du tun, um sie erreichbar zu machen?

Bei dieser Übung geht es nicht darum, spezifische Ziele zu setzen oder einen detaillierten Aktionsplan zu erstellen. Ihr Ziel ist, eine lebendige Vision deiner idealen Zukunft in diesem einen Lebensbereich zu schaffen, die dich inspiriert und dir Richtung gibt. Es mag zwar sein, dass deine Visionen konkrete Elemente enthalten, aber sie legen nicht die spezifischen, detaillierten

Schritte fest, die du befolgen musst, um diese zu erreichen. Die Visionen, die du hier formulierst, sind offen für Veränderungen und Anpassungen, während du voranschreitest und mehr über dich selbst und deine Wünsche lernst. In späteren Übungen werden wir spezifische Ziele setzen und detaillierte Aktionspläne erstellen, die dir helfen, deine Visionen Schritt für Schritt zu verwirklichen.

Übung Nr. 5 – Erstelle ein Visionsboard

Ein Visionsboard ist deine Brücke zur Zukunft. Es ist ein Werkzeug, um deine kurz-, mittel- und langfristigen Visionen zu verbildlichen, und stärkt deine Motivation, an ihrer Verwirklichung zu arbeiten.

Schritt 1: **Sammle Materialien**

Du brauchst einige Dinge, um dein Visionsboard zu erstellen:

Ein großes Stück Papier oder Karton für das Board, darüber hinaus Zeitschriften, Kataloge oder Ausdrucke von Bildern und Wörtern, die dich ansprechen.

Außerdem brauchst du eine Schere zum Ausschneiden und Klebstoff, um die Bilder und Wörter auf der Pappe aufzukleben.

Mit Markern oder Stiften kannst du die Collage zusätzlich beschriften oder etwas aufzeichnen.

Schritt 2: **Wähle Bilder und Wörter aus, die zu deiner Vision passen**

Bevor du mit deinem Visionsboard beginnst, nimm dir einen Moment Zeit, um dich an deine kurz-, mittel- und langfristigen Visionen zu erinnern. Erinnere dich an deine Kernwerte und Wunschgefühle. Wie kannst du sie visuell darstellen? Folgende Fragen helfen dir dabei:

- Was sind die Schlüsselelemente deiner Visionen?
- Wie möchtest du dich fühlen, wenn du deine Vision in die Realität umsetzt?
- Welche Symbole, Bilder und Wörter repräsentieren deine Vision am besten?

Schaue dann in den Zeitschriften, Katalogen und Ausdrucken, ob du Bilder und Wörter findest, die deine Vision widerspiegeln. Du kannst auch Onlinequellen wie Pinterest oder Google-Bilder nutzen, um mehr Auswahl zu haben. Schneide alles aus, was dich anspricht, und lege es zur Seite. Auch selbstgemalte Bilder oder handschriftlich notierte Wörter und Sätze können deine Visionen repräsentieren. Gestalte deine Collage so, dass sie deiner Ästhetik entspricht. Sie soll dich länger begleiten, daher lohnt es sich, ein wenig Mühe und Zeit zu investieren.

Schritt 3: **Ordne deine Bilder und Wörter an und klebe sie auf**
Beginne damit, die Ausschnitte auf der Pappe zu arrangieren. Du könntest für jede deiner Visionen (kurz-, mittel- und langfristig) einen eigenen Bereich auf dem Board festlegen. Du kannst sie aber auch ohne Struktur auf eine Weise anordnen, die für dich Sinn macht. Sobald du mit der Anordnung deiner Bilder und Wörter zufrieden bist, klebe sie auf.

Schritt 4: **Finde einen passenden Platz für dein Visionsboard**
Suche einen Platz, an dem du dein Visionsboard täglich sehen kannst, zum Beispiel in deinem Schlafzimmer oder über deinem Schreibtisch. Bringe es auf Augenhöhe an, damit dein Blick natürlich darauf fällt, oder stelle es an einen Ort, den du häufig nutzt. Zusätzlich kannst du dein Visionsboard abfotografieren und als

Hintergrundbild auf deinem Smartphone oder Computer nutzen. Die regelmäßige visuelle Erinnerung an deine Vision stärkt deine Motivation und dein Engagement für sie und hilft dir, dich auf deine Vision zu konzentrieren und deine Werte umzusetzen.

Schritt 5: **Etabliere ein Visualisierungsritual**

Die Stärke eines Visionsboards liegt nicht nur darin, es zu erstellen, sondern auch darin, es regelmäßig zu nutzen. Um das Beste aus ihm herauszuholen, ist es hilfreich, ein tägliches Ritual durchzuführen.

5.1 **Wähle einen passenden Moment:** Lege eine feste Zeit in deinem Tagesablauf fest, die du ausschließlich deinem Visionsboard widmest. Das könnte direkt nach dem Aufwachen sein, um positiv in deinen Tag zu starten, oder kurz vor dem Schlafengehen, um deine Träume auf deine Visionen auszurichten. Wähle einen Moment, in dem du ungestört bist und entspannen kannst.

5.2 **Bereite dich vor:** Setze oder stelle dich bequem vor dein Visionsboard, atme tief durch und bringe deinen Geist zur Ruhe. Es kann hilfreich sein, einige Minuten der Meditation oder bewussten Atmung vorher einzuplanen, um in eine offene und empfängliche Stimmung zu kommen.

5.3 **Betrachte dein Visionsboard:** Nimm jedes Bild und Wort bewusst wahr. Lass die Elemente auf dich wirken und erinnere dich daran, warum du sie ausgewählt hast und welche Aspekte deiner Visionen sie repräsentieren.

5.4 **Visualisiere:** Schließe deine Augen und stelle dir vor, wie du jede Vision auf deinem Visionsboard verwirklichst. Sei so detailliert wie möglich. Was siehst du? Was hörst du? Was fühlst du? Welche Schritte gehst du? Welche positiven Ergebnisse erzielst du?

5.5 **Fühle deine Emotionen:** Versuche, die Gefühle, die damit einhergehen würden, wenn du deine Vision verwirklichst, jetzt zu spüren. Freude? Stolz? Frieden? Begeisterung? Fülle? Durch das Aufrufen dieser Emotionen stärkst du die Verbindung zwischen deinem jetzigen Ich und dem zukünftigen Ich, das deine Visionen verwirklicht hat.

5.6 Schließe mit Affirmationen ab: Beende das Ritual mit positiven Affirmationen, die deine Bereitschaft und Fähigkeit unterstreichen, deine Visionen zu verwirklichen:

- »Mit jedem Tag komme ich meiner Vision einen Schritt näher.«
- »Alles, was ich für meine Vision brauche, ist bereits in mir.«
- »Ich gestalte aktiv meine Zukunft.«

Sieh dieses Ritual nicht als Pflicht oder Arbeit an. Es soll dir Spaß machen und etwas sein, auf das du dich freust. Es bietet dir täglich eine Chance, dich mit deinen tiefsten Wünschen und Zielen zu verbinden und deine Motivation zu stärken.

ZIELE — Wie man sie bestimmt

Die Unterscheidung zwischen Visionen und Zielen ist auf dem Weg zur persönlichen Weiterentwicklung essenziell. Beide Begriffe beziehen sich auf das, was wir für unsere Zukunft anstreben, jedoch spielen sie unterschiedliche Rollen in diesem Prozess und zeichnen sich durch verschiedene Eigenschaften aus.

Visionen sind große Bilder oder Ideale, die wir für unsere Zukunft vor Augen haben. Sie sind im Wesentlichen das »Warum« hinter unserem Handeln, liefern einen Sinn und geben uns eine klare Richtung. Visionen sind weitreichend und inspirierend, oft vage und nicht unbedingt messbar, aber sie spiegeln unsere Kernwerte, Wunschgefühle und Überzeugungen wider, und sie dienen als Motivationsquelle für unser Handeln. Im Allgemeinen beziehen sich Visionen auf eine längere Zeitspanne und skizzieren das Gesamtbild oder die übergeordnete Absicht von dem, was wir erreichen wollen.

Bei Zielen hingegen geht es um das »Was« und »Wie« – sie sind die konkreten, messbaren Handlungen, die wir planen und unternehmen, um unsere Vision Schritt für Schritt zu verwirklichen. Sie sind spezifisch, messbar und zeitgebunden, müssen dabei aber auch in gewissem Rahmen flexibel sein, damit man sie an verändernde Umstände anpassen und reagieren kann. Ziele stellen einen Aktionsplan oder eine Roadmap dar, die uns dabei hilft, unsere Visionen in die Realität umzusetzen.

Zusammen bilden Visionen und Ziele ein starkes Duo. Unsere Visionen geben uns den Antrieb und die Motivation, während die Ziele uns einen klar definierten, praktikablen Weg zu deren Verwirklichung bieten. Daher ist es wichtig, sowohl Visionen als auch Ziele zu definieren und im Gleichgewicht zu halten.

Ziele festlegen

Übung Nr. 6 – Von der Vision zum Ziel

Mit dieser Übung widmest du dich deiner bereits entwickelten kurzfristigen Vision, um die nächsten Ziele zu bestimmen. Das ist sinnvoll, weil Ziele in der Regel greifbarer und leichter zu erreichen sind. Das Gefühl von Erfüllung stellt sich schneller ein und hilft, weiter dranzubleiben.

Zuvor hast du mit dem »Rad des Lebens« (s. S. 276) eine lang-, mittel- und kurzfristige Vision für einen oder verschiedene Bereiche deines Lebens entwickelt. Jetzt geht es darum, spezifische Ziele abzuleiten, die dir helfen, deine kurzfristige Vision zu verwirklichen.

Nutze dein Notizbuch oder deine Notizapp.

Schritt 1: **Wähle einen Lebensbereich aus**
Wähle einen Lebensbereich und die dazugehörige kurzfristige Vision, die du bereits entwickelt hast. Dieser Lebensbereich sollte derjenige sein, in dem du dich im Moment besonders gerne weiterentwickeln möchtest.

Schritt 2: **Schätze den aktuellen Grad deiner Erfüllung ein**
Trage nun auf einer Skala von 1 bis 10 mit einem farbigen Stift ein, wie erfüllt du dich in diesem Bereich aktuell fühlst, wobei 1 sehr geringe und 10 vollkommene Zufriedenheit repräsentiert. Es hilft dir, visuell zu erkennen, wo du in diesem Lebensbereich stehst.

Schritt 3: **Ableiten von Zielen**
Unabhängig davon, wie hoch dein momentaner Erfüllungsgrad ist (sei es z.B. 2 oder 8), überlege dir nun, welche konkreten Ziele dir dabei helfen könnten, deine Zufriedenheit zu steigern. Sie sollten darauf ausgerichtet sein, deinen Erfüllungsgrad schrittweise zu erhöhen (z.B. von 2 auf 3) und dich deiner kurzfristigen Vision näher zu bringen. Notiere diese Ziele.

Zum Beispiel: Wenn du im Bereich »Fitness« derzeit bei einer Erfüllung bei 2 stehst, könnte ein kleines, erreichbares Ziel darin bestehen, zweimal pro Woche einen 45-minütigen Spaziergang zu machen, um auf 3 zu kommen. Oder wenn du im Bereich »Persönliche Entwicklung« bei 8 bist, könnte dein Ziel darin bestehen, jeden Tag

10 Seiten eines Selbsthilfebuches zu lesen, um auf die gewünschten 9 zu kommen.

Schritt 4: **Reflektiere deine Ziele**

Nimm dir einen Moment Zeit, um über diese Ziele nachzudenken. Wie fühlst du dich bei dem Gedanken, diese Ziele zu verfolgen? Motivieren dich deine Ziele oder bist du von ihnen überwältigt? Wie passen sie zu deiner kurzfristigen Vision? Und wie helfen sie dir dabei, deiner kurzfristigen Vision näher zu kommen und deine Erfüllung in diesem Lebensbereich zu steigern? Notiere deine Gedanken.

Zum Beispiel: Wenn dein Ziel im Bereich »Fitness« ist, einmal pro Woche einen 20-minütigen Spaziergang zu machen, hilft diese Reflexion dir zu erkennen, ob dieses Ziel dich motiviert oder ob es sich zu groß oder zu klein anfühlt. Außerdem hilft es dir zu sehen, wie dieses Ziel dich deiner kurzfristigen Vision näher bringt.

Deine Zielsetzungen bringen dich auch deinen mittel- und langfristigen Visionen nach und nach näher. Wie können deine unmittelbar umsetzbaren Ziele zu diesen größeren Visionen beitragen? Das große Ganze immer wieder in den Blick zu nehmen motiviert.

Dabei ist es wichtig, realistische und erreichbare Ziele zu setzen. Es ist besser, klein anzufangen und schrittweise Fortschritte zu machen, als unrealistische Ziele zu setzen, die nur Frust auslösen.

Schritt 5: **Überprüfe regelmäßig deine Ziele und Fortschritte**

Nachdem du deine Ziele festgelegt hast, ist es wichtig, sie regelmäßig zu überprüfen. Plane dafür regelmäßig Zeit ein, zum Beispiel einmal im Monat. Schau dir deine Notizen an: Wie bist du in Richtung deiner Ziele vorangekommen? Wie viel näher bist du deiner kurzfristigen Vision gekommen? Nutze dazu eine neue Skala, die du der alten gegenüberstellst. Basierend auf deiner Bewertung, kannst du gegebenenfalls dein Ziel anpassen, zum Beispiel wenn es zu leicht oder zu schwer war. Außerdem kannst du das nächste Ziel setzen, um deine kurzfristige Vision weiterzuverfolgen.

Manchmal treten Fortschritte langsamer ein als erwartet. Wichtig ist, dass du dranbleibst und nicht aufgibst. Es geht nicht um Perfektion, sondern darum, einen Schritt nach dem anderen zu machen!

Übung Nr. 7 – Optimiere deine Ziele

Nachdem du im Rahmen der Übung »Von der Vision zum Ziel (vgl. S. 284)« deine Ziele identifiziert und einige davon vielleicht auch schon konkretisiert hast, wollen wir einen Schritt weitergehen und diese Ziele optimieren. Dabei konzentrieren wir uns auf die wichtigsten Elemente, um deine Ziele so zu formulieren, dass du sie wirklich erreichen kannst. Mit der richtigen Formulierung deiner Ziele sendest du starke Signale an dein Unterbewusstsein und fokussierst deine Gedanken und Handlungen auf das, was du wirklich erreichen möchtest.

Nutze dein Notizbuch oder deine Notizapp und notiere deine Ziele nach den folgenden Vorgaben:

1. **Nutze die Ich-Form und formuliere dein Ziel präzise und proaktiv:** Wenn du die Ich-Form benutzt, bringst du dich selbst in die aktive Schöpferposition und signalisierst deinem Unterbewusstsein, dass du die Kontrolle darüber hast, dein Ziel zu verwirklichen. Dabei ist es wichtig, »Ich will«-Formulierungen zu vermeiden. »Ich will« suggeriert nur ein Wunschdenken und bleibt oft passiv, »Ich

werde« hat mehr Wucht. Anstatt zu sagen: »Ich will abnehmen«, was erst mal nichts weiter als einen Wunsch ausdrückt, sagst du: »Ich wiege ab März 2024 65 kg«, was ausdrückt, dass du aktiv auf dein Ziel hinarbeitest. Anstatt zu sagen: »Ich will mich gesünder ernähren«, konkretisierst du es: »Ich esse fünf Tage in der Woche vegetarisch.« Mit der Aussage signalisierst du, dass du aktiv an der Erreichung deines Ziels arbeitest. Sei präzise, um deinem Verstand keine Möglichkeit zu geben, vom Ziel abzuweichen. Vage oder ungenaue Ziele verwirren ihn und führen dazu, dass wir uns unbewusst vom Ziel wegbewegen.

2. Formuliere dein Ziel in der Gegenwartsform: In dem obigen Satz steckt noch ein weiterer Clou. Wenn du sagst: »Ich wiege 65 kg ab März 2024«, dann formulierst du dein Ziel so, als hättest du es bereits erreicht. Anfangs mag das ungewohnt sein, aber diese Formulierung sendet eine deutliche Botschaft an dein Unterbewusstsein und hilft dir, eine emotionale Verbindung zu deinem Ziel herzustellen, weil es dein Ziel realer für dich macht.

3. Konkretisiere dein Ziel zeitlich und inhaltlich: Die konkrete Zeitangabe, entweder durch »ab« oder »bis«, stärkt deinen Glauben an die Erreichbarkeit, weil du das Ziel nicht in eine ferne, undefinierte Zukunft verschiebst. Auf diese Weise wird dein Gehirn davon überzeugt, dass du bereits aktiv daran arbeitest, das Ziel zu erreichen, was Motivation und Engagement erhöht.

Vermeide Aussagen wie: »Nächstes Jahr will ich mehr Geld verdienen.« Formuliere präziser: »Bis Ende 2024 erhöhe ich mein monatliches Einkommen um 20 Prozent«. Wenn dein Ziel eher ein Gefühl ist, zum Beispiel gelassener zu sein, überlege dir, wie du es messbar machen kannst. Statt zum Beispiel zu sagen: »Ich möchte glücklicher sein«, wandel dein Ziel in messbare Aktionen um:

»Ich verbringe jeden Tag 15 Minuten damit, etwas zu tun, das ich liebe.«

4. Formuliere dein Ziel positiv: Vermeide Verneinungen in deinen Zielformulierungen. Im Unterbewusstsein werden Verneinungen nicht verarbeitet, daher ist es wichtig, Ziele positiv zu formulieren. Anstatt: »Ich will nicht mehr so viel Fast Food essen«, lege fest: »Ich koche ab sofort dreimal pro Woche gesunde Mahlzeiten selbst.« Oder anstatt zu sagen: »Ich will nicht mehr so viel arbeiten«, formuliere dein Ziel positiv und konkret, zum Beispiel: »Ich arbeite ab dem 1. März nur noch 30 Stunden pro Woche.«

5. Stelle sicher, dass dein Ziel dich inspiriert: Dein Ziel sollte dich begeistern und dazu motivieren, es zu erreichen. Du solltest positive Energie daraus ziehen können, um die notwendigen Schritte in Richtung Ziel zu unternehmen. Sollte dies nicht der Fall sein, ist es wichtig, genau hinzuschauen: Wo hakt es? Welcher Aspekt ist noch nicht stimmig? Manchmal kann ein Ziel so groß oder ehrgeizig sein, dass es eher Stress oder Druck auslöst anstatt Freude und Begeisterung. In solchen Fällen ist es in Ordnung – ja sogar ratsam –, es zu überprüfen und anzupassen. Folgende Reflexionsfragen helfen dir dabei, ein erreichbares Ziel optimal zu formulieren:

* Warum willst du dieses Ziel erreichen?
* Wie würde das Erreichen dieses Ziels dein Leben verändern?
* Was könntest du tun, um das Ziel attraktiver zu gestalten?
* Gibt es Aspekte des Ziels, die du ändern könntest, um es inspirierender zu gestalten?
* Ist dein Ziel realistisch und erreichbar oder fühlst du dich davon überwältigt?
* Wie kannst du dein Ziel anpassen, um es erreichbarer und weniger stressig zu machen?

Mit diesen Kriterien bist du gut ausgestattet, um deine Ziele nicht nur klar zu definieren, sondern auch eine starke emotionale Bindung zu ihnen herzustellen. Die Formulierung deines Ziels ist entscheidend dafür, wie motiviert und engagiert du dich auf den Weg machst.

Übung Nr. 8 – Deine Lebenslinie: Ressourcen und Stärken entdecken

Diese Übung lädt dich auf eine Reise durch deine Geschichte ein. Du wirst Schlüsselmomente, Ressourcen und Stärken entdecken und lernen, wie du sie einsetzen kannst, um deine Ziele zu erreichen.

Hierfür benötigst du, wie bei der Lebenslinie im Vergangenheits-Teil, 2 Blätter DIN-A4-Papier (der Platz im Notizbuch wird nicht reichen) und einen schwarzen und zwei farbige Stifte.

Schritt 1: **Zeichne deine Lebenslinie auf**
Lege die Blätter quer nebeneinander und zeichne in die Mitte eine horizontale Linie. Sie repräsentiert den Verlauf deines Lebens von der Geburt bis zum heutigen Tag. Beginne links mit deiner Geburt und ende rechts mit dem heutigen Tag.

Schritt 2: **Markiere wichtige Ereignisse**
Lass dein Leben Revue passieren und identifiziere Momente, die dich geprägt haben. Es können glückliche Zeiten, Prüfungen, Erfolge, Misserfolge oder Wendepunkte sein. Markiere sie entlang deiner Lebenslinie. Du könntest beispielsweise mit einem Herz einen liebevollen Moment, mit einem Stern einen Erfolg oder mit

einer Wolke herausfordernde Situationen symbolisieren. Positive Ereignisse trägst du oberhalb der Linie und negative unterhalb davon ein. Nachdem du jedes Ereignis markiert hast, nimm dir einen Moment Zeit, um zu reflektieren:

- Was hast du in diesem Moment gefühlt?
- Was hast du aus dieser Erfahrung gelernt?
- Wie hat dich diese Erfahrung verändert oder geprägt?

Schritt 3: **Identifiziere Ressourcen und Stärken**

Erkenne die Ressourcen und Stärken, die du in jedem Ereignis genutzt oder entwickelt hast. Ressourcen können Personen in deinem Umfeld, besondere Fähigkeiten oder Fertigkeiten oder auch materielle Dinge wie finanzielle Sicherheit sein. Stärken können Eigenschaften wie Ausdauer, Kreativität, Mut oder Anpassungsfähigkeit sein. Notiere diese Ressourcen neben das entsprechende Ereignis und stelle dir folgende Fragen:

- Wie hat dir diese Stärke bzw. Ressource geholfen?
- In welchen anderen Bereichen deines Lebens hat diese Stärke oder Ressource dir geholfen?
- Wie könntest du sie in Zukunft nutzen?

Schritt 4: **Verknüpfe deine Ressourcen mit deinen Zielen**

Nimm dir nun deine Ziele vor und überlege, wie die in Schritt 3 identifizierten Ressourcen und Stärken dir dabei helfen könnten, sie zu erreichen.

- Welche deiner Stärken bzw. Ressourcen sind besonders relevant für dieses Ziel?
- Wie kannst du diese Stärke bzw. Ressource konkret einsetzen, um es zu erreichen?
- Gibt es Möglichkeiten, deine Stärken bzw. Ressourcen weiterzuentwickeln, um schneller ans Ziel zu kommen?

Du hast in der Vergangenheit bereits Stärke bewiesen und nützliche Ressourcen zur Verfügung gehabt, die dir vielleicht gar nicht mehr bewusst waren. Mit diesem neu gewonnenen Bewusstsein für deine inneren und äußeren Ressourcen kannst du sie nun einsetzen, um deine Ziele zu erreichen.

<u>Übung Nr. 9</u> – Zielführende Gewohnheiten entwickeln

Eine zielführende Gewohnheit zu entwickeln ist eine Methode, um deine persönlichen und beruflichen Ziele zu erreichen. Indem du eine Gewohnheit entwickelst, die auf das gewünschte Ergebnis ausgerichtet ist, kannst du deine Chancen auf Erfolg und Zufriedenheit erhöhen.

Folgende fünf Schritte helfen dir dabei, neue, positive, Gewohnheiten zu etablieren:

1. **Zielführende Gewohnheit auswählen:** Die richtige Gewohnheit auszuwählen hängt natürlich von deinem Ziel ab. Besteht es beispielsweise darin, produktiver zu sein, kann die zielführende Gewohnheit so aussehen, den Tag mit einer klaren Aufgabenliste zu beginnen. Oder ist es dein Ziel, dein Stresslevel zu reduzieren, kann es zielführend sein, täglich zu meditieren oder Atemübungen zu machen. Willst du deine Fitness verbessern, kann es eine hilfreiche Gewohnheit sein, jeden Tag eine bestimmte Anzahl von Schritten zu gehen oder eine bestimmte Menge an Wasser zu trinken. Die Gewohnheit sollte immer dein übergeordnetes Ziel unterstützen und in deinen Alltag integrierbar sein.

2. **Den Mechanismus der Gewohnheitsbildung verstehen:** Gewohnheiten folgen einem dreiteiligen Zyklus: Auslöser, Routine und Belohnung. Hier sind einige Beispiele:

- **Auslöser:** Du wachst auf (Ereignis). Oder es ist 12 Uhr mittags (Zeit). Oder du fühlst dich gestresst (Gefühl).
- **Routine:** Du putzt dir die Zähne (nach dem Aufwachen). Oder du isst zu Mittag (um 12 Uhr), oder du meditierst (wenn du gestresst bist).
- **Belohnung:** Du fühlst dich frisch und bereit für den Tag (nach dem Zähneputzen). Oder du bist satt und zufrieden (nach dem Mittagessen). Oder du bist ruhiger und entspannter (nach der Meditation).

Dein Gehirn lernt mit der Zeit, diese Muster zu erkennen und im Laufe der Zeit die Prozesse zu automatisieren, da es die mit der Routine verbundene Belohnung mit angenehmen Gefühlen verbindet. Das ist der Grund, warum du, auch ohne groß nachzudenken, bestimmte Gewohnheiten ausführst – dein Gehirn hat gelernt, dass nach der Routine eine Belohnung folgt, die es mit positiven Gefühlen koppelt.

3. **Auslöser auswählen:** Für deine neue Gewohnheit solltest du einen Auslöser auswählen, der bereits ein fester Bestandteil deines Alltags ist, zum Beispiel:

- *Aufwachen*: Dieser Auslöser kann genutzt werden, um eine morgendliche Gewohnheit zu starten, wie zum Beispiel eine kurze Yoga-Einheit, in ein Dankbarkeitstagebuch zu schreiben oder den Tag zu planen.
- *Mahlzeiten*: Wenn du dir vorgenommen hast, gesünder zu essen, sind Lebensmitteleinkäufe die Auslöser, die dich daran erinnern, frisches Gemüse und Obst zu kaufen.
- *Arbeitspausen*: Die kannst du nutzen, um dich ein wenig zu bewegen, deine Augen mit einem Blick aus dem Fenster auszuruhen oder eine Atemübung zu machen, um Stress zu reduzieren.

Der Schlüssel ist, den Auslöser so zu wählen, dass er eindeutig und regelmäßig ist, um die neue Gewohnheit als Routine zu etablieren.

4. **Belohnung planen:** Die Belohnung ist ein wichtiger Aspekt, um die neue Gewohnheit zu verstärken. Sie sollte unmittelbar nach der Durchführung der Routine erfolgen und etwas sein, worauf du dich wirklich freust.

Wenn deine Routine beispielsweise darin besteht, morgens zu meditieren, könnte deine Belohnung ein besonderer Tee danach sein. Wähle eine Belohnung, die dir wirklich ein Gefühl der Befriedigung gibt. Achte jedoch darauf, dass die Belohnung positiv und gesund ist und deine Fortschritte auf dem Weg zu deinem Ziel nicht behindert.

Das Etablieren einer neuen Gewohnheit braucht Zeit, und du

musst vielleicht Geduld mit dir haben. Es ist in Ordnung, wenn nicht alles perfekt läuft – wichtig ist, dass du dranbleibst und kontinuierlich an der neuen Gewohnheit arbeitest. Und wenn mal etwas schiefgeht, sei nicht zu streng mit dir. Nutze es als Gelegenheit, um zu lernen und dich zu verbessern. In der nächsten Übung geht es darum, wie wir mit Herausforderungen und Hindernissen umgehen, die auf dem Weg zur Gewohnheitsbildung auftreten können.

Übung Nr. 10 – Hindernisse identifizieren und Strategien entwickeln

Ziel dieser Übung ist es, mögliche Hindernisse auf dem Weg zu deinem Ziel zu identifizieren und Strategien zu entwickeln, um sie zu überwinden.

Nutze dein Notizbuch oder deine Notizapp.

Schritt 1: **Identifiziere und analysiere Hindernisse**
Welche Hürden könnten auf dem Weg zu deinem Ziel liegen? Das können »interne« Hindernisse wie Angst, Selbstzweifel oder Prokrastination sein oder »externe« wie zu wenig Zeit, Energie oder mangelnde Unterstützung. Liste alle auf, die dir einfallen.

Nachdem du eine Liste erstellt hast, solltest du versuchen, die Beziehung zwischen diesen zukünftigen möglichen Hindernissen und deinen bisherigen Erfahrungen zu analysieren. Bist du in der Vergangenheit auf ähnliche Hindernisse gestoßen? Wie haben sie dich damals beeinflusst? Wie hast du reagiert? Welche Strategien hast du eingesetzt, um die Schwierigkeiten zu bewältigen? Was hat funktioniert und was nicht?

Schritt 2: **Priorisiere Hindernisse**

Schau dir die Liste der Hindernisse an: Welches sind die größten? Welche Herausforderungen halten dich am stärksten von deinem Ziel ab? Welche haben in der Vergangenheit am stärksten auf dich eingewirkt?

Betrachte aber auch, welche Hindernisse leicht zu überwinden sind. Manchmal ist es motivierend, zunächst kleinere Steine aus dem Weg zu räumen. Mit diesen Erfolgen kannst du dein Selbstvertrauen stärken, und du bist motiviert, auch die größeren Hindernisse anzugehen.

Priorisiere die möglichen Hindernisse, beginnend mit dem größten bis hin zum kleinsten. Bedenke, dass dies ein dynamischer Prozess ist, und vielleicht musst du deine Prioritäten im Laufe der Zeit anpassen, je nachdem, wie sich die Situation entwickelt.

Schritt 3: **Entwickle Strategien**

Beginne mit dem für dich schwierigsten Hindernis. Mit welchen Strategien könntest du dieses Hindernis bewältigen? Zum Beispiel kann eine Strategie sein, dein Selbstwertgefühl zu steigern oder dich mit positiven Affirmationen zu stärken, um »Angst vor Ablehnung« abzubauen. Eine Strategie zur Überwindung des Hindernisses »Geldmangel« könnte sein, nach zusätzlichen Einkommensquellen zu suchen oder einen Sparplan zu erstellen.

Betrachte verschiedene Ansätze und bewerte sie hinsichtlich ihrer Machbarkeit und Wirksamkeit. Berücksichtige dabei auch, wie gut jede Strategie zu deinem Lebensstil, deinen Vorlieben und deiner Persönlichkeit passt, denn es gibt keine »Einheitslösung«.

Bitte auch andere um Ratschläge, um unterschiedliche Perspektiven und Ideen kennenzulernen. Menschen, die ähnliche Herausforderungen gemeistert haben, können wertvolle Einblicke und Vorschläge liefern.

Schreibe jede Strategie auf und notiere auch, warum sie deiner Meinung nach wirksam sein kann. Damit sortierst du deine Gedanken und kannst später besser eine fundierte Entscheidung treffen.

Schritt 4: **Aktionsplan**
Wähle die vielversprechendste Strategie aus und erstelle einen konkreten Aktionsplan. Er sollte spezifische Aufgaben und Fristen umfassen. Beschreibe jede Aufgabe so genau wie möglich und lege ein konkretes Datum fest, wann du sie fertig haben wirst. Dabei kann es hilfreich sein, größere Aufgaben in kleinere, leichter zu bewältigende Schritte zu unterteilen.

Überprüfe deinen Fortschritt regelmäßig, um zu sehen, wie gut die Strategie funktioniert und ob du sie anpassen musst. Das kann wöchentlich, monatlich oder in dem Intervall erfolgen, das für dich am sinnvollsten ist.

Vergiss nicht, deine Erfolge zu feiern, egal wie klein sie auch sein mögen! Jeder Fortschritt ist ein Schritt näher zu deinem Ziel, und den solltest du anerkennen und feiern.

Schritt 5: **Wiederholung und Anpassung**
Nachdem du einen Aktionsplan für das Hindernis erstellt hast, das du für sehr schwierig hältst, beginne, diesen Plan in die Tat umzusetzen. Sobald du Fortschritte gemacht hast oder wenn du das Gefühl hast, dass du bereit bist, dich einer neuen Herausforderung zu stellen, schaue wieder auf deine Liste und wiederhole den Prozess mit der nächsten Hürde.

Diese Reise wird nicht gradlinig verlaufen. Rückschläge sind Teil des Prozesses, und du solltest sie nicht als Misserfolg sehen, sondern als eine Lernmöglichkeit. Sie bieten die Chance, die Strategien zu überdenken, anzupassen und zu verfeinern. Deine erste Strategie ist möglicherweise nicht die effektivste, aber mit jedem Versuch und jeder Anpassung kommst du deinem Ziel näher.

Schritt 6: **Vorbereitung auf das Unerwartete**
Auch wenn du eine lange Liste von möglichen Hindernissen erstellt und Strategien zu ihrer Bewältigung entwickelt hast, können immer noch unvorhergesehene Herausforderungen auftreten. Daher ist es wichtig, darauf vorbereitet zu sein und eine allgemeine Strategie zur Problemlösung sowie zur Stressbewältigung zu entwickeln.

Indem du deine Denkweise oder Herangehensweise änderst, übst du, flexibel zu denken und deine Denkmuster an die Situation anzupassen. Das kann bedeuten, Probleme aus verschiedenen Perspektiven zu betrachten, alternative Lösungen zu überdenken oder Pläne zu ändern, wenn die Umstände es erfordern.

Gleichzeitig solltest du dir Unterstützung suchen, wenn es schwierig wird, dich auf deine Stärken und Fähigkeiten konzentrieren oder Strategien zur Stressbewältigung entwickeln, wie z.B. Selbstfürsorgeübungen oder Atemtechniken. Kurz: Du übst dich mit all diesen Verhaltensweisen in Resilienz.

Nach dieser Übung bist du gut darauf vorbereitet, mögliche Hindernisse auf dem Weg zu deinem Ziel zu überwinden.

Der *shift* deiner Zukunft — Inspiriert dein zukünftiges Leben gestalten

Herzlichen Glückwunsch! Du bist wirklich weit gekommen! Deine Entscheidungen sind getroffen, deine Kernwerte und Wunschgefühle identifiziert, deine Visionen auf lange, mittlere und kurze Sicht formuliert und deine Ziele klar definiert. Mit dem Erstellen deines Visionsboards hast du einen visuellen Wegweiser für deine Zukunft geschaffen. Du hast Strategien entwickelt, um deine Ziele zu erreichen, und gelernt, mit Hindernissen umzugehen. Unterstützt durch das Wissen um deine persönlichen Ressourcen und Stärken hast du zielführende Gewohnheiten entwickelt, die dir helfen werden, deine Vision Schritt für Schritt in die Realität umzusetzen.

Im Laufe der Übungen wirst du gemerkt haben, welches Potenzial in dir steckt. Würdige das! Manchmal übersehen wir, was wir schon geleistet haben und wie weit wir schon gekommen sind.

Erlaube dir, flexibel zu sein. Lass dich nicht entmutigen, wenn es mal Rückschläge gibt oder die Hindernisse unüberwindlich erscheinen. Wichtig ist, dass du dich auf deine Ziele fokussierst und Hindernisse als Einladung siehst, um durch sie zu lernen und an ihnen zu wachsen. Manchmal bedeutet ein Misserfolg, neue Wege zu suchen oder deine Ressourcen zu mobilisieren, um weiterzukommen.

Vielleicht bedeutet es aber auch herauszufinden, ob du noch in Übereinstimmung mit deinem Ziel bist und handelst. Gelegentlich verändern sich Umstände in unserem Leben so sehr (und wir uns mit ihnen), dass auch Zielsetzungen und Visionen sich ändern dürfen, ohne dass du das als Niederlage oder Scheitern empfinden musst. Das Leben lässt sich nicht immer vorausplanen. Wichtig ist nur, dass du deinen Weg in Übereinstimmung mit deinen Werten gehst und dich von deinen Visionen leiten lässt. Dies ist der Schlüssel zu einem erfüllten und glücklichen Leben.

shift HAPPENS —
Das Ende ist erst der Anfang

Eine intensive und herausfordernde Reise, geprägt von Mut und Entschlossenheit, liegt hinter dir. Du hast dich mit deiner Vergangenheit und Gegenwart auseinandergesetzt und einen Weg in die Zukunft gebahnt. Nach all der harten Arbeit und Hingabe hast du das Recht, stolz zu sagen:

SHIFT HAPPENS!

Dein Leben hat sich verändert, weil du dich verändert hast.

Die Schichten der Vergangenheit, die du in diesem Prozess abgetragen hast, haben dich zu deinen tiefsten Überzeugungen geführt und dich ermutigt, dysfunktionale Glaubenssätze zu identifizieren und sie emotional und mental aufzulösen. Du hast den Weg zu einer inspirierenden Zukunft freigelegt und bist bereit, im Hier und Jetzt anzukommen.

Mit dem Wissen, das du durch dieses Buch gewonnen hast, bist du nun darauf vorbereitet, in einer Weise zu leben, die dir Freude bereitet und dich erfüllt. Du hast gelernt, wie du Veränderungen herbeiführen und Hindernisse als Chancen zum persönlichen Wachstum sehen kannst. Du hast verstanden, dass du der Schöpfer deiner eigenen Realität bist und dass du die Kraft hast, deine Zukunft so zu gestalten, wie du sie dir wünschst. Deine neuen Fähigkeiten und Erkenntnisse ermöglichen es dir,

dir einen visionären Weg in deine Zukunft zu ebnen und deine Ziele mit Entschlossenheit zu verfolgen.

Jetzt, da du den *SHIFT* erlebt hast, betrachte den Abschluss dieses Buches trotzdem nicht als Ende, sondern als einen weiteren Schritt auf deiner Reise. Du hast das Fundament gelegt und die ersten Schritte in deine neue Zukunft unternommen. Treibe den *SHIFT* weiter voran und vollziehe ihn immer wieder neu, um das Leben zu leben, das du dir wünschst. Und genieße jeden Schritt auf dieser Reise. Denn letztendlich geht es nicht nur darum, das Ziel zu erreichen, sondern auch darum, die Reise dorthin zu genießen. Dieses Buch soll dir dabei ein treuer Begleiter sein.

Es war mir ein Vergnügen, mit dir bis hierhin zu gehen, und ich danke dir für dein Vertrauen. Mögen alle deine Träume in Erfüllung gehen und mögest du immer den Mut haben, deinem Herzen zu folgen.

Dein Can